東京都立農芸高等学校 監修

おいしく育てたい

はじめての野菜づくり

池田書店

はじめての野菜づくり もくじ

野菜づくりの準備と基本

育てやすい定番野菜

チャレンジしたい大もの野菜

人気のハーブ・香辛野菜

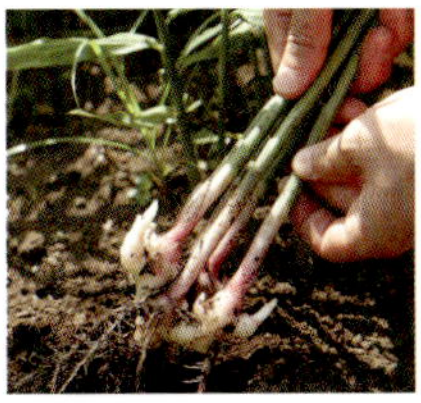

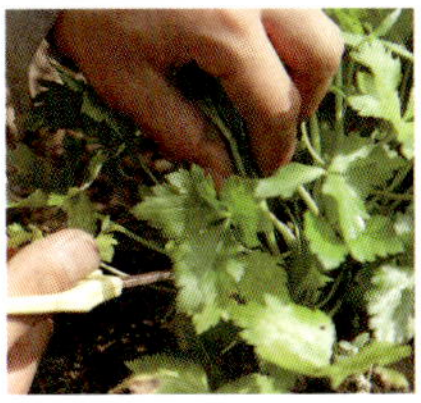

こんな野菜もつくってみたい

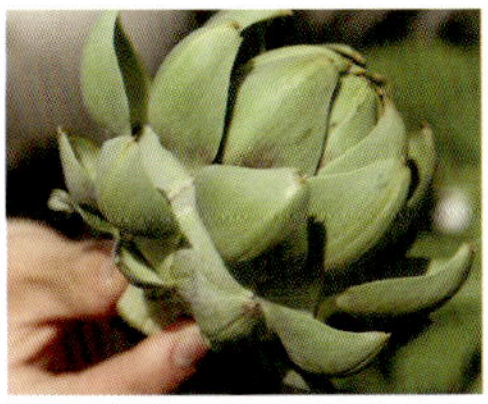

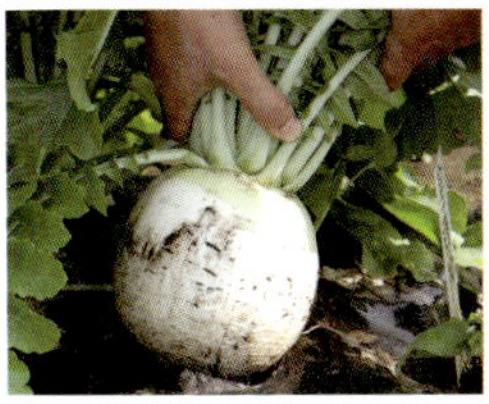

さくいん

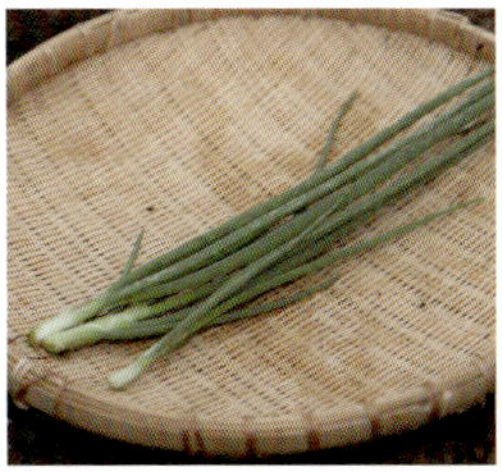

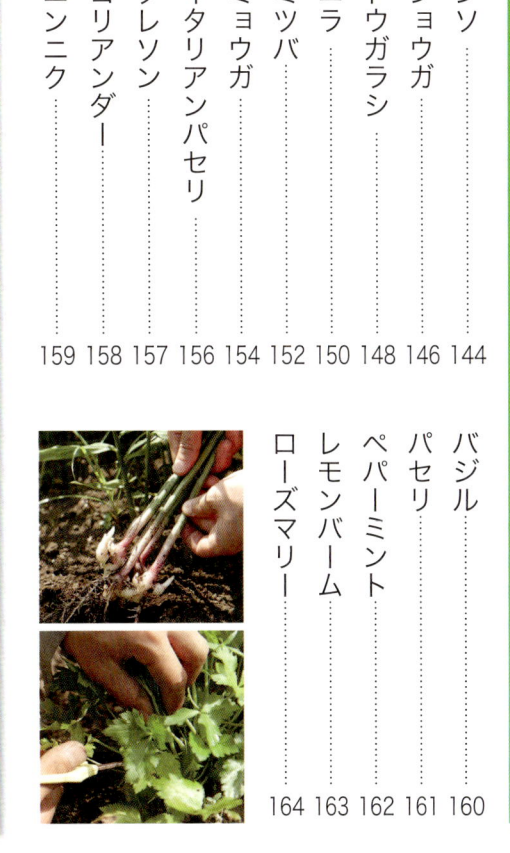

野菜づくりカレンダー

種まきや植えつけ時期から収穫までの栽培時期を一覧にしました。
つくりたい野菜の栽培時期を把握して無駄のない計画を立てましょう。

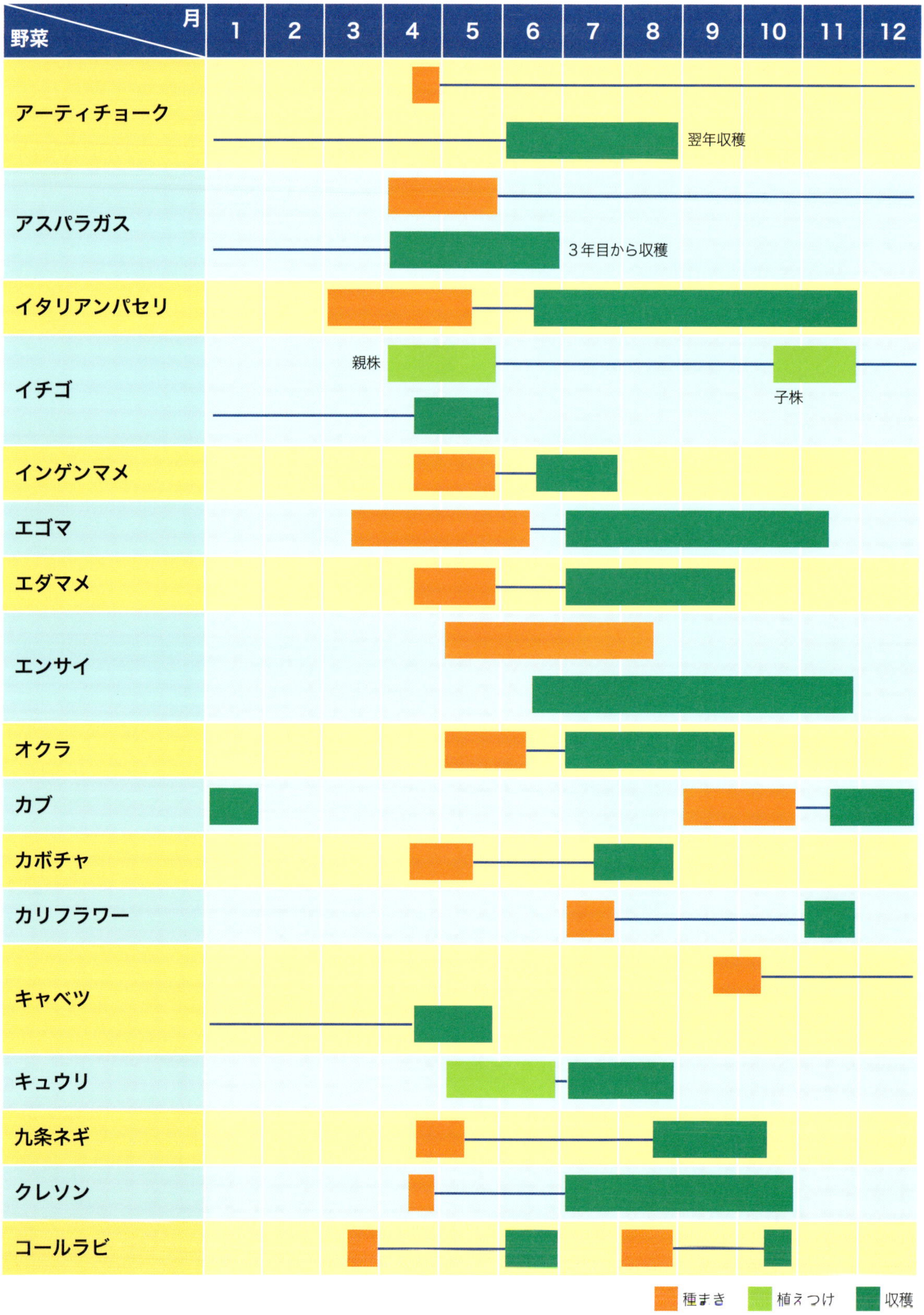

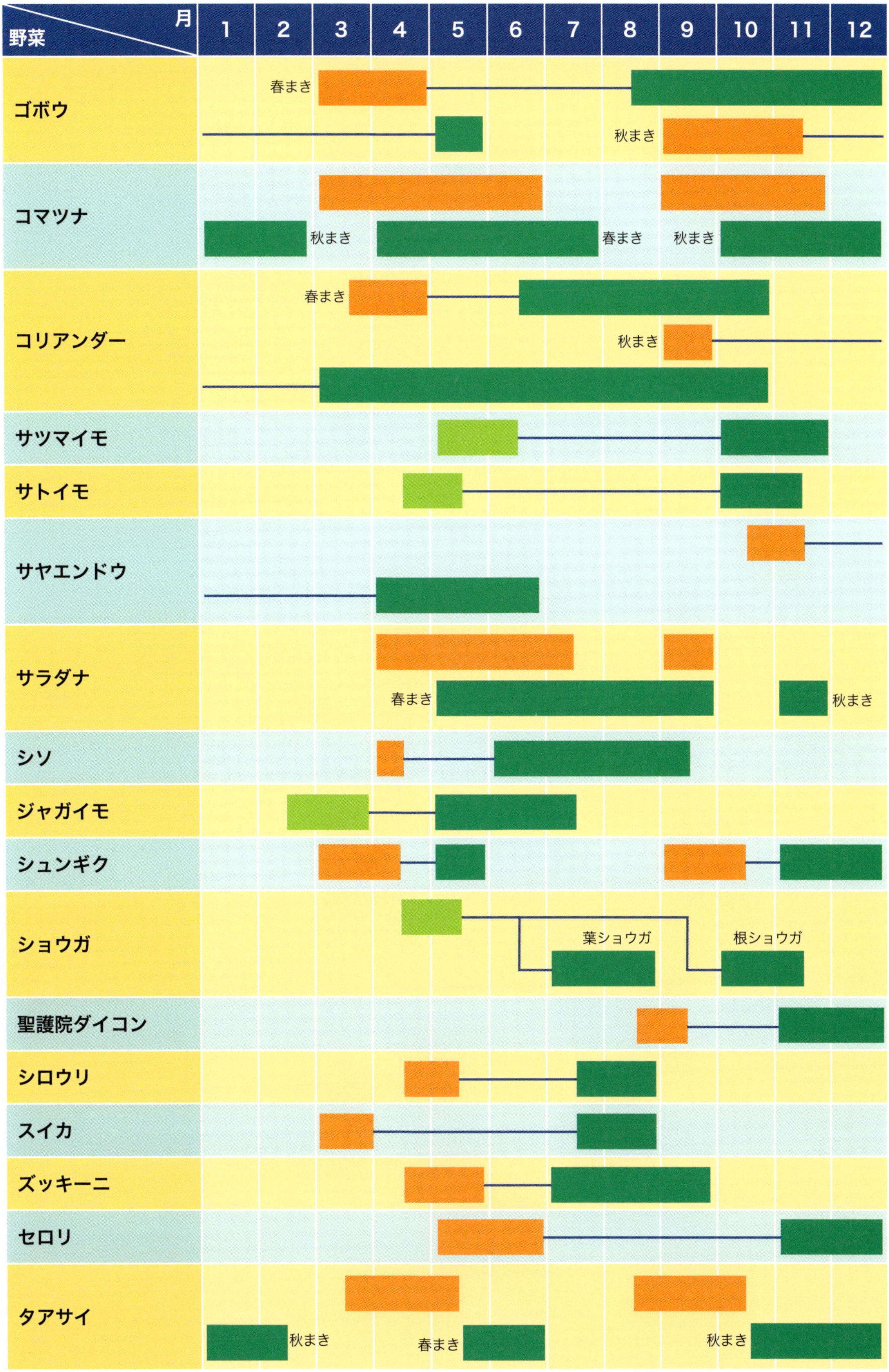
月
野菜
1
2
3
4
5
6
7
8
9
10
11
12
ゴボウ
春まき
秋まき
コマツナ
秋まき
春まき
秋まき
コリアンダー
春まき
秋まき
サツマイモ
サトイモ
サヤエンドウ
サラダナ
春まき
秋まき
シソ
ジャガイモ
シュンギク
ショウガ
葉ショウガ
根ショウガ
聖護院ダイコン
シロウリ
スイカ
ズッキーニ
セロリ
タアサイ
秋まき
春まき
秋まき

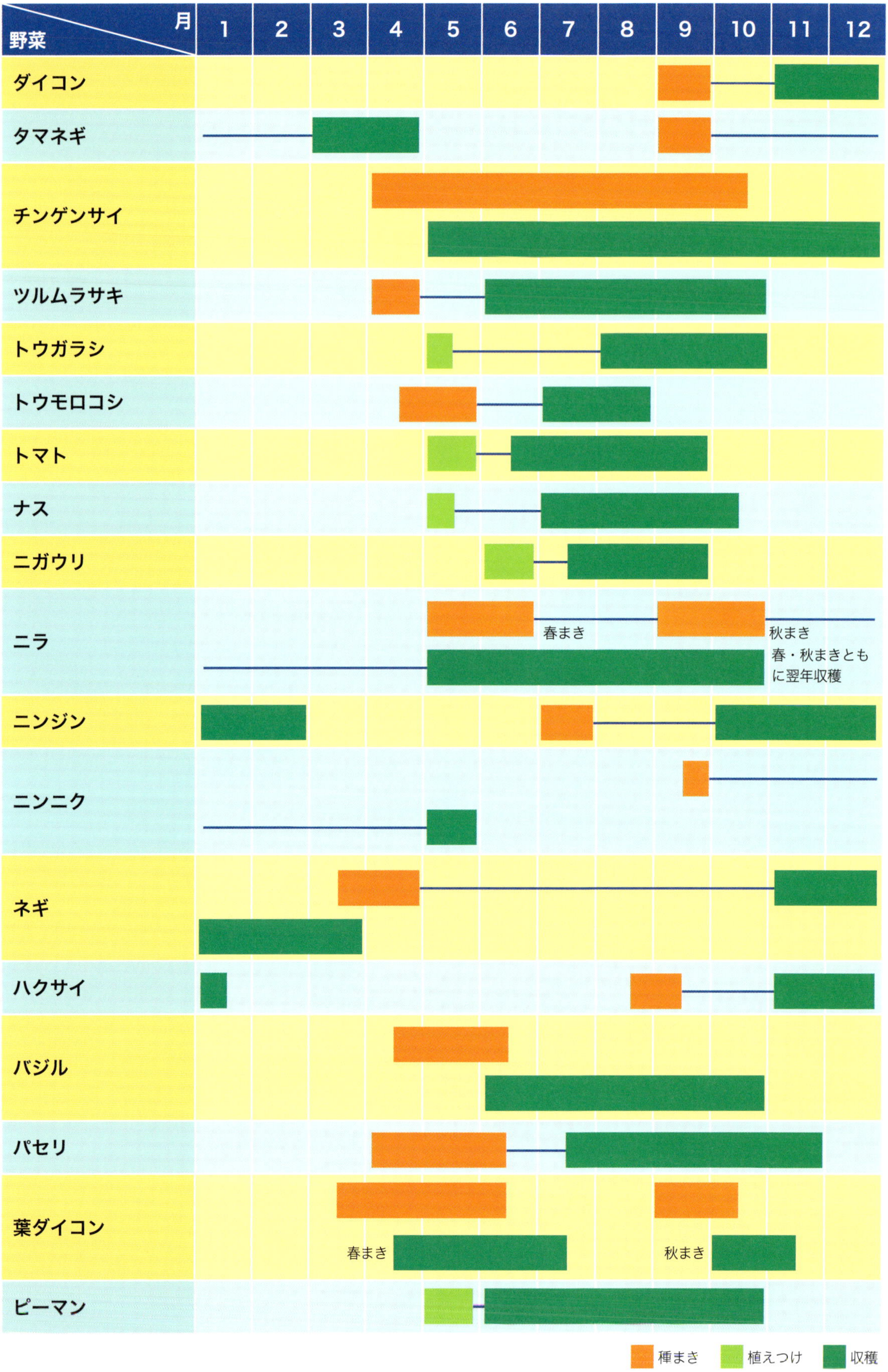
月
野菜
1
2
3
4
5
6
7
8
9
10
11
12
ダイコン
タマネギ
チンゲンサイ
ツルムラサキ
トウガラシ
トウモロコシ
トマト
ナス
ニガウリ
ニラ
春まき
秋まき
春・秋まきともに翌年収穫
ニンジン
ニンニク
ネギ
ハクサイ
バジル
パセリ
葉ダイコン
春まき
秋まき
ピーマン
種まき
植えつけ
収穫

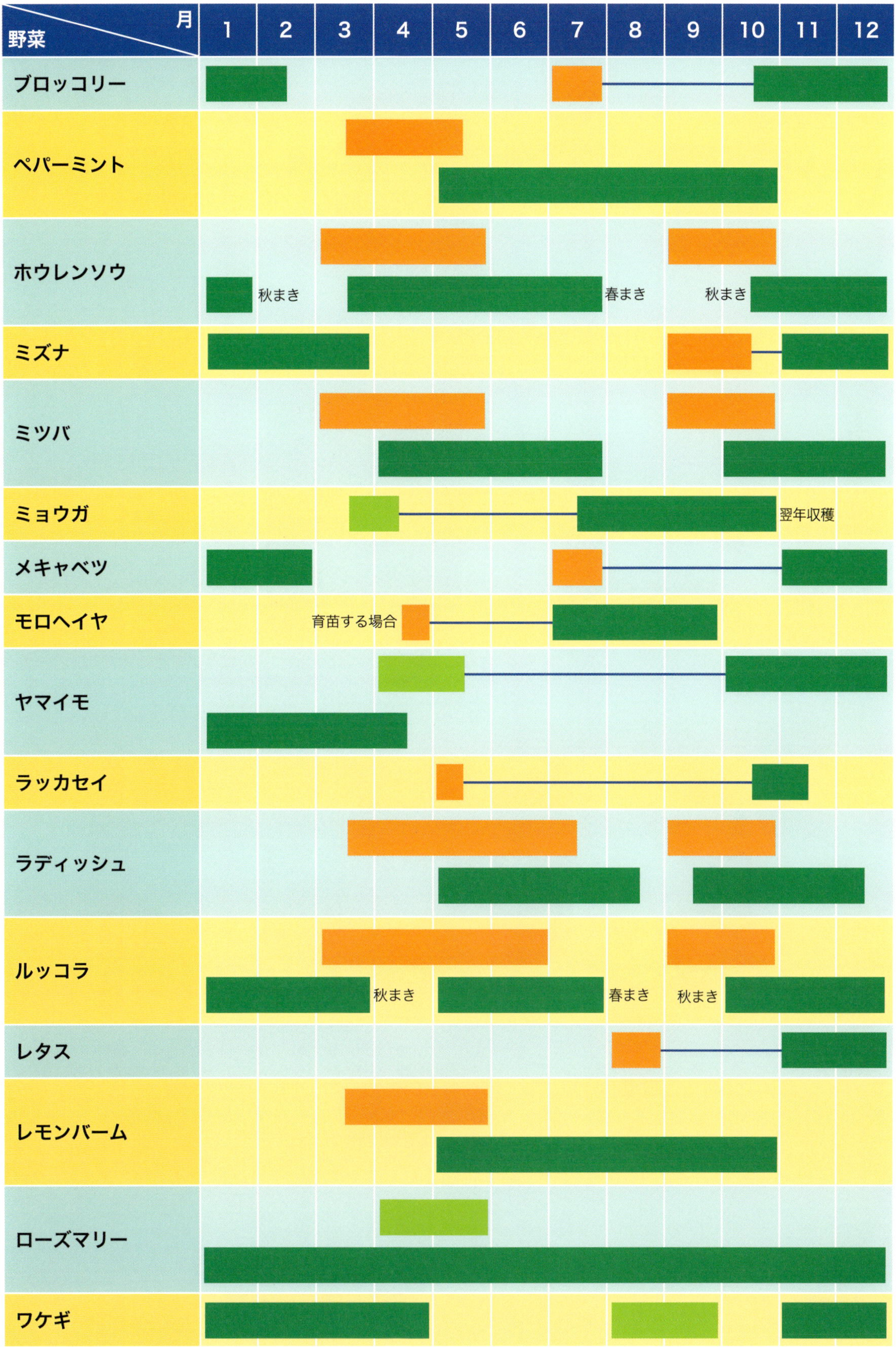
月
野菜
1
2
3
4
5
6
7
8
9
10
11
12
ブロッコリー
ペパーミント
ホウレンソウ
秋まき
春まき
秋まき
ミズナ
ミツバ
ミョウガ
翌年収穫
メキャベツ
モロヘイヤ
育苗する場合
ヤマイモ
ラッカセイ
ラディッシュ
ルッコラ
秋まき
春まき
秋まき
レタス
レモンバーム
ローズマリー
ワケギ

本書の見方

野菜名　一般によく使われている名前をカタカナで表記しています。一部に総称も含まれています。よく使われる別名は(　)内に表記しました。

英名　英名がある場合のみアルファベットとカタカナで表記しています。

科名　植物分類学で分類された科名を表記しています。

原産地　原種の産地を表記しています。

栽培カレンダー　項目に合わせて、種まき、間引き、収穫などの作業時期を12カ月のカレンダーにしました。関東周辺の気候を基準としています。

畝づくり　畝の断面と栽培に適した幅、高さ、株間（条間）、溝や穴を示します。イラストの下に土づくり、施肥に必要な苦土石灰、肥料の量を記しています。

野菜づくりQ&A　栽培時のよくある質問などをQ&A形式で答えます。

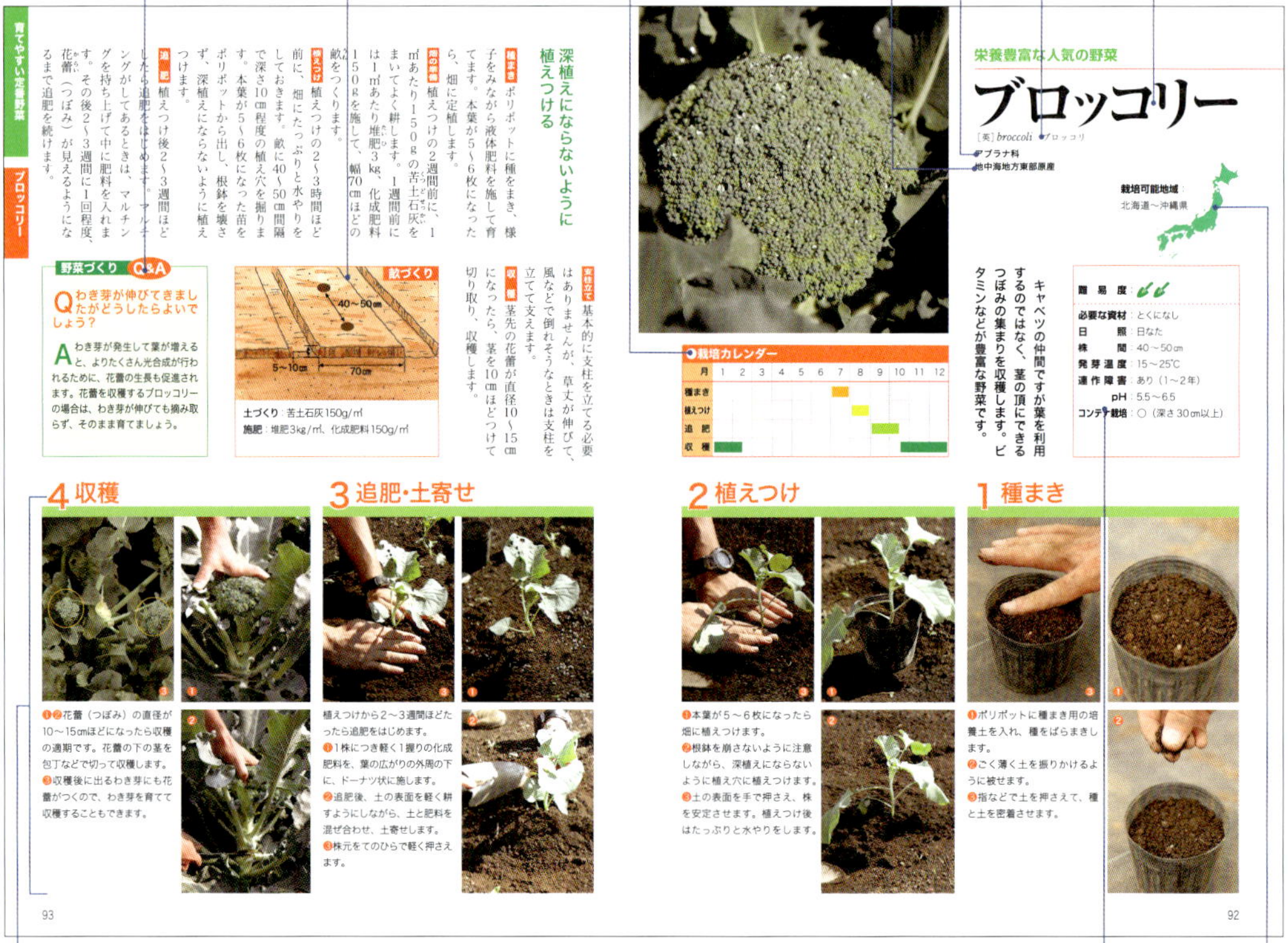

栄養豊富な人気の野菜

ブロッコリー

[英] broccoli　ブロッコリ

アブラナ科

地中海地方東部原産

栽培可能地域：北海道〜沖縄県

キャベツの仲間ですが葉を利用するのではなく、茎の頂にできるつぼみの集まりを収穫します。ビタミンなどが豊富な野菜です。

難易度：

必要な資材：とくになし

日照：日なた

株間：40〜50㎝

発芽温度：15〜25℃

連作障害：あり（1〜2年）

pH：5.5〜6.5

コンテナ栽培：○（深さ30㎝以上）

栽培カレンダー

月	1	2	3	4	5	6	7	8	9	10	11	12
種まき												
植えつけ												
追肥												
収穫												

深植えにならないように植えつける

植まき　ポリポットに種をまき、様子をみながら液体肥料を施して育てます。本葉が5〜6枚になったら、畑に定植します。

畑の準備　植えつけの2週間前に、1㎡あたり150gの苦土石灰《くどせっかい》をまいてよく耕します。1週間前には1㎡あたり堆肥《たいひ》3kg、化成肥料150gを施して、幅70㎝ほどの畝をつくります。

植えつけ　植えつけの2〜3時間ほど前に、畑にたっぷりと水やりをしておきます。畝に40〜50㎝間隔で深さ10㎝程度の植え穴を掘ります。本葉が5〜6枚になった苗をポリポットから出し、根鉢を壊さず、深植えにならないように植えつけます。

追肥　植えつけ後2〜3週間ほどしたら追肥をはじめます。マルチングがしてあるときは、マルチングを持ち上げて中に肥料を入れます。その後2〜3週間に1回程度、花蕾《からい》（つぼみ）が見えるようになるまで追肥を続けます。

支柱立て　基本的に支柱を立てる必要はありませんが、草丈が伸びて、風などで倒れそうなときは支柱を立てて支えます。

収穫　茎先の花蕾が直径10〜15㎝になったら、茎を10㎝ほどつけて切り取り、収穫します。

畝づくり

40〜50㎝　5〜10㎝　70㎝

土づくり：苦土石灰150g/㎡

施肥：堆肥3kg/㎡、化成肥料150g/㎡

野菜づくりQ&A

Q　わき芽が伸びてきましたがどうしたらよいでしょう？

A　わき芽が発生して葉が増えると、よりたくさん光合成が行われるために、花蕾の生長も促進されます。花蕾を収穫するブロッコリーの場合は、わき芽が伸びても摘み取らず、そのまま育てましょう。

1 種まき

❶ポリポットに種まき用の培養土を入れ、種をばらまきします。

❷ごく薄く土を振りかけるように被せます。

❸指などで土を押さえて、種と土を密着させます。

2 植えつけ

❶本葉が5〜6枚になったら畑に植えつけます。

❷根鉢を崩さないように注意しながら、深植えにならないように植え穴に植えつけます。

❸土の表面を手で押さえ、株を安定させます。植えつけ後はたっぷりと水やりをします。

3 追肥・土寄せ

植えつけから2〜3週間ほどたったら追肥をはじめます。

❶1株につき軽く1握りの化成肥料を、葉の広がりの外周の下に、ドーナツ状に施します。

❷追肥後、土の表面を軽く耕すようにしながら、土と肥料を混ぜ合わせ、土寄せします。

❸株元をてのひらで軽く押さえます。

4 収穫

❶❷花蕾（つぼみ）の直径が10〜15㎝ほどになったら収穫の適期です。花蕾の下の茎を包丁などで切って収穫します。

❸収穫後に出るわき芽にも花蕾がつくので、わき芽を育てて収穫することもできます。

育てやすい定番野菜　ブロッコリー

93　92

植栽可能地域　日本での植栽が可能な地域を地図を添えて表記しました。

難易度　野菜の栽培の難易度を、＝初心者でも栽培しやすい野菜、＝やや栽培のむずかしい野菜、＝栽培のむずかしい野菜、の3つに分けました。

必要な資材　栽培に必要な資材を表記しています。

日照　栽培に適した日あたりを表記しています。

株間　株と株の間隔を表記しています。

発芽温度　発芽に適した温度を表記しています。種から栽培することがむずかしい野菜は生育温度を表記しました。

連作障害　連作障害の有無を表記しています。連作障害がある場合、畑を休ませる期間を（　）内に示しました。

pH　栽培に適した土壌の酸度を表記しています。

コンテナ栽培　コンテナで栽培できるかどうかを表記しています。できる場合は○、できない場合は×で表し、できる場合はコンテナの深さを（　）内に表記しました。

作業の流れ　作業の流れを写真やイラストを使って説明しました。

野菜づくりの準備と基本

野菜づくりの準備❶

野菜づくりの計画

野菜づくりの第一歩

野菜づくりでは、どのような野菜をどれくらい、いつ、どこに植えるかなどの「作付《さくづ》け計画」が重要です。

まず、つくりたい野菜をあげて、その性質や栽培条件を調べ、つくれるかどうか検討します。畑の広さに合わせて、収穫までの期間や横幅、草丈なども考えて作付け計画を立てます。植えつける量は４人家族の場合、キュウリ８株、トマト10株、ナス４～５株、ピーマン６株も植えれば、あまるほど収穫できます。

毎年１つの場所で同じ野菜や科が同じものをつくると、土地がやせて生育が悪くなります。このことを「連作障害《れんさくしょうがい》」と呼びます。

連作障害を防ぐためには、畑を分割して毎年植える野菜を変えます（下図参照）。これを「輪《りん》作《さく》」といい、連作障害のある野菜を知ることが必要です。とくにナス科、ウリ科、アブラナ科、マメ科は連作に注意します。菜園を借りた場合は、前年にどんな野菜をつくったのか前の借り主や隣の借り主に聞いておきましょう。

連作障害を考えた畑の具体例

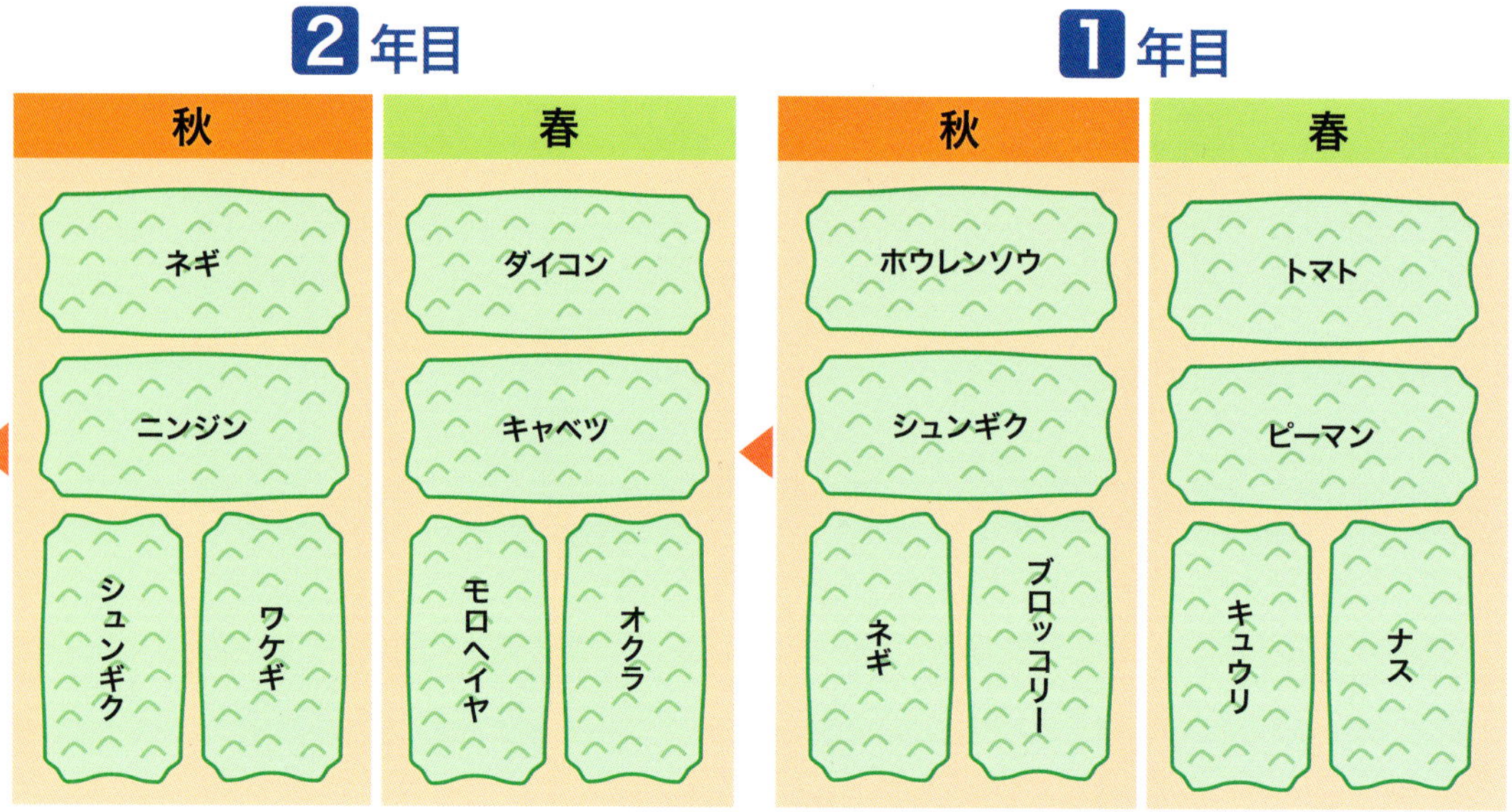

上図は畑を４つに区切り、春から秋までの植えつけ例を示したもの。

野菜づくりの作業（トマト）

野菜づくりでは種類によって栽培の手順が多いものや少ないものがあります。ほとんどの野菜は「種まき」→「植えつけ」→「間引き」→「追肥」→「土寄せ」→「収穫」という流れになります。

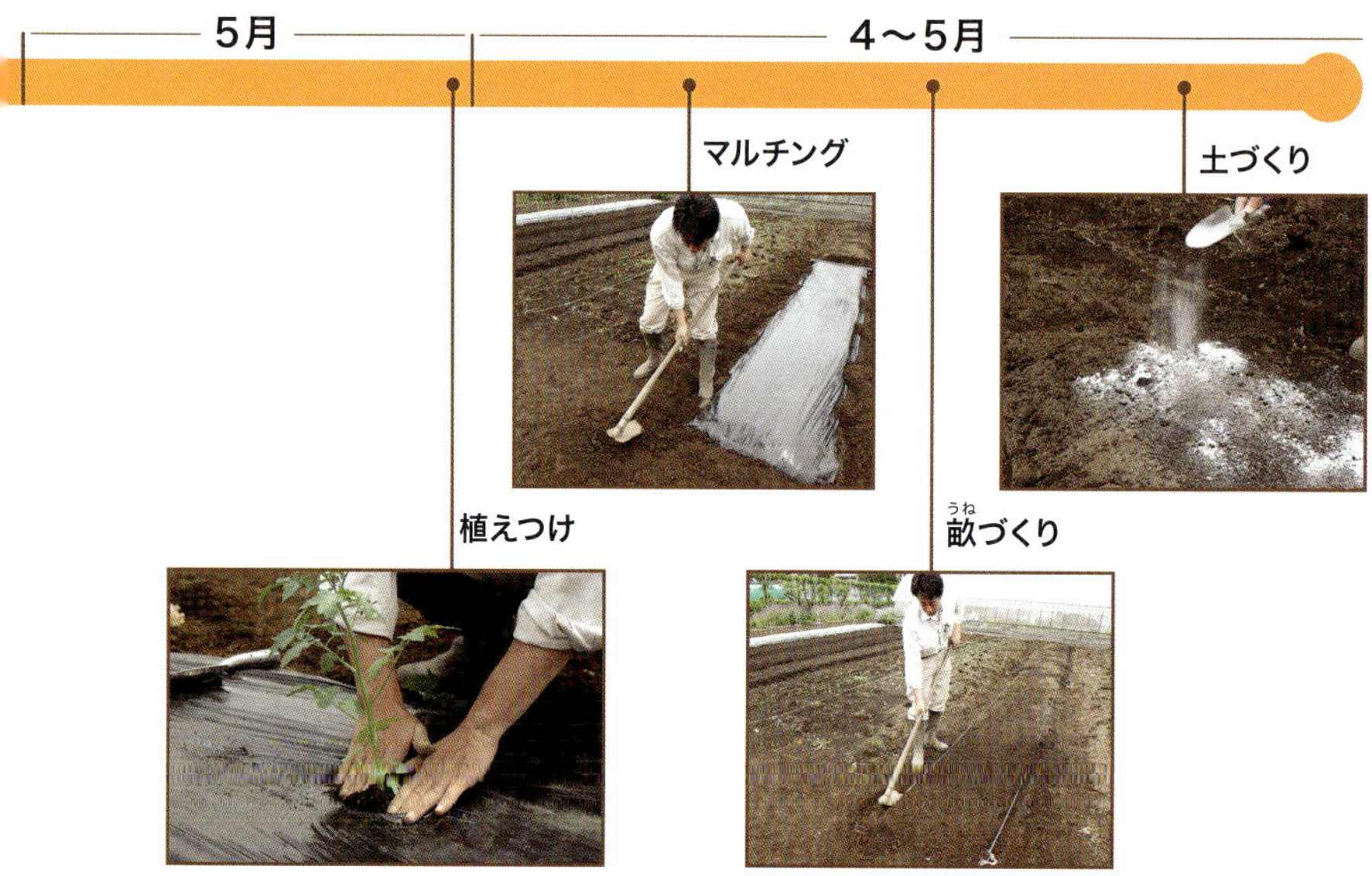

連作障害のある野菜

	休ませる期間	おもな野菜
連作障害のある野菜	1年以上	カリフラワー　チンゲンサイ　ブロッコリー コマツナ　トウモロコシ　ネギ　キャベツ カブ　ダイコン　ホウレンソウ　レタス
	2年以上	インゲンマメ　エダマメ　オクラ　ハクサイ キュウリ　ゴボウ　シュンギク　タマネギ
	3年以上	ピーマン　セロリ　ジャガイモ　トマト サトイモ　ニガウリ
	4年以上	サヤエンドウ　スイカ　ナス
連作障害が少ない野菜		ニンジン　ニラ　カボチャ　サツマイモ　シソ ラディッシュ

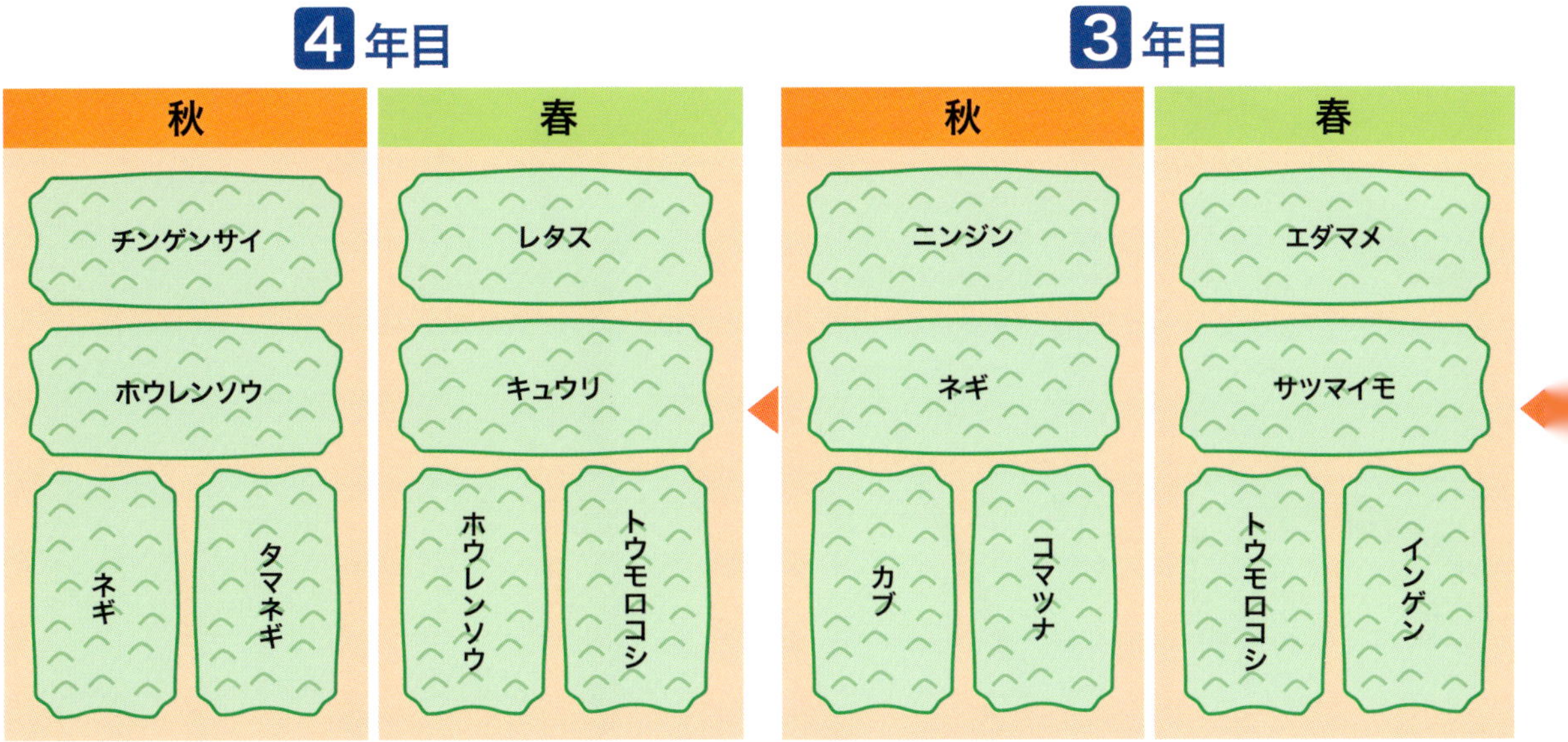

野菜づくりの準備❷

服装・道具

【服装】 作業の服装でもっとも大切なことは、なにより動きやすいことです。汚れてもよい服で、ケガや陽射しから肌を守るために、基本は長袖、長ズボンを着用しましょう。ポケットの多いものを選ぶと道具を入れておけて便利です。炎天下の作業では帽子も不可欠です。土の上での作業となるので長靴が便利です。

【道具】 農具は作業に合わせてたくさんの種類があり、ホームセンターなどで手軽に入手できます。はじめは次の最低限必要な道具だけそろえましょう。

スコップ…土づくりなど
クワ…畝づくり、土寄せなど
移植ゴテ…植えつけや植え替え、中耕など
じょうろ…水やり
ハサミ…間引き、収穫など
バケツ…肥料や堆肥を運ぶ際など

　このほかに支柱、マルチング材、ひも、寒冷紗《かんれいしゃ》などが一連の作業で必要になります。

農薬を散布するとき

基本の服装

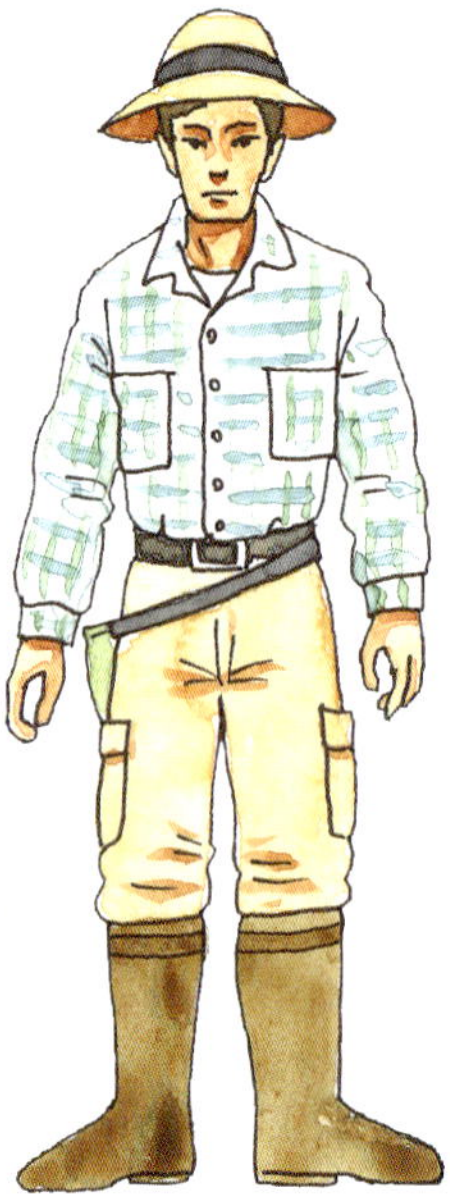

作業するときの服装
作業をするときは動きやすく、汚れてもかまわない服装にします。長袖、長ズボン、長靴が基本です。農薬を散布する時は肌に直接触れないような服装で、ゴーグル、手袋、マスクを着けます。

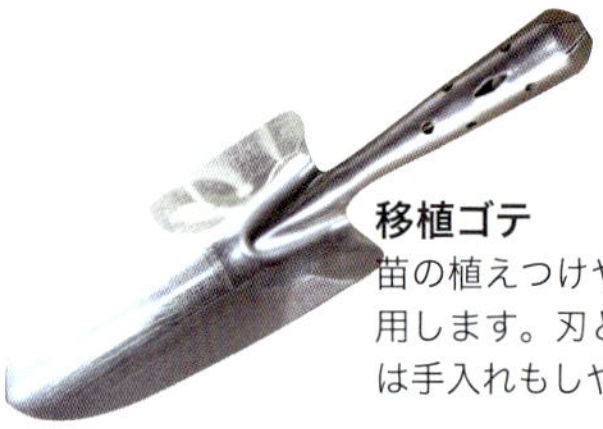

移植ゴテ
苗の植えつけや追肥後の中耕などに利用します。刃と柄が一体になったものは手入れもしやすく、壊れにくいです。

ハサミ
間引き、摘心、整枝、収穫などに多くの作業に使います。刃先の細いものほど細かい作業に対応できます。

レーキ
土づくりや畝づくりに使います。平らな面で土をならし、反対側で土のかたまりを崩します。

クワ
土づくりや畝づくり、土寄せなどに便利です。使いやすい重さと長さのものを選びます。

スコップ
土づくりに欠かせない道具。土を掘り起こして耕すことができます。先端の長さを調べておけば、掘る際にいちいち測らなくても済みます。ふつうは長さ30cmくらい。

ひも
つる植物の誘引や支柱を縛るなど広範囲に活躍します。シュロ縄や麻ひもなど土に分解されるものが向いています。ビニールひもを使うときはちぎれた繊維が散らばるので、よってあるものを使いましょう。

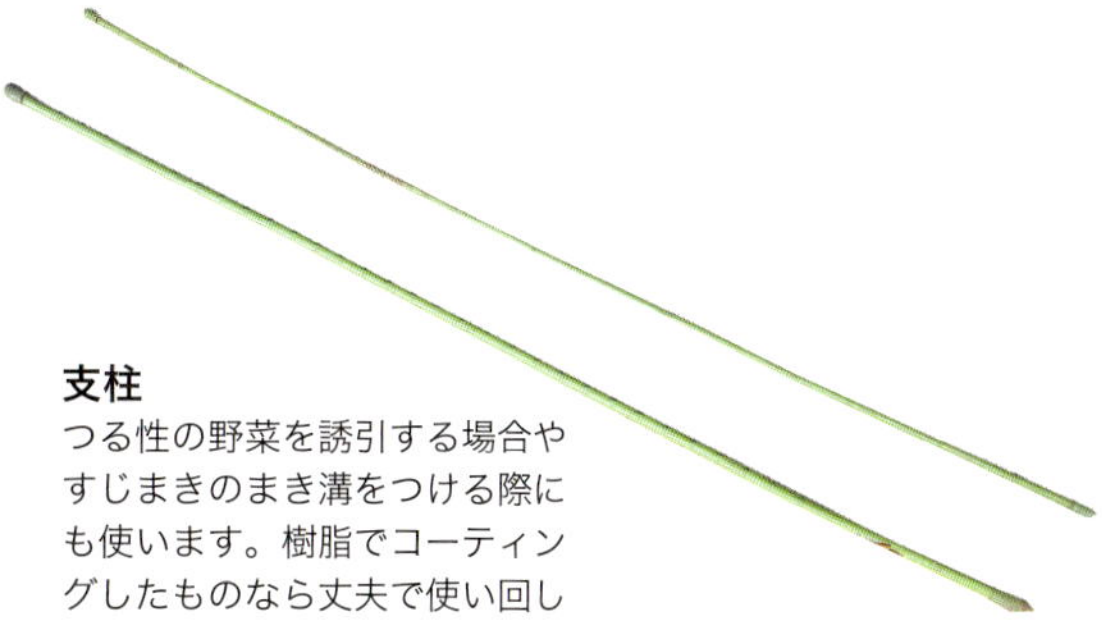

支柱
つる性の野菜を誘引する場合やすじまきのまき溝をつける際にも使います。樹脂でコーティングしたものなら丈夫で使い回しができます。

マルチング材〈ポリマルチ〉
雑草防止や畑の地温を上げるときに使います。穴あきや透明、黒、銀など用途に合わせて選びます。

寒冷紗《かんれいしゃ》
冬の霜よけ、夏の暑さ対策に使います。トンネル用の支柱を立てて苗を覆います。白いものが幅広く使えるので便利。

育苗ポット
鳥害や気温が低い際に育苗ポットに種をまいて管理します。ふつう３～3.5号ポットを使います。

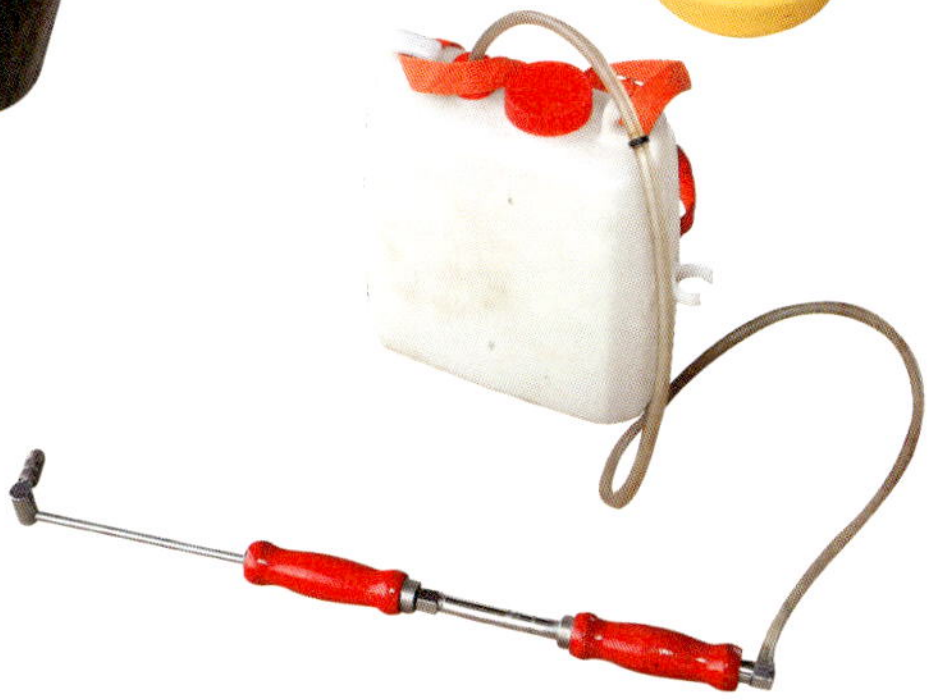

噴霧器・スプレー
液肥や薬剤散布に利用します。噴霧器は軽く、丈夫なものを選び、可動式のノズルが便利です。

じょうろ
水やりに使用します。水やりには容量が大きいもののが便利です。広い範囲に水をまく場合はハス口を上に、１カ所に集中してまく場合はハス口を下にします。

ふるい
種まき後に薄く土をかぶせたりするときに使います。網目を取り外して、網目のサイズを変えられるものが便利です。

計量カップ
薬剤、液肥を薄める水を量るときや、肥料を量る際にも便利です。家庭用品として売られているものを使用します。

バケツ
水やりだけでなく、肥料などを運ぶ際にも活用できます。用途別にいくつか用意するといいでしょう。

野菜づくりの準備③
土づくり

野菜づくりでとても大切なことは、栽培に適したよい土をつくる、ということです。よい土とは、①保水性、②保肥性、③通気性の3つのバランスが取れた土といえます。

種まきや植えつけの2週間前に土の酸度を測定し、苦土石灰を混ぜ込んで、酸度の調整をします。土の酸度とは、土の性質が酸性かアルカリ性かを示します。単位はpHで示され、中性である7・0より数が小さいと酸性、大きいとアルカリ性になります。

種まきや植えつけの1週間前には、野菜の生育に欠かせない肥料分を土に施します。これを「元肥《もとごえ》」といい、おもに堆肥や化成肥料などを施します。元肥は全面に施す「全層施肥《ぜんそうせひ》」、溝を掘って施す「溝施肥《みぞせひ》」のふたつの方法があります。全層施肥は短い期間に収穫する野菜に適しています。溝施肥は栽培期間が長い野菜に適しています。ダイコンやゴボウなど根が長く伸びるものは元肥を埋めた場所をずらして種をまきます。

酸度の調整

①場所を決める

野菜を栽培する場所は、種まきや植えつけを行う２週間〜１カ月前に準備をします。

②酸度を調べる

土の酸度（pH）を調べるために、酸度測定器を使います。酸度測定器は数種類あり、ホームセンターなどで購入することができます。

全層施肥

①堆肥をまく

堆肥をまきます。１㎡あたり、４㎏の堆肥をまきます。堆肥は肥料分のほかに、水はけや通気性をよくするので、しぶらずにきちんと入れます。

②化成肥料をまく

化成肥料は１㎡あたり、150〜200gを均一にまきます。

溝施肥

①ひもを張る

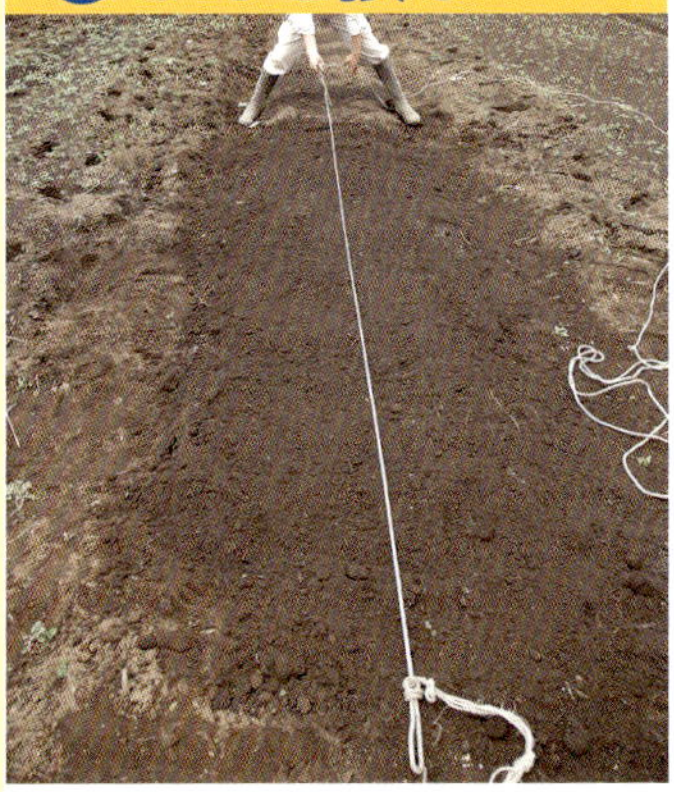

真ん中に溝を掘るために、畝の真ん中からクワひとつ分外側にひもを張ります。

ひもを張らない方法

ふたりで作業できるなら、畝の両端にひとりずつひもを持ち、ピンと伸ばして溝を掘る位置にひもをこすりつけます。

あとは目印となる線をたよりに溝を掘ります。

❸石灰をまく

石灰は肌が荒れるので、コテを使ってまきます。一般的な畑の土の場合、pHを1上げるためには、1㎡あたり苦土石灰なら400㎖(g)をまきます。

❹土と混ぜる

石灰をまいたらレーキを使って土と混ぜます。石灰は水を含むと固くなるので、まいたらすぐに混ぜます。

❺平らにならす

土と混ぜたらレーキの平らな部分でならせば完成。

---

❸土を掘り返す

肥料をまいたら、スコップを深く入れて両側の土を20～30㎝ほど掘り返します。

❹土を砕く

すべて掘り返したら、土の固まりをレーキで砕きます。

❺平らにならす

表面を平らにならせば完成です。

---

❷溝を掘る

ひもに沿って溝を掘ります。20㎝くらい掘り上げます。掘り進めるとひもがゆるむので、そのたびにピンと張り直します。

❸元肥を入れる

堆肥を1㎡あたり、4kg。化成肥料は1㎡あたり、150～200gを溝に入れます。

❹平らにならす

固まった土を砕いて表面をならしたら完成。

野菜づくりの準備④

畝づくり

野菜づくりでは、作業しやすいように土を盛り上げた「畝《うね》」をつくり、種をまいたり、植えつけを行います。畝をつくることを「畝《うね》立《た》て」ともいいます。

畝の幅は育てる野菜やつくる量によって変わりますが、多くのものは60～70㎝くらいです。畝を広くすると株をたくさん植えられるかわりに、実などが小さくなります。畝を狭くすると植えられる数は少なくなりますが、実などは大きくなります。

畝の高さ5～10㎝のものを「平畝《ひらうね》」、高さ20～30㎝のものを「高畝《たかうね》」と呼びます。ふつうは平畝で野菜をつくりますが、水はけの悪い場所やサツマイモなど水はけのよい場所を好む野菜をつくる場合は高畝にします。

畝と畝の間（畝《うね》間《ま》）は作業しやすい程度にあけます。畝が60㎝の場合、畝と同じ幅にするか、歩ける程度の30～40㎝にします。

畝をつくる方角は土地の条件などがあるので、あまり気にする必要はありませんが、一般的に日あたりのよい南北に長辺をつくり、冬越しさせる野菜は霜の影響から守るために東西に長辺をつくります。

おもな畝の種類

東西畝
東西畝は野菜にまんべんなく日があたり、霜の影響を受けにくくなります。

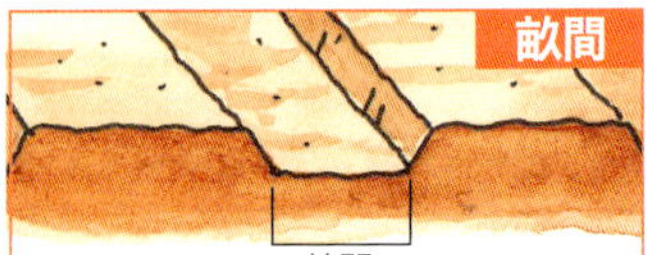

畝間
畝間は作業しやすいスペースを確保するようにします。はじめは60㎝ほど畝間をあけ、慣れたら歩ける程度の30～40c㎝にしてみましょう。

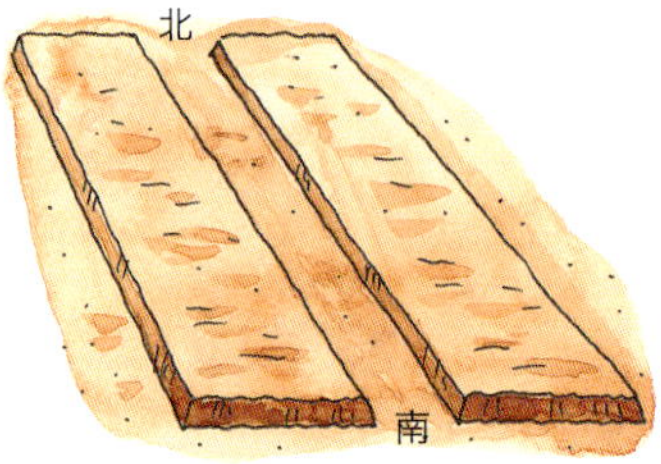

南北畝
南北畝は日あたりがよいのですが、畝の全面に日をあてるため、南側に丈の低い野菜を植え、北側に進むにつれ丈の高い野菜を植えていきます。

平畝と高畝
平畝は幅を広く取り、高さ5～10cmに土を盛り上げます。高畝は平畝と同じく幅を広く取り、土の高さを20～30cmにします。本書では平畝と高畝で野菜をつくります。

種まき・植えつけまでの流れ

2週間前

土づくり

1週間前

施肥

畝づくり

種まき

植えつけ

種まき・植えつけまで2週間必要です

畝づくり

❶ひもを張る

畝の幅をメジャーなどで測り、ひもを杭に巻き付けてピンと張ります。

❷掘りはじめ

掘り始めるときは、畝の外側に向かってクワを入れると四隅がきれいに掘れます。そのあとは畝に沿って掘り進めます。

❸溝を掘る1

ひもの外側をクワでまっすぐ掘ります。

❹土を盛り上げる

溝を掘る際、掘った土はひもの内側に入れます。

❺高さを測る

ある程度掘り進んだらメジャーなどで高さを確認します。

❻溝を掘る2

片側を掘り終えたら、反対側も同じように掘り進めます。

❼土を砕く

溝を掘ったらレーキで土の固まりを砕きます。

❽平らにならす

レーキを使って表面を平らにならします。

❾完成

表面を平らにしたら畝の完成です。

野菜づくりの準備 ⑤

マルチングの張り方

地面を覆うことを「マルチング」といいます。マルチングには次の効果があります。

- **地温を上げる**
- **地温の上昇を防ぐ**
- **土の乾燥を防ぐ**
- **雑草が生えるのを防ぐ**
- **泥はね、病気の予防**

マルチングの材料には、わら、ピートモス、腐葉土などがあります。野菜栽培ではポリエチレンフィルムのマルチング資材（以下ポリマルチ）がよく使われ、透明なものと黒色のもの、銀白色のものとがあります。黒色のものは地温を上げ、乾燥を防ぎます。透明なものは地温を保ち、雑草対策に効果的です。銀白色、銀線入りのものはアブラムシなどの害虫や土の乾燥、雑草の防止に効果があります。さらに、シート状やロール状のものに穴のあるものと、ないものがあります。家庭菜園ではロール状の穴なしがどんな野菜にも対応できます。

❶ 溝を掘る

角度に注意！

溝を掘るときはクワを水平に入れます。畝と溝が垂直になれば、土を戻したときにポリマルチをしっかりと固定できます。

クワを斜めに入れると畝と溝に傾斜ができ、マルチングしたあとに風や雨で土が流れてポリマルチがはがれやすくなります。

畝を崩さないように周囲にクワで溝を掘ります。

⑤ 土を戻す

土を戻すポイント

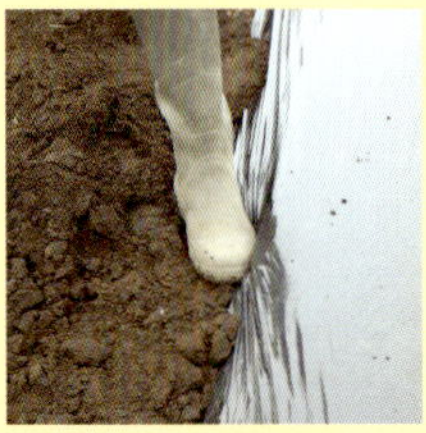

足の側面で押さえてポリマルチをピンと伸ばします。

ポリマルチの側面をおさえた足に土をかけて埋め戻します。

張り始めの端から順に、クワで土を戻していきます。戻した土はクワでおさえます。

トンネルのつくり方

野菜によっては気温・地温の低い時期に、防寒対策としてポリマルチなどで覆いをかけます。これを「トンネル」と呼びます。

❶ 支柱を立てる

トンネル用の支柱を30㎝間隔で、畝の外側に差し込みます。

❷端を固定する

ポリマルチの端を畝に密着させて伸ばし、土を戻して踏み固めます。

❸ポリマルチを張る

ロールを転がしながら、ポリマルチをピンと張ります。

❹側面を仮止めする

側面の裾を土で盛り、仮止めします。畝の端までロールを転がしたら端を切り、土を戻して踏み固めます。

❻側面を踏み固める

左右の側面を埋めたら、かかとからつま先へと体重をかけて土を踏み固めます。

❼完成

株間に合わせてカッターやハサミで穴をあけたら、マルチングの完成です。

穴のあけ方

コテで穴をあける場合は、十字にコテを刺して穴をあけます。

缶を使う場合は、あらかじめ金バサミでギザギザにカットしておきます。使い方は、ポリマルチに缶を差し込んでねじります。

❷ポリマルチをかける

ポリマルチの端を土に埋めて、張っていきます。反対側の端まで張れたら端を切って土に埋めます。

❸レンガで押さえる

畝の長辺のポリマルチの片側は土に埋め、もう一方の片側はときどき開けられるようにレンガで押さえます。

❹完成

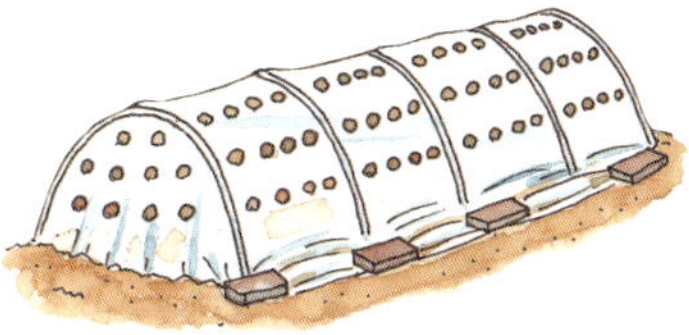

トンネルの完成です。寒冷紗《かんれいしゃ》でも張り方は同じです。

野菜を育てる作業 1

種まき

種を畑に直接まく方法を「直《じか》まき」といいます。発芽温度が低めのものやよく生育するものは直まきにします。発芽温度の高いものや失敗しやすいものはポリポットや育苗箱に種をまいて育苗します。

種のまき方には、「すじまき」「点まき」「ばらまき」の3つがあります。すじまきは種が細かい野菜、生長の早い葉菜類、あまり大きくならない野菜に適しています。点まきは種が大きい野菜、根菜類、発芽温度の高くない野菜に向いています。ばらまきは、種が細かいセリ科、シソ科などの好光性《こうこうせい》種子《しゅし》（光で発芽する性質）の野菜に適しています。そのため種まき後は土をまったくかぶせないか、ふるいで土を薄くかける程度にします。直まきすると風や雨で流れてしまうので、ポリポットや育苗箱にまきます。

すじまき、点まきは種まき後に土をかぶせて、まんべんなく水を与えます。ばらまきは種まき後に水を与えると種が流れてしまうので、水は種まき前にたっぷりと与えておきましょう。

すじまき

すじまきはホウレンソウやコマツナ、ロケットなど、間引いたものも利用する野菜に適しています。支柱や指でまき溝をつくり、指をひねりながら溝に種をまきます。2列以上まく場合は生育後の野菜の大きさを考えて条間を調整します。

1 まき溝をつくる

支柱を押しつけてまき溝をつくります。2列以上まくときは列の間を測って、同じように溝をつくります。土が乾燥しているときは水をまいて湿らせておきます。

点まき

点まきはダイコンやカボチャなど、はじめから株間が必要な野菜や、種の大きい野菜に適しています。点まきは、ビンの底などでまき穴をつくって、種をまきます。鳥害にあいやすいものは、種まき後にネットやペットボトルなどで保護します。

1 まき穴をつくる

ビンの底などで、深さ5～10㎜くらいのまき穴をつくります。土が乾燥しているときは水をまいておきます。

ポリポットに種をまく

ポリポットは、直まきでは管理しにくい野菜をまくのに適しています。3号のポリポットに湿らせた用土をすりきりいっぱい入れます。種の種類によって指で穴をあけてひと粒ずつまくか、ばらまきにするかして種をまきます。

1 土を入れる

あらかじめ土に水をまいて湿らせ、3号のポリポットにすりきりいっぱいの土を入れます。

❷種をまく

種を指でつまんで、親指と人差し指をこするように指をひねります。こうすると種がひと粒ずつ離れ、種の重なりを防ぎます。

❸土を埋め戻す

まき溝をはさむように指をあて、溝に沿って指を引いて土を埋め戻します。

❹土を押さえる

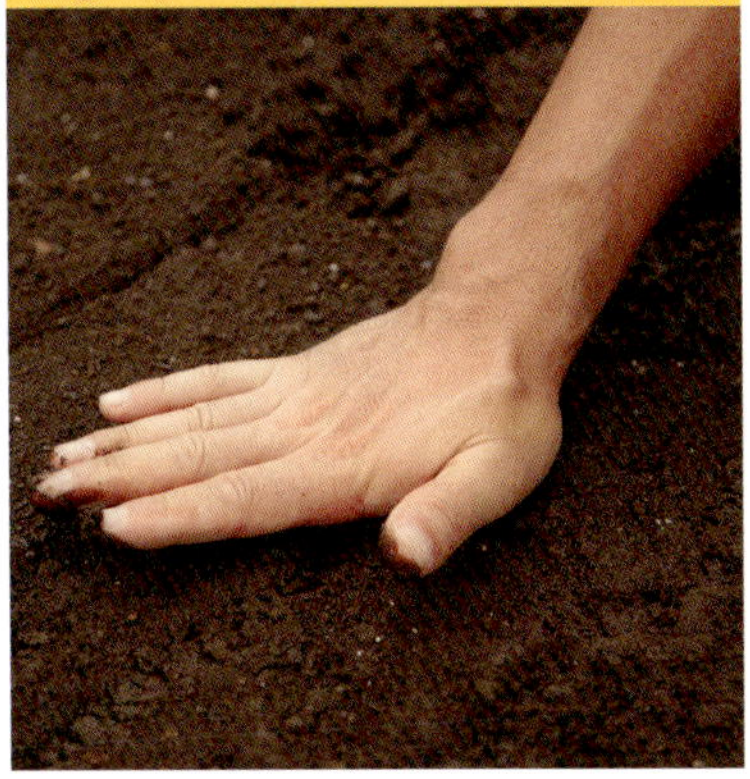

埋め戻したら、種と土をくっつけるように、手のひらで土を軽く押さえます。押さえたあとはまんべんなく水を与えます。

---

❷種をまく

種はそれぞれの野菜に合わせた数をまきます。重ならないように間をあけます。

❸土を戻し、水を与える

まわりの土を寄せて埋め戻し、種が土と密着するように軽く押さえたら、じょうろで水を与えます。

ペットボトルで鳥よけ

鳥害にあわないよう、ペットボトルの底をと真ん中を切り、種をまいた場所にかぶせます。気温が低いときは飲み口側（写真右）を使い、蒸れないようにふたを開けておきます。気温が高くなったら底の方を使います（写真左）。

---

❷種をまく

大粒の種をまくときは、種ひと粒を指で押し込むか、指で穴をあけてからまきます。どちらも、まき穴は指の第一関節あたりまでです。まいた後は覆土をします。

ばらまき

ばらまきするときは土に十分水を与えてから、種をばらまきます。種が重ならないように均一にまきます。

育苗箱にまく場合も同様に水を与えてから、ばらまきます。

❸水を与える

まき終わったら、ポリポットを並べてまとめて水を与えます。ポリポットを持ち上げて底から水が出るくらいが目安です。土は目減りしてちょうどよい高さに下がります。

野菜を育てる作業②

植えつけ

野菜づくりでは、苗を購入して育てるほうがよいものもあります。ホームセンターなどで購入する際の苗の選び方と植えつけ方を紹介しましょう。

よい苗を選ぶときは、葉と葉の間隔（節間）がつまっていて茎や葉の色が濃く、葉がピンとしているものを目安に選びましょう。苗を選んだら植えつけます。育苗した苗も植えつけ方は同じです。

植えつけは野菜に合わせた時期に行います。暖かく、曇りで風のない日が植えつけに適しています。

まず、ポット苗に水を与えます。苗の土が乾燥したままだと苗を取り出すときに根鉢の土が崩れてしまいます。植え穴は、根鉢がすっぽり入る大きさに掘り、植えつけたときに根鉢が少し出るくらいの深さにします。根鉢を崩さないように取り出して苗を植えつけます。掘り出した土を寄せ、株元の土を軽く押さえます。株元を押さえることで土と根が密着して根がよく伸びます。マルチングしてある場合も同じ手順で行います。

①苗の準備

植えつけ前に水を与えておきます。

②植え穴を掘る

ポリポットと同じ大きさの植え穴を掘ります。深さは植えつけたときに、株元が少し出るくらいにやや浅めに掘り下げます。

苗を選ぶポイント

❸苗を取り出す

根鉢を崩さないように、そっとポリポットをはずします。

株分け

野菜の場合は基本的に根鉢を崩さないように植えつけますが、育苗したときにいくつか株を残した場合は株を分けて植えつけてもかまいません。このときできるだけ根鉢の土を崩さないように分けます。

❹植えつける

苗を地面（写真の場合マルチングの部分）から少し高くなるように植えつけます。

❺土を寄せる

植えつけたら、掘り出した土を寄せます。マルチングしてある場合はマルチの中にも土を寄せます。

❻土を軽く押さえる

手のひらで軽く押さえます。強く押さえてしまうと土が固くなり、根が伸びにくくなってしまいます。

❼仮支柱を立てる

野菜によっては苗が大きくなるまで、仮支柱を立てます。根鉢にあたらないよう、斜めに支柱を指します。

❽ひもで固定する

仮支柱を立てたら、ひもで仮支柱と野菜を8の字にからませて結びます。ほどきやすいように仮支柱側に結びます。

❾水を与える

植えつけたら、じょうろで水を与えます。

❿完成

水を与えたら植えつけの完成です。根が活着する１週間くらいまでは、土が乾かないように、こまめに水やりをします。

野菜を育てる作業③

間引き

ばらまきなどして、たくさんの種まいた野菜は、生育の悪い苗などを摘み取っていきます。これを「間引き」といいます。種から育てる野菜は間引きを繰り返して、最終的に1本の株を育てます。

種をまいて子葉が開いたら、指先の第一関節分(1〜2㎝くらい)を目安に間引きます。間引く株は、小さいもの、子葉の形が不ぞろいなもの、病害虫の被害があるものです。間引く間隔を広く取りすぎると、風や雨で株が倒れやすくなったり、株同士が競い合わなくなったりしてうまく育ちません。その後、生育に合わせて数回間引いていきます。間引く間隔はとなりの株と葉と葉が触れるか触れ合わないか程度が基本です。間引いた株は捨てずに料理などに利用できます。

間引きのタイミングは、子葉の展開、本葉1枚、本葉3枚、本葉5〜7枚を目安に行います。根菜類など1カ所に5粒まく場合は1〜2回目で3本、3回目で1カ所に1本の株にします。

間引き1回目

①子葉を間引く

子葉が開いたら1回目の間引きです。子葉の形がよいものを残します。

ピンセットを使う

子葉が小さい野菜はピンセットなどで間引きます。

葉の重なった部分を間引いて、隣り合う株の葉と葉が触れ合う程度の間隔にします。

間引き2〜4回目

①間引く

ある程度株が育っているので、間引くときはほかの株が抜けないように、間引く株のまわりの土を押さえながら引き抜きます。

②間引いた株

間引いた葉は捨てずに、料理に利用しましょう。

密生している場合

①株間を決める

シュンギクやホウレンソウなど、多めに種をまいた場合は、株間をつくるように間引きます。

②間引く

ハサミでまとめて間引いて、株間を調整します。間引いた株は料理に使います。

野菜を育てる作業④

芽かき・摘心

よい野菜を育てるためには、野菜の生育に合わせて管理することが重要です。野菜の生育に不要な芽を摘む「芽かき」と主枝やつるの先端を摘む「摘心」を行いましょう。

【芽かき】　株が生長してくると、わき芽が伸びてきます。わき芽は主枝と葉の付け根から伸びる芽のことで、必要のないわき芽は、そのままにしておくと株の生長を遅くしたり、葉が茂りすぎたりして、よい実がつかなくなります。わき芽が出たら、天気のいい日に手で摘み取りましょう。摘み取った部分は傷口が乾燥してふさがります。

【摘心】　生長した株は主枝が伸びて、手の届かないところまで伸び続けてしまいます。放任して伸ばしてもかまいませんが、管理が大変なときは、作業しやすい高さに摘心をして、高くならないようにします。芽かきと同じように手で摘み取ります。スイカなどのように、摘心して子づるを伸ばすように仕立てるものもあります。

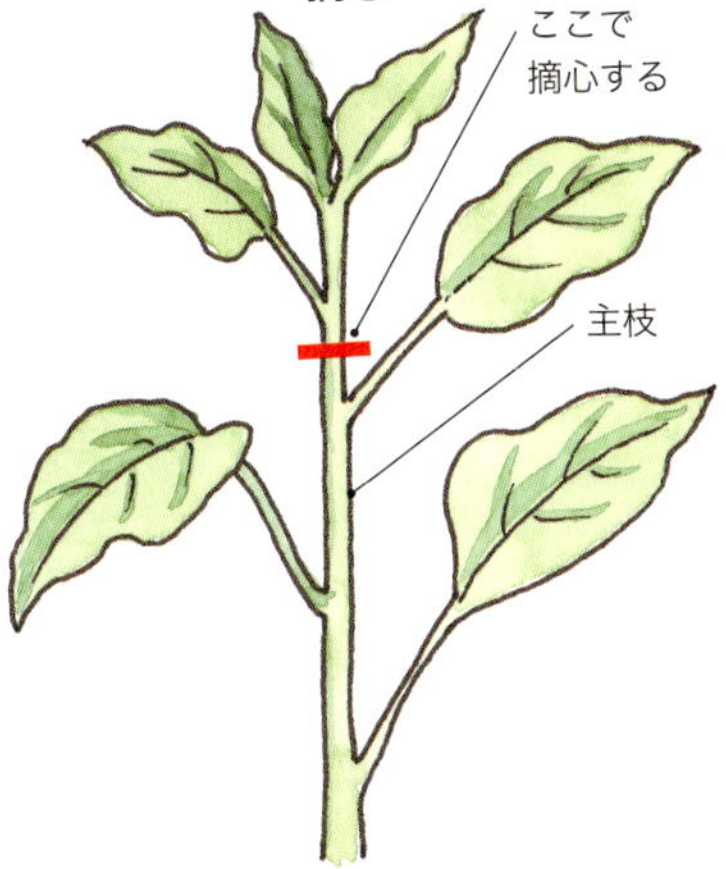

株の高さを押さえるとき、子づるなどに実をつける野菜に行います。

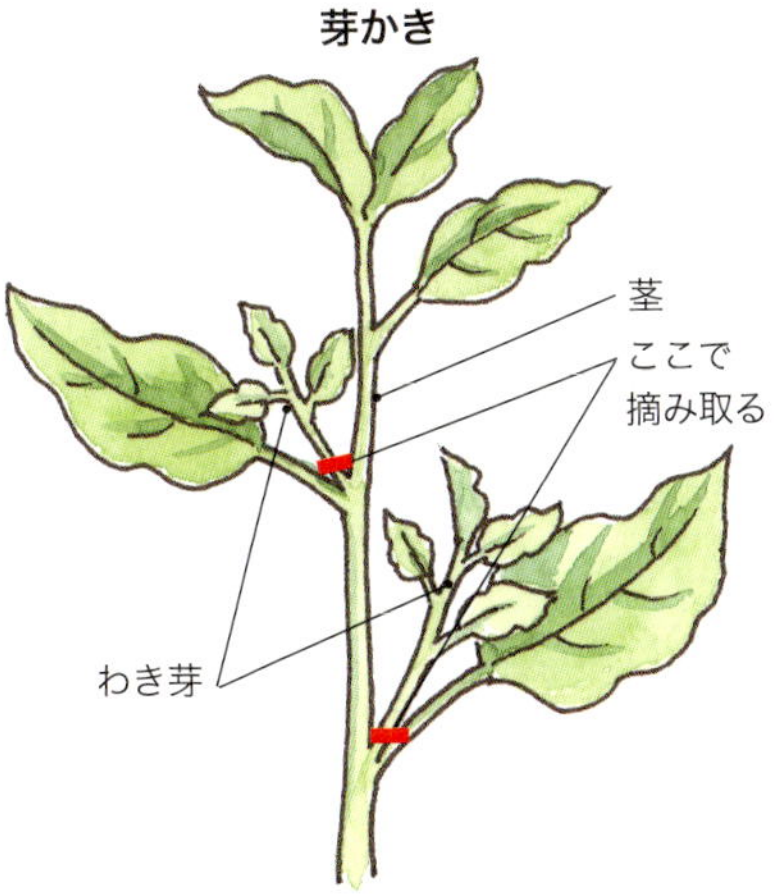

不要なわき芽は摘み、株の生長や実の充実を促します。

芽かき

下葉をかく

ピーマンなどは一番花が咲いたら、主茎から枝分かれした部分の下葉をすべてかいてしまいます。

わき芽かき

葉と茎の間からわき芽が出ます。主枝を押さえて手で折り取ります。あまり大きくならないうちに芽をかきます。

摘心

仕立て方

スイカなどの野菜は、仕立てに合わせて摘心します。この場合子づるを３本残して、親づるを摘心。

高さの調節

高くなりすぎた主枝は、作業しやすい高さで摘心します。

野菜を育てる作業⑤

支柱の立て方

生育するにつれ実や株が重くなる野菜は、支柱を立てて固定します。枝やつるが伸びる野菜は支柱を立てるだけでなく、ネットを張るなどして、つるを誘引する必要があります。支柱は丈夫で何度も使い回すことができる市販の樹脂コーティング製のものが便利です。

支柱の長さは野菜の丈に合わせます。トマトなどの丈の高いものは2mの支柱、ナスなど丈の低いものは1mの支柱を選びます。支柱を立てるときはぐらつかないように20～30cmほど深く土に差し込みます。

支柱の立て方には「合掌式支柱」「直立式支柱」などがあります。合掌式支柱は2本の支柱の先端部分を交差させて固定し、交差した部分に水平に支柱を渡します。直立式支柱は支柱を垂直に立てる方法で、ピーマンなどは1本の支柱、つる性のものは複数本立て、補強用に水平か斜めに支柱を渡します。

どの方式でも株と支柱をひもで結ぶときは、ぴったりと固定せず、ある程度間隔をあけて固定します。キュウリなどの栽培でネットを使うときはどちらかの方法で支柱を立てた後にネットを支柱に固定します。

合掌式支柱の立て方

2本の支柱を交差させて先端をひもで結びます。交差した部分に地面と水平に支柱を渡せば、しっかりと固定できます。

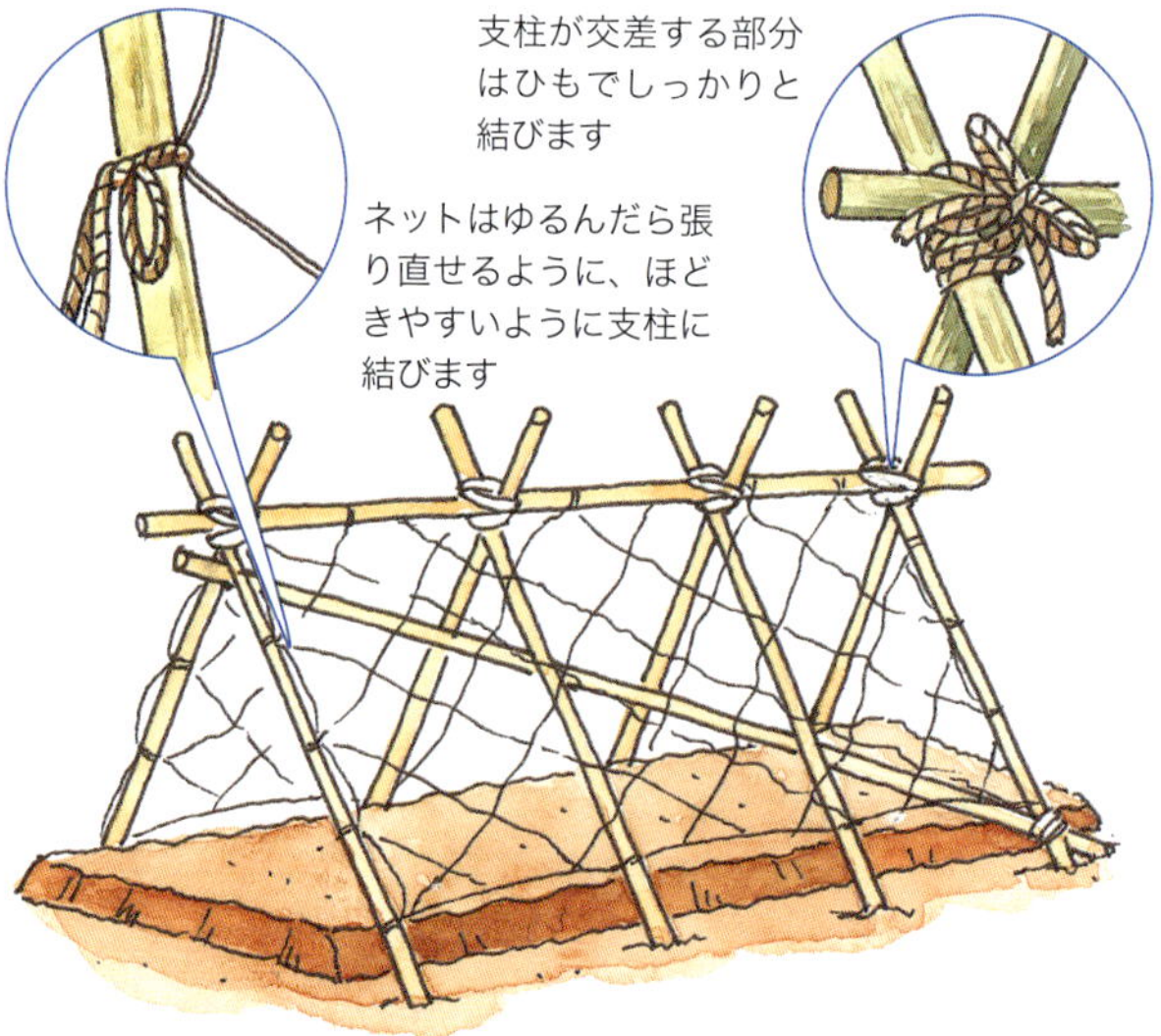

支柱が交差する部分はひもでしっかりと結びます
ネットはゆるんだら張り直せるように、ほどきやすいように支柱に結びます

直立式支柱の立て方

支柱は垂直に立てるので、地中深く差し込みます。株と支柱の間はある程度間隔をあけて、ひもで固定します。

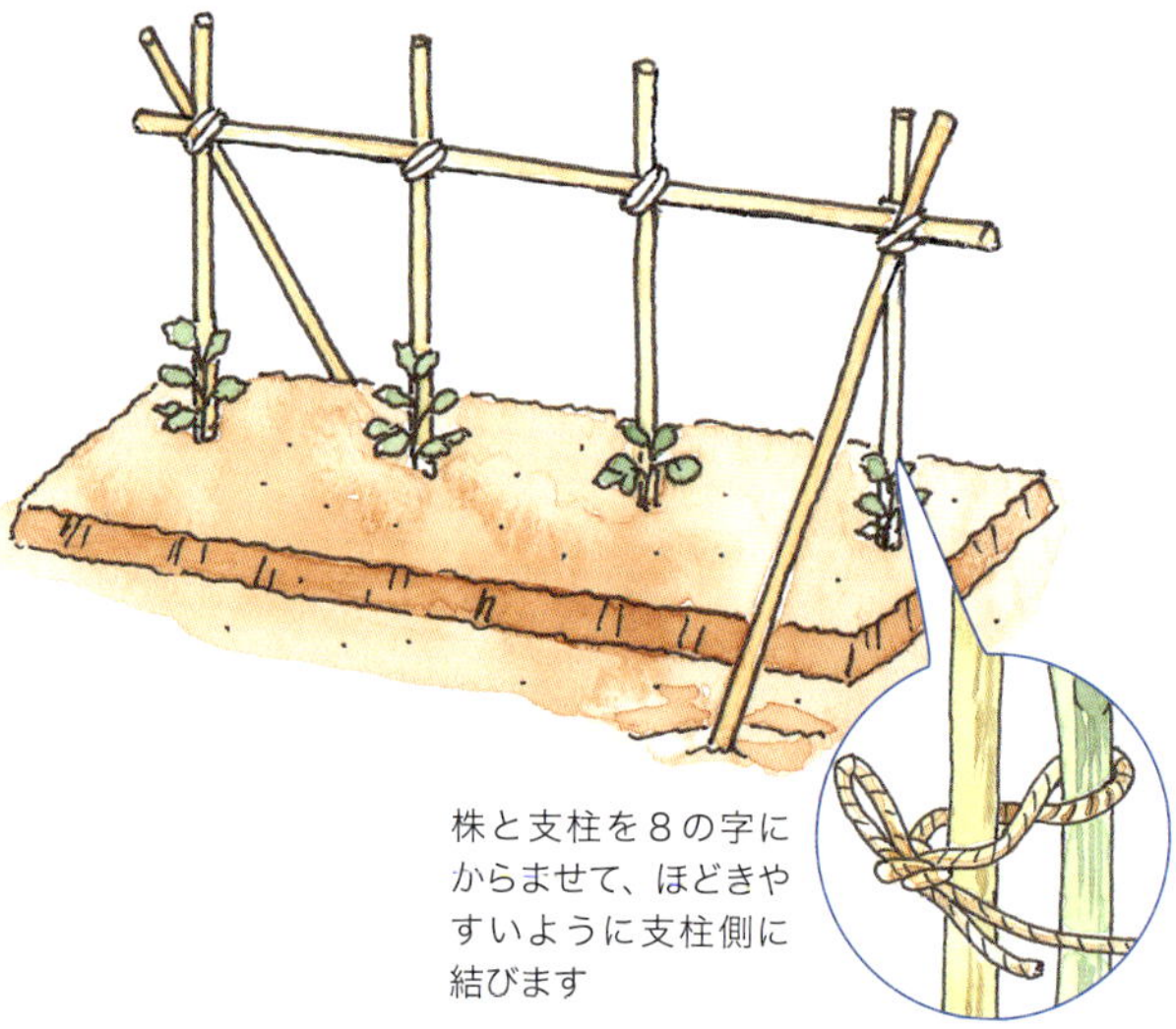

株と支柱を8の字にからませて、ほどきやすいように支柱側に結びます

野菜を育てる作業⑥

中耕・土寄せ

【中耕】 苗を植えつけたあと、生育中に株の周囲の土を耕すことを中耕《ちゅうこう》といいます。十分に耕した土でも、雨などの影響で、土の表面から徐々に固まってきます。土が固まると通気性が悪くなり、植物の根に新鮮な空気が行き届かなくなり、生育が悪くなります。そこで中耕をして土の表面をほぐし、通気性をよくするのです。

中耕では根を傷めないように、あまり深く耕すことをしません。また株元ぎりぎりまで耕すと茎を傷めることがあるので、株元近くは耕さないようにします。

【土寄せ】 野菜が生長してくると株元の土が下がって倒れやすくなったり、根が地上部に出てしまったりすることがあります。これを防ぐために定期的に株もとに土を寄せます。ネギなどでは軟白化させるために生長点の下まで土に埋める作業をくり返します。土寄せでは、生長点が土に埋まらないようにすることが大切です。

手で中耕する

土がやわらかい場合は、土の表面を手でほぐしてもかまいません。

コテで中耕する

追肥後に除草もかねて、中耕します。土と肥料を移植ゴテで切るように混ぜます。

クワで土寄せする

ネギなどはクワでまとめて土寄せをします。このときも生長点を埋めないようにします。

土寄せ

中耕したら、土を寄せます。このとき生長点を埋めないように注意します。

生長点と胚軸

アブラナ科などの野菜は胚軸が伸びて、地表に出てきます。胚軸はそのままの状態で土を被せます。

野菜の株もと近くの茎が分かれた部分などは、生育がもっとも盛んで、生長点といいます。

野菜を育てる作業 7

肥料のやり方

肥料とは、植物が生長したり開花結実するために必要な養分を補うために施すものです。窒素、リン、カリウム、マグネシウム、カルシウム、硫黄の要素に加えて、亜鉛や鉄、マンガンなどといった微量要素がおもに植物が必要とする成分です。とくに窒素、リン、カリウムは肥料の3要素と呼ばれ、野菜づくりには欠かせないものです。

　肥料は与え方によって、大きく「元肥《もとごえ》」と「追肥《ついひ》」に分けられます。元肥は種をまいたり植物を植えつける前に、植えつけ場所に施しておく肥料をいいます（→P16）。追肥は、植物の生長に合わせて生長の途中で補充する肥料をいいます。

　野菜づくりに使われる肥料には、いくつかの種類があり、その特徴や使い方が異なります。肥料を特徴から大きく分けると「有機質肥料」と「化成肥料」とに分けられます。有機質肥料は植物油の絞りかすや堆肥《たいひ》などで、ゆっくりと長い期間効果があります。化成肥料は自然素材から成分を抽出した化学物質を化学合成してつくった肥料で、有機肥料にくらべて扱いが簡単といえます。

追肥のやり方

ばらまく

すじまきした野菜や定植したタマネギなど、比較的広く栽培しているものは、1㎡あたり50gの肥料をばらまきます。

条間にまく

すじまきした野菜など、株間がせまいものは条間に肥料をまきます。

肥料の量

❶肥料50g。野菜の追肥では1㎡あたり、30～50gの肥料をまきます。量は計量カップで量ります。
❷肥料一握り。指で軽く握る程度の量をつかみます。大きい株にまきます。
❸肥料ひとつまみ。指先でつまむ程度の量になります。小さい株にまきます。
（写真はすべて化成肥料）

❶

❸

❷

追肥の流れ

ほとんどの野菜は追肥したあと、中耕して土と肥料を混ぜ、株元に土寄せをします。

株間にまく

つくる数が少ない場合は、畝の肩に追肥せずに株と株の間に追肥をしてもかまいません。

畝の肩にまく

大きくなった野菜は畝の肩に肥料を施します。生長に合わせて、追肥する場所も株から離します。

葉の外周にまく

株間をあけて育てる野菜は、葉の外周に肥料をまきます。

マルチングの追肥 1

❶追肥をする

マルチングの穴に円を描くように肥料を入れます。できるだけ株から離れた位置に追肥します。

❷中耕する

手で土と肥料を混ぜて軽く中耕します。

❸土をならす

中耕したら、土を軽くならします。マルチングでは肥料の流出が少ないので、肥料の量を標準よりも少なくします。

マルチングの追肥 2

❶コテを差し込む

株と株の間に移植ゴテを差し込みます。

❷肥料をのせる

移植ゴテの上に肥料をのせます。

❸肥料を入れる

マルチを少し開いて、肥料を流し込みます。追肥後のマルチはこのままにしておきます。

肥料の3大要素の特徴

要素名	特　徴	不足した場合
窒素（N）	窒素は茎や葉を生長させる。野菜づくりでもっとも必要になる成分。	葉が黄色っぽく変色する。
リン（P）	花やつぼみ、実、根など生育の盛んなところを生長させる。	葉が紫色に変色する。
カリウム（K）	根を太らせる成分で、とくに根菜類に必要になる。	葉脈の間が変色し、根の生育が悪化する。

有機質肥料

植物油の絞りかすや堆肥などからつくられる肥料。肥料効果がゆるやかで、長期間効きます。

鶏糞

窒素、リン、カリウムをバランスよく含みます。鶏の糞を発酵させてつくります。元肥・追肥に使用。

草木灰

リン、カリウムを含みます。果菜類に向くほか、土の酸度も調整できます。元肥・追肥に使用。

油かす

窒素を多く含みます。植物油の絞りかすからつくられます。元肥・追肥に使用。

化学肥料

自然素材の成分を抽出してつくったものを化学合成してつくられた肥料。無機質肥料ともいわれます。

硫安

窒素だけを含む肥料。水に溶かせば追肥として使用できます。元肥・追肥に使用。

過リン酸石灰

リンを含み、水に溶けやすい性質をもつ肥料。堆肥といっしょに施します。元肥・追肥に使用。

堆肥

落ち葉や牛のふんなどを発酵させてつくった有機肥料。肥料効果が長く続き、土壌の改良にも使います。元肥に使用。

液肥

液体になった化学肥料。商品説明どおりに水と混ぜて濃度を薄めて使います。追肥に使用。

硫酸カリ

カリウム分だけを含む肥料。有機肥料では足りないカリウム分を補います。元肥・追肥に使用。

化成肥料

窒素、リン、カリウムの割合が同じものが使いやすいでしょう。元肥・追肥に使用。

野菜を育てる作業⑧

病害虫対策

野菜を育てていてもっとも大きな問題となるのが病害虫対策です。ほとんどの野菜がなんらかの病気や害虫による被害を受けて、生育が衰えたり枯れてしまったり、思うような収穫が上げられない、という現実に直面します。こういった病害虫の被害をできるだけ少なくするためには、なによりもまず予防対策が大切です。

病害虫の予防には、よい環境で野菜を育てることが重要です。土づくりでは、深く耕して、通気性、水はけ、水もちのよい土をつくります。このほか植えつけ時期、株間、肥料の量など、それぞれ野菜に合わせて適切に作業を行えば、病害虫に強い株に育ちます。

畑は1週間でまったく変わってしまいます。できるだけ畑に行って、虫がついていないか、病気の葉がないか、こまめなチェックが欠かせません。初期の段階で発見、対処すれば被害の広がりを抑えられます。

おもな病気による被害と対策

病　名	かかりやすい野菜	症　状	対策と予防
青枯れ病	ナス科の野菜	ある程度まで育ったときに、突然元気を失ってしおれ、枯れてしまう。	土壌中の細菌感染による。発生が確認できたらすぐにその株を抜き取って、他に伝染しないようにする。
うどんこ病	ほとんどの野菜	茎や葉の表面に白い粉のようなカビが発生する。	ひどく発生した株は抜き取り焼却。風通しをよくするなど予防を心がける。
疫病	トマト、ジャガイモ	茎や葉、果実に水がしみたような褐色の病斑ができ、やがて白っぽいカビが生えるなどして枯れる。	低温・多湿が発生の好条件。発病した株は速やかに土とともに抜き取って焼却。発生の初期なら登録のある殺菌剤を散布
褐色腐敗病	ナス	カビが原因。茎や葉、果実に褐色の小さな斑点ができ、やがて褐色に腐敗する。	発病した株は抜き取って焼却。発生の初期なら登録のある殺菌剤で防除。
菌核病	レタス、キャベツ、ハクサイ、ネギなど	茎の途中が腐敗するように軟化し、その部分より上が枯れる。病変部は褐色から黒色に変わり、白い綿状のカビが生えることも。	菌核病菌の感染による。発生した株は抜き取り焼却。
黒腐れ病	ブロッコリー、カリフラワーなどアブラナ科の野菜	葉にくさび形の黄色く変化した病変が発生。やがて黒っぽくなっていって枯れる。	細菌の感染による。発生の初期に登録のある殺菌剤を散布。連作を避ける。
黒斑細菌病	キャベツ、ロケット	葉に黒色の斑点が発生し、周囲に広がっていく。	細菌の感染が原因。秋口に発生しやすい。肥料切れをさせない。
黒斑病	ネギ、ワケギ、タマネギ	葉に黒色の斑点が発生して広がり、病斑にカビが生える。	多湿にしないように心がける。とくに梅雨時期に注意。肥料を切らさない。
さび病	タマネギ、ネギ、ワケギ、シュンギク	葉の表面にやや盛り上がった小さな斑点ができ、触ると粉がつく。	発病した株は抜き取って焼却。発生の初期なら登録のある殺菌剤を散布する。
立ち枯れ病	ほとんどの野菜	順調に育っていた野菜が晴れた日の日中にしおれるようになり、やがて枯れる。	土壌中のカビが原因。発病した株は抜き取って焼却。
つる割れ病	ウリ科の野菜、サツマイモ	ウリ科の野菜でもっとも恐ろしい病気。日中に株がしおれるようになり、地ぎわに水がしみたような病斑が発生。のちに侵された部分のつるが割れたりくびれたりする。	発病後の防除は不可能で、発病した株は抜き取って焼却する。接ぎ木苗を利用すると発病を抑えることができる。
軟腐病	キャベツ、ハクサイ、ネギ、カブ	地ぎわ部分などが水がしみたようになり、軟化、腐敗し、異臭を放つ。	土壌中の細菌が傷などから侵入して発生。発病した株は抜き取って焼却。植物に傷をつけないように心がける。
根こぶ病	アブラナ科の野菜	根に大小さまざまなコブができ、発病した株は衰弱し、ひどいと枯れる。	土壌中のカビが原因で、発病した株は抜き取って焼却する。連作を避ける。
灰色かび病	エダマメ、インゲンマメ、イチゴ	水がしみたような褐色の斑点が生じ、拡大して灰色や灰褐色のカビが生える。	カビが原因。発病した部分は切り取って焼却。水はけ、風通しをよくして、発病を予防する。
半身萎凋病	トマト、ナス、ピーマン、シシトウ	ゆっくりと株の半分がしおれて、株全体に広がって枯れる。	土壌中のカビが原因。発病した株は抜き取って焼却。
斑点細菌病	トマト、ナス、ピーマン、シシトウ、キュウリ、エダマメ	葉に褐色の斑点が発生してやがて灰白色になって破れやすくなる。ひどいと葉が枯れる。	発症した株は抜き取り焼却。風通しをよくして発生を予防する。
斑点病	セロリ、アスパラガス	茎や葉に灰褐色あるいは暗褐色で円形の病斑が発生し、ひどいと葉が枯れる。	発病した部位は取り除いて焼却。葉は茎が茂りすぎないようにして予防を心がける。
べと病	キュウリ、アブラナ科などの葉もの野菜	葉に黄色い病斑が発生し、その裏側にカビが発生する。	多肥を避け、間引きを適切に行って風通しよく育てて発病を予防する。
モザイク病	ほとんどの野菜	葉にモザイク状の病斑が発生したり、株全体が萎縮する。	ウイルスの感染が原因。発症した株は抜き取って焼却。アブラムシが媒介するので害虫の防除をする。

アオムシ
モンシロチョウの幼虫。キャベツやブロッコリーなどアブラナ科の植物の葉を食害します。

ヨトウムシ
どんな野菜にもついて葉を食害します。昼間は土の中にいて、夜に活動します。写真はハスモンヨトウ。

べと病
葉に黄色い多角形の病斑が発生します。その裏側に灰色のカビが発生します。

さび病
タマネギやネギなどがかかりやすく、葉の表面にさび色の斑点ができ、触ると粉がつきます。

おもな害虫による被害と対策

害虫名	つきやすい野菜	被　害	対策と予防
アオムシ	アブラナ科の野菜	モンシロチョウの幼虫が葉を食害する。春と秋に多発。	モンシロチョウを見かけたら、卵や幼虫がいるので、見つけて捕殺する。
アブラムシ	ほとんどの野菜	新芽や葉裏に寄生し、吸汁するとともに、ウイルス病を媒介する。	発生を確認したら、下に紙などを敷き、筆などを使って払い落とす。銀色マルチなどで成虫の飛来を予防する。
オンシツコナジラミ	トマト、ナス、キュウリ、ジャガイモ	翅の生えた体長2㎜ほどの白色の虫が群生して吸汁する。本来温室で多発するが、温暖化の影響があるのか関東あたりでも露地で発生している	黄色に誘引されるので、黄色の粘着テープなどで捕獲する。
カブラハバチの幼虫	カブ、ダイコン、チンゲンサイ、コマツナなど	体長2㎝ほどのイモムシで、葉を円形に食害する。	葉を振るようにして落とし、捕殺する。
カメムシ	ナス、ピーマン、シシトウ、エダマメ	茎や葉、実について吸汁加害する。	見つけ次第捕殺する。
キアゲハの幼虫	パセリ、アシタバ、ニンジン	大形のイモムシで、葉を食害する。	見つけ次第捕殺する。
コガネムシの幼虫	ラッカセイ、根もの野菜	白色で、頭部が黄色あるいは黒褐色の幼虫で、土の中に潜み、根を食害する。	株が弱り、他の病害でないことが確認できたら、株元を掘って見つけて捕殺する。
コナガの幼虫	葉もの野菜	淡緑色のイモムシで、葉裏の葉肉を食害する。	見つけ次第捕殺する。
シンクイムシ	アブラナ科の野菜	小さなイモムシで、葉や新芽の芯を食害し、生長が悪くなる。結球野菜や花蕾野菜では、幼苗時に被害を受けると収穫ができなくなることがある。	株をよく観察し、見つけて捕殺する。
スリップス	ほとんどの野菜	小さな昆虫で、葉裏から食害し、かすり状の傷をつける。アザミウマともいう。	発生したら登録のある殺虫剤を散布して駆除する。株の周囲の除草を心がけ、銀色マルチで予防する。
ナメクジ	レタス、ハクサイ、キャベツ、コマツナ、ナス	夜間はい出てきて、葉や花、実などを食害する。	夜間に活動しているのを見つけたら捕殺する。昼間は近くの石の下や鉢の下などにいるので、見つけて捕殺する。
ニジュウヤホシテントウ・オオニジュウヤホシテントウ	ナス、ジャガイモ	黒い斑点が多数あるテントウムシの仲間。テントウムシダマシとも呼ばれる。	被害を確認したら、成虫と幼虫を見つけて捕殺する。ただし、他所から飛来するのでなかなか駆除は難しい。
ネキリムシ	ホウレンソウ、シュンギク、トウモロコシ、ナス、トマト、キュウリ、ニンジンなど	夜間、土の中からはい出てきて、株もと近くを食害する。	被害の出た株の周囲を掘り起こして見つけ出し、捕殺する。
ネコブセンチュウ	ほとんどの野菜	もともと土の中にいて根に寄生し、養分を吸って根を腐敗させたり、こぶをつくる。被害を受けた株は衰弱する。	連作を避ける。近くにマリーゴールドを植えると予防できるといわれる。
ハダニ類	ほとんどの野菜	小さなクモに近い生物が葉裏などに群生し、吸汁する。被害を受けた部分は白色や褐色の斑点状になる。	水やり時に葉裏から強く水をかけて予防する。多発したときは登録のある殺ダニ剤で駆除する。
ハモグリバエの幼虫	トマト、キュウリ、カボチャ、エンドウマメ、キク科の野菜	葉の葉肉内に潜り込み、移動しながら食害する。食害跡は白っぽい不規則なすじとなる。	食害された葉を切り取って処分する。
ホコリダニ類	ナス、トマト、キュウリ、スイカ、ピーマン、ニンジン	新芽や新葉、果実などに寄生して吸汁加害する。体長がきわめて小さいダニで、肉眼で見つけることは難しい。	登録のある殺ダニ剤で駆除する。ナスの場合はケルセンにより薬害が発生するので注意。
メイガ類の幼虫	トウモロコシ、ゴボウ、アブラナ科の野菜	茎や果実の中に入り込んで食害する。アブラナ科の野菜では葉が食害される。	アブラナ科の野菜では登録のある殺虫剤で駆除する。トウモロコシなどで、茎や果実の中に入り込んでからでは駆除は困難。
ヨトウムシ	ほとんどの野菜	土の中に潜み、夜になるとはい出てきて葉を食い荒らす。	夜間活動しているものを見つけて捕殺する。幼齢虫のうちは日中でも葉裏に群生するため、その時期に見つけて捕殺すると被害を予防することができる。

育てやすい定番野菜

植えつけ3年後、10年間は収穫できる

アスパラガス

［英］*asparagus*　アスパラガス

ユリ科
南ヨーロッパ～
ロシア南部原産

栽培可能地域：
北海道～九州

南ヨーロッパ～ロシア南部原産の多年草で、植えつけ後3年目の毎年春から初夏にかけて芽生える太い若茎を食用にします。

難易度：

必要な資材：とくになし
日照：日なた
株間：30㎝
発芽温度：25～30℃
連作障害：少ない
pH：5.5～7.5
コンテナ栽培：×

●栽培カレンダー

月	1	2	3	4	5	6	7	8	9	10	11	12
種まき				■	■							
植えつけ			■	■	■	■	3年目					
追肥							■	■	■	■		
収穫				■	■	■	3年目から					

1 種まき

❶種まきの前に湿らせたキッチンペーパーの上に2～3時間置いておくと発芽しやすくなります。
❷ポリポットに種まきをする場合は、深さ1㎝ほどの穴をつくり、1粒の種をまきます。種を指で軽く押し込み、上から軽く土をかぶせます。

2 植えつけ

❶6月になったら植えつけできます。育苗に時間がかかるので、市販の苗を購入して植えつけてもよいでしょう。
❷根鉢を崩さずにポリポットから取り出し、根鉢の肩が地面と同じ高さになるように植えつけます。
❸植えつけ後は、たっぷりと水やりをしましょう。

3年目から収穫できる

苗床づくり 種まきの2週間前に1m²あたり150gの苦土石灰《くどせっかい》を施し、1週間前に1m²あたり堆肥《たいひ》3kg、鶏糞《けいふん》500g、化成肥料100gをすき込みます。種まき前に幅70cmほどの畝《うね》をつくります。

種まき 4月に支柱などで畝に溝をつけてすじまきにします。2～3週間ほどで発芽します。

畑の準備 植えつけの2週間前に1m²あたり150gの苦土石灰を施してよくすき込みます。1週間前に幅100cmの畝をつくり、畝間に溝を掘って1m²あたり堆肥10kg、鶏糞《けいふん》500g、化成肥料100gを施して土を戻します。

植えつけ 6月に仮植えして1年間は苗を育てます。翌年の4月以降に別の畝に植え替えて株を充実させます。冬に地上部が枯れたら根を掘り上げて、マルチングしていない畝に植えつけます。

追肥・土寄せ 夏から秋にかけての生長期に月に1回、軽く1握りの化成肥料を株の周囲に10cmほど離して施し、軽く中耕して土寄せをします。

収穫 3年目の春から初夏にかけて、地上に出てきた新芽が25cmほどに伸びたら収穫します。一度植えるとだいたい10年間収穫できます。株を充実させるために、毎年冬期と収穫後に化成肥料と堆肥を施します。

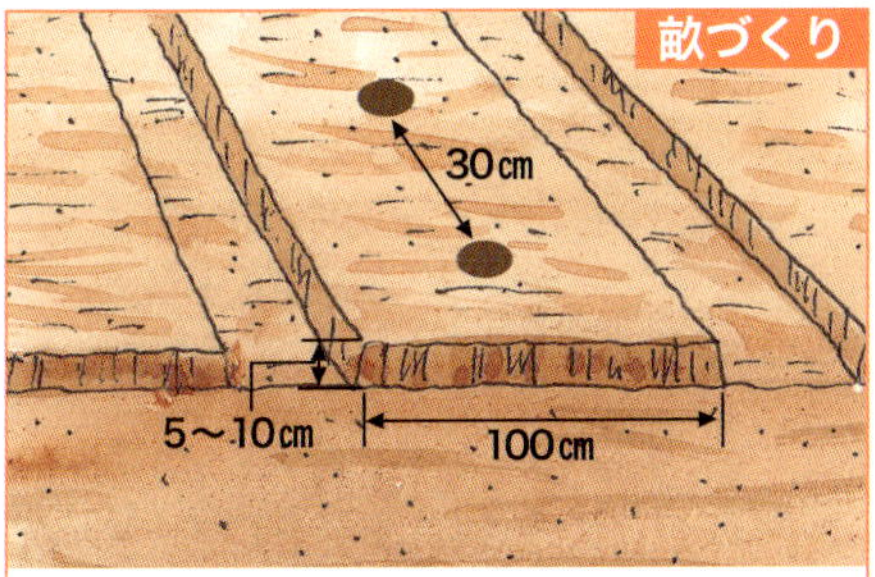

土づくり：苦土石灰150g/m²
施肥：堆肥10kg/m²、鶏糞500g/m²、化成肥料100g/m²

野菜づくり Q&A

Q 株分けでアスパラガスを増やすことができますか？

A 収穫量が減ってしまうのであまり行わないほうがよいでしょう。どうしても株分けしたい場合は、5～6年生の根株を、2～3芽ずつに株分けして、それぞれを植えつけることができます。

3 追肥

❶夏から秋にかけての生長期に、月に1回追肥します。1株につき化成肥料軽く1握り程度です。
❷株から10cmほど離れた場所に円を描くように施します。マルチングしてある育苗中の株は、マルチをめくるようにして施します。化成肥料と土を軽く混ぜ、表面をならします。

4 収穫

植えつけ後3年目の春から初夏にかけて、地上に出る新芽を収穫します。新芽が25cmくらいになったら地ぎわから刈り取ります。収量のもっとも多かった日の7割ほどしか収穫できなくなったら、株を育てるために太い茎を10～15本残して、収穫を終えます。

アスパラガスの収穫

茎の部分をナイフや小形の鎌で地ぎわから刈り取ります。

楽しみたい家庭菜園でのイチゴ狩り

イチゴ

［英］*strawberry*　ストロベリー

バラ科
南北アメリカ大陸原産

栽培可能地域：
北海道〜沖縄県

イチゴは小形で狭い場所でも栽培でき、また丈夫な多年生の果菜なので、家庭菜園にはうってつけです。

難易度：

必要な資材：ポリマルチ（黒）または敷きわら、ビニールトンネル、ランナークリップなど
日照：日なた〜明るい日かげ
株間：30㎝
生育適温：18〜23℃
連作障害：あり（1〜2年）
pH：5.5〜6.5
コンテナ栽培：○（深さ15㎝以上）

●栽培カレンダー

月	1	2	3	4	5	6	7	8	9	10	11	12
植えつけ				■	■	親株			子株	■	■	
追肥		■	■	■	(翌年)							■
防寒	■	■									■	■
収穫				■	■							

1 苗づくり（ポリポットの場合）

❶親株から伸びたランナーをポリポットに誘引します。
❷子株をポリポットの用土の上に置き、ランナークリップで親株側のランナーを押さえます。
❸自然に根づくまでそのままにしておき、根が張ってきたら子株をランナーから切りはなします。このとき親株側のランナーを5㎝ほど残します。

2 植えつけ

切り残したランナーを目印に、花芽の出る側（ランナーについていたときに親株と反対だった側）を南北畝なら通路側、東西畝なら南側にして、株間30㎝で植えつけます。このとき葉のつけ根（クラウン）を土で被わないよう注意します。

植えつけ方（東西畝）

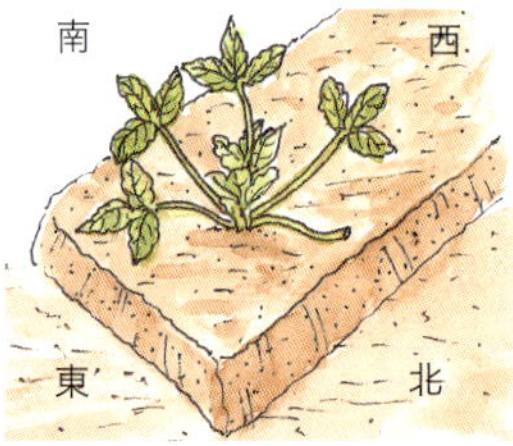

切り残したランナーが北側に来るようにそろえて植えます。またクラウンが土の下にならないよう注意します。

ビニールトンネルや敷きわらで冬越し

苗づくり 4～5月に園芸店で花つきの苗（親株）を購入して畑に植えつけます。6～7月になるとランナー（親株から伸びたつる状の茎）が伸びて、そこに次々と子株がつくので、そのまま畑に根づかせるか、ランナーをポリポットに誘引してポリポットで育てます。

畑の準備 植えつけ2週間前に1㎡あたり100gの苦土石灰《くどせっかい》を散布してよく耕します。1週間前には1㎡あたり3kgの堆肥《たいひ》と過リン酸石灰150g～200gの化成肥料を施して耕します。植えつけ前に70㎝ほどの畝《うね》をつくります。

植えつけ 10～11月になったら、親株から数えて2番目以降の子株を苗にして植えつけます。

追肥 12月上旬と2月下旬～3月上旬の2回化成肥料を追肥します。

病害虫対策 雨で汚れた葉や黄変した葉などは、病害虫の発生の元になるので、新葉の発生に合わせて、つけ根から摘み取ります。

防寒対策 初秋に一度寒さにあてる必要がありますが、寒さが厳しいときは敷きわらで株もとを保温します。降雪地域ではビニールトンネルで保護します。

収穫 開花後1カ月ほどで実が赤く熟し、収穫できます。収穫後の株は、そのままランナーを伸ばして親株として利用できます。

野菜づくりQ&A

Q 果実の形が悪くなってしまいます。

A 受粉が一様でないと奇形果となってしまいます。筆をつ使って人工受粉を行い、雌しべ全体に均一に受粉させましょう。また、窒素分が多かったり、定植が早すぎたりすることも原因のひとつに考えられます。

畝づくり

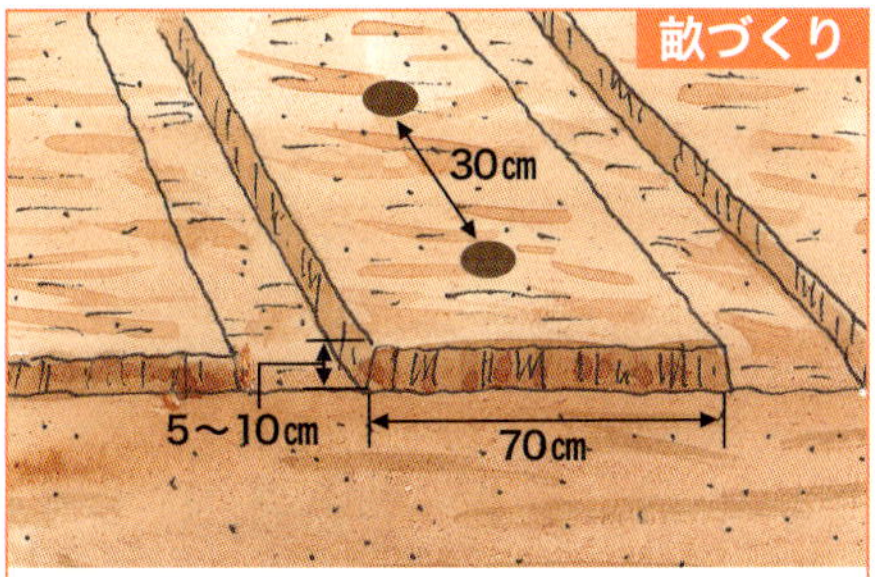

土づくり：苦土石灰100g/㎡
施肥：堆肥3kg/㎡、過リン酸石灰150g/㎡、化成肥料200g/㎡

3 追肥

12月のはじめと2月下旬～3月上旬の2回、1株あたり軽く1握りの化成肥料を追肥します。根や葉に直接肥料が触れると肥料焼けを起こしてしまうので、肥料は株の広がりの下あたりに施します。マルチがしてある場合は、マルチを持ち上げるようにしてその下に施し、軽く土を被せます。

肥料のやり方

株の広がりを円ととらえ、その円周上に肥料を施します。

4 収穫

①開花後1カ月ほどで収穫できます。午前中の早い時間に、果実全体がつややかに熟したものを摘み取ります。
②親指でヘタと茎の境目あたりを押し曲げるようにして摘みます。
③収穫後、株に残った果柄《かへい》や枯れた枝、葉などを切り取ります。

短期間で収穫でき育てやすい

インゲンマメ（サヤインゲン）

［英］*kidney bean* キドニービーン、*string bean* ストリングビーン、*haricot* ハリコゥ ほか

マメ科
中南米原産

栽培可能地域：北海道～沖縄県

サヤインゲンとして未熟な果実を食べるインゲンマメは、生長が早く短期間で収穫できるのが魅力です。

難易度：

必要な資材：支柱（つるあり種）
日照：日なた
株間：25～30㎝（列間60㎝）
発芽温度：20～25℃
連作障害：あり（2～3年）
pH：5.5～7.0
コンテナ栽培：○（つるなし種：深さ15㎝以上、つるあり種：深さ30㎝以上）

●栽培カレンダー

月	1	2	3	4	5	6	7	8	9	10	11	12
種まき				■	■							
間引き					■	■						
追肥						■						
収穫						■	■					

1 種まき

❶ビンの底などでくぼみをつくります。くぼみの間隔はつるなし種では列間60㎝株間25㎝ほど、つるあり種では列間60㎝株間30㎝ほど。マルチングするときは、マルチングの穴にあわせて種まきします。
❷くぼみの中に3～4個の種を少し離してまきます。
❸軽く土を被り、たっぷりと水をやります。

2 間引き

❶種をまいて1週間ほどで発芽します。
❷本葉が発生する頃までに、葉の形の悪いものや、生育の悪いものなどを間引きます。
❸つるありは1カ所に1本、つるなしは1カ所に2本ずつ残すようにします。

種まきは遅霜の心配がなくなってから

畑の準備 種まきの2週間前に1㎡あたり150gの苦土石灰《くどせっかい》を全面にまいてよく耕し、1週間前には1㎡あたり3kgの堆肥《たいひ》と30gのヨウリン、80gの化成肥料を元肥《もとごえ》として施してすき込みます。種まき前に幅90cm程度の畝《うね》をつくります。

種まき 春まきなら遅霜の心配がなくなった4月下旬~5月に、秋まきなら9月上旬にまきます。

間引き 本葉が出るまでに、生育の悪いものや葉の形が悪いものを間引きます。

追肥 つるなし種は生育が早いので、元肥が十分に施してあれば追肥の必要はありません。つるあり種や、つるなし種でも生育がよくない場合は、本葉が3~4枚になった頃、化成肥料を1つまみ施します。

支柱立て つるあり種では、つるが伸びてきたら早めに、長さ2mほどの支柱を立てて、つるを絡ませます。つるが伸びて葉がよく茂るので、古い葉や下葉はこまめに取ります。

病害虫 アブラムシ類やハダニ類の発生が多くみられます。被害が拡大しないうちに、適用のある薬剤で防除します。

収穫 収穫が遅れるとさやが硬くなって食味が落ちるので、早めに収穫するのがポイントです。

畝づくり

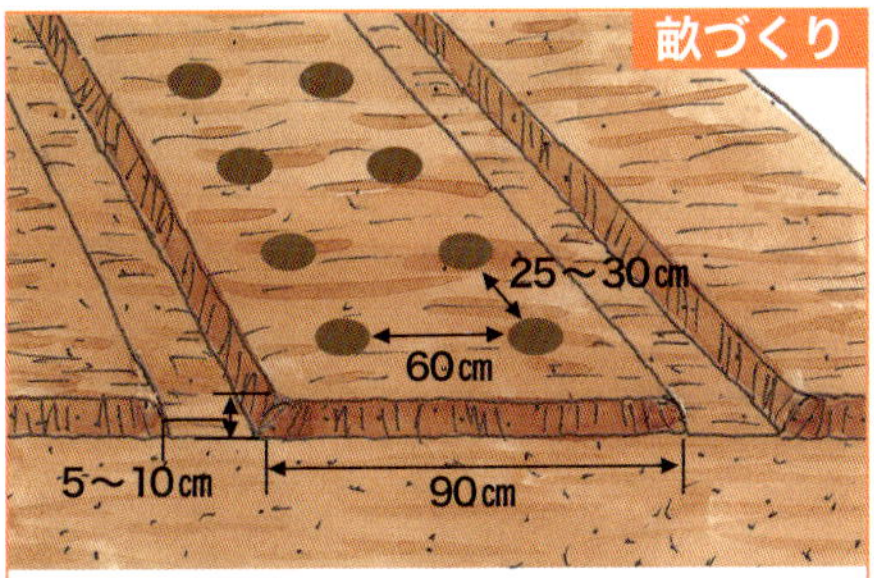

土づくり：苦土石灰150g/㎡
施肥：堆肥3kg/㎡、ヨウリン30g/㎡、化成肥料80g/㎡

野菜づくり Q&A

Q ベランダで栽培できますか？

A ベランダなどでプランターを使って栽培する場合は、支柱を立てる必要のないつるなし種が良いでしょう。深さ15㎝程度の土の深さがあれば栽培ができます。つるあり種を栽培するときは、深さ30㎝ほどの土が必要です。

3 支柱立て

つるあり種の場合はつるが伸びる前に支柱を立てます。つるなし種では必要ありません。

支柱の立て方

本葉が出る頃、長さ2mほどの支柱を1カ所に2本ずつ立て、途中に横棒を1本渡す。両端の2本は3本組にして補強します。

4 収穫

❶開花後2週間ほどたち、さやの長さが15㎝ほどになり中の豆が膨らんできたら収穫します。
❷片手で茎を押さえ、もう片方の手でさやのつけ根をつまむように持ちます。
❸さやを傷つけないように、さやと茎の接続部を折り取るようにして収穫します。

かんたんに栽培できる夏の味

エダマメ

［英］*soybean*　ソイビーン、*soya*　ソイア　ほか

マメ科
中国北部原産

栽培可能地域：
北海道〜沖縄県

エダマメは大豆の未熟な果実です。初心者でも比較的簡単に栽培できるため、ぜひ育ててみたい作物のひとつです。

難易度：

必要な資材：寒冷紗（白）
日照：日なた
株間：15㎝（列間30㎝）
発芽温度：20〜30℃
連作障害：あり（2〜3年）
pH：6.0〜6.5
コンテナ栽培：○（深さ30㎝以上）

●栽培カレンダー

月	1	2	3	4	5	6	7	8	9	10	11	12
種まき				■	■							
間引き					■	■						
追肥						■	■					
収穫							■	■	■			

1 種まき

❶ビンの底などを使って、畝に浅いくぼみをつくります。
❷1カ所に3〜4粒の種をまきますが、間引きすることを考えて、それぞれを少し離しておきます。
❸2㎝ほど土を被せて軽く押さえ、たっぷりと水をやります。

2 鳥よけ

❶鳥に食べられないように畝の上に寒冷紗を被せ、風で飛ばないように重しをおきます。
❷寒冷紗のかわりに切ったペットボトルを被せて鳥よけにすることもできます。
❸ポリポットに種をまいて育苗し、本葉が2〜3枚になったところで畑に植えつけてもよいでしょう。

まいた種が鳥に食べられないように守る

畑の準備 種まきの2週間前に1㎡あたり150gの苦土石灰《くどせっかい》をまいてよく耕し、1週間前に1㎡あたり2〜3kgの堆肥《たいひ》と100gほどの化成肥料を施して、よくすき込んでおきます。種まき前に幅60cmほどの畝《うね》をつくります。

種まき 浅いくぼみをつくって種をまき、軽く土を被せて、たっぷりと水をやります。

鳥よけ 種を鳥に食べられないように、畝の上に寒冷紗《かんれいしゃ》をかけます。

間引き 本葉が2〜3枚になる頃までに生育のよい2株を残して間引きします。

追肥 基本的に元肥《もとごえ》をたっぷり施しておけば追肥は必要ありません。葉の色が悪かったり生育が思わしくないときに、株の周りにカリ分の多い化成肥料を少量施します。

摘心 本葉が5〜6枚になったら、一番上部の部分を摘んで（摘心《てきしん》）、わき芽の生長を促します。

土寄せ 草丈が30cmほどになったら、風で株が倒れないように土寄せをします。

収穫 さやの中の豆が十分膨らんだら早めに収穫します。指で押したときにさやから豆が飛び出すようになったら収穫の適期です。

病害虫 害虫の被害が多く見られ、とくに暖地では、シンクイムシやカメムシ類の防除が大切です。

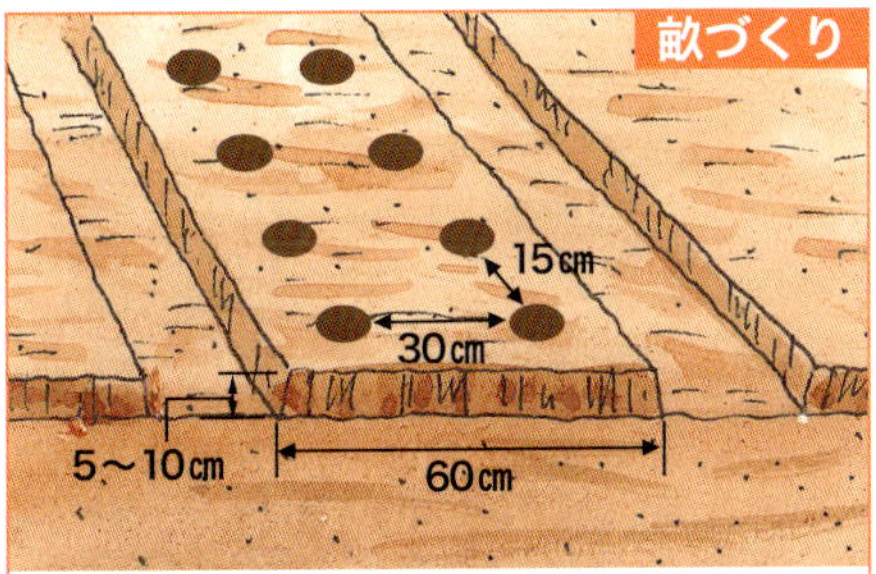

土づくり：苦土石灰150g/㎡
施肥：堆肥2〜3kg/㎡、化成肥料100g/㎡

野菜づくりQ&A

Q 葉ばかりが茂って実つきが悪いのですが。

A 窒素分が多いと、葉はよく育ちますが、実のつきが悪くなります。元肥や追肥を施すとき、窒素分が多くならないように注意しましょう。

3 土寄せ・摘心

追肥をしなくても土寄せは行います。株が30cmほどに育ったら、子葉が埋まるくらいしっかりと土寄せをします。

摘心する

実つきをよくするために、本葉5〜6枚ほどになったら摘心してわき芽の生長を促します。

4 収穫

さやが育ち、豆が膨らんできたら収穫の適期です。収穫が遅れると豆が硬くなってしまいますので、早めに収穫するようにします。

株を引き抜いて収穫

収穫は一つひとつ摘んだり、ハサミを使って株元から切りますが、根ごと株を引き抜く方法もあります。根ごと引き抜いたら、ゆでるときも枝つきのまま、ゆであげましょう。

丈夫で育てやすい健康野菜

オクラ

［英］*gumbo*　ガンボー、*okra*　オクラ　ほか

アオイ科
東北アフリカ原産

栽培可能地域：
北海道〜沖縄県

夏の暑い時期によく育ち、土壌を選ばず栽培しやすいので、初心者でも簡単に栽培できる夏野菜です。

難易度：

必要な資材：ポリポット、ポリマルチ
日照：日なた
株間：30㎝
発芽温度：25〜30℃
連作障害：あり（2年）
pH：6.0〜6.5
コンテナ栽培：○（深さ20㎝以上）

●栽培カレンダー

月	1	2	3	4	5	6	7	8	9	10	11	12
種まき					■	■						
間引き						■	■					
追肥						■	■	■				
収穫							■	■	■			

1 種まき

❶3号のポリポットに培養土を入れ、指で深さ2㎝ほどの穴をひとつあけます。
❷穴に1粒の種をまきます。
❸土を埋め戻して、上から軽くおさえます。種まき後はたっぷりと水やりをしましょう。

2 植えつけ

❶畝に30㎝間隔で直径10㎝ほどの穴を掘り、根鉢を崩さないように植えつけます。
❷根鉢の肩が地面よりわずかに高くなるように置き、掘りあげた土を寄せます。
❸株もとを押さえて、地面と同じ高さにします。植えつけ後はたっぷりと水をやります。

収穫後、下葉を切り取る

種まき 気温が低いと発芽しにくいので、種まきは十分気温が上がる5月頃行います。発芽しやすくするために、種まきの前に、種を1〜2時間水に浸しておきます。

畑の準備 植えつけの2週間前に1㎡あたり150gの苦土石灰《くどせっかい》をまいてよく耕し、1週間前に1㎡あたり3kgの堆肥《たいひ》と200gの化成肥料を施して、よくすき込んでおきます。植えつけ前に幅45cmの畝《うね》をつくり、マルチングします。

植えつけ 生育のよい苗を選び30cm間隔で植えつけます。ポリポットから根鉢を崩さないように抜き取り、そのまま畑に植えつけます。植えつけたあとはたっぷりと水やりをします。

追肥 生育期間が長いため、肥料切れを起こさないように、2週間に1回追肥します。1株に軽く1握りの化成肥料を株の周囲に施し、軽く耕して、子葉のつけ根まで土寄せします。

収穫 下部の実から充実していきますので、実が6〜7cm程度の大きさになったら収穫します。大きくなりすぎるとさやが硬くなり、口当たりが悪くなります。

下葉とり 実の収穫後、風通しをよくして病害虫の発生を防ぐために、収穫部位近くの2枚の葉を残して、それより下の葉を取り除きます。

畝づくり

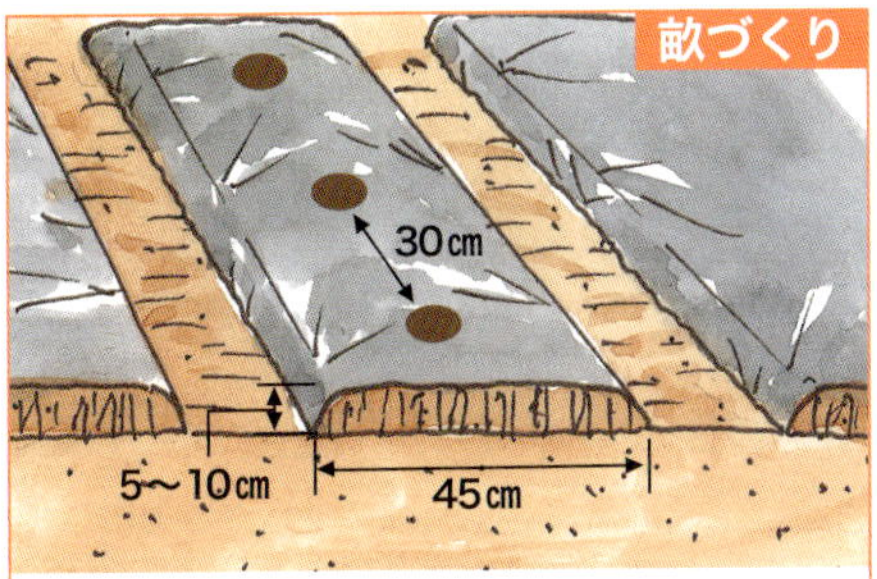

土づくり：苦土石灰150g/㎡
施肥：堆肥3kg/㎡、化成肥料200g/㎡

野菜づくりQ&A

Q いつも収穫が遅れて大きくなりすぎます。

A オクラの実の生長はとても早く、1日2回収穫できるともいわれます。朝に収穫して、そのときまだ収穫には少し小さいものでも、夕方には収穫に適した大きさになっていることがあります。オクラは朝夕2回、収穫できるものがないか確認したほうがよいでしょう。

3 追肥・収穫

❶肥料切れを起こさないように、2週間に1回程度、軽く1握りの化成肥料を施し土寄せします。
❷実が6〜7cmほどの長さになったら収穫の適期です。ハサミを使い、茎のつけ根で切り離します。
❸へたの先を短く切ります。

4 下葉とり

収穫後、風通しを良くして病害虫を防ぐために下葉を取り除きます。

下葉とり

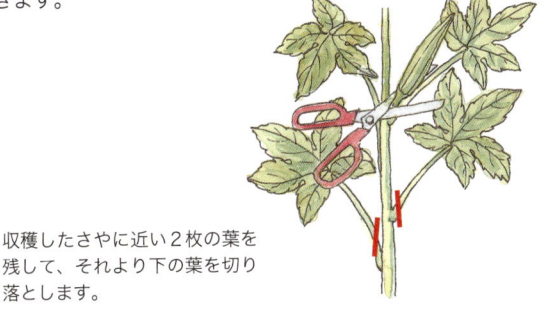

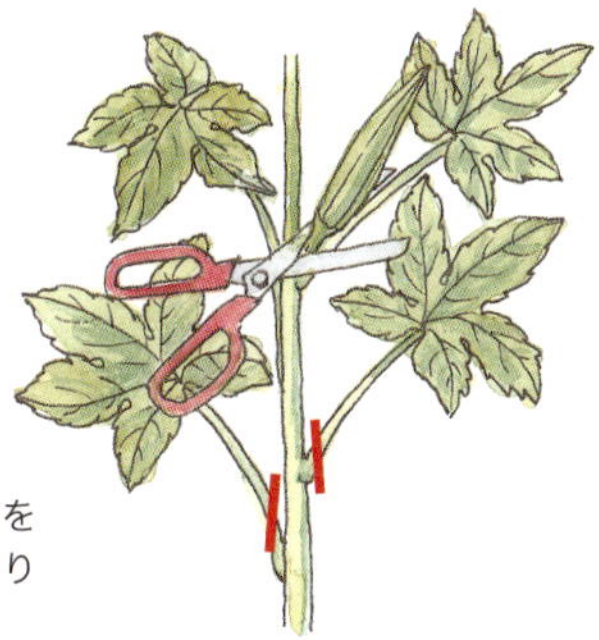

収穫したさやに近い2枚の葉を残して、それより下の葉を切り落とします。

短期間で収穫できる初心者向きの野菜

カブ

［英］*turnip*　ターニップ

アブラナ科
地中海沿岸〜
アフガニスタン

栽培可能地域：
北海道〜沖縄県

管理にそれほど手間がかからず、短期間で収穫できるので、はじめての野菜づくりにはうってつけです。

難易度	：（1）
必要な資材	：とくになし
日照	：日なた
株間	：10〜20㎝（条間15㎝）
発芽温度	：15〜20℃
連作障害	：あり（1〜2年）
pH	：5.5〜7.0
コンテナ栽培	：○（深さ30㎝以上）

●栽培カレンダー

月	1	2	3	4	5	6	7	8	9	10	11	12
種まき									■	■		
間引き										■	■	
追　肥										■	■	
収　穫	■										■	■

1 種まき

❶平らにした畝に、支柱などでまき溝をつくります。条間は15㎝ほどとります。
❷まき溝の中にできるだけ均一に、3㎝ほどの間隔で種をまきます。葉菜ほど密にまかなくて大丈夫です。
❸溝の周囲の土を寄せ、5㎜程度土を被せて、手で軽く押して土と種を密着させます。

2 間引き

❶発芽がそろい、本葉が2〜3枚になったら混み合った部分を間引きます。
❷抜き取ると残す苗の根を傷めることがあるので、ピンセットで摘んでていねいに抜くか、先の尖ったハサミで根元を切ります。葉と葉が重ならない程度に間引きます。このあと本葉が4〜5枚になったらまた間引きをして、10〜20㎝間隔にします。

根割れを防ぐために収穫適期を逃さない

畑の準備 種まきの2週間前に1㎡あたり150gの苦土石灰《くどせっかい》をまいて、よく耕します。1週間前には1㎡あたり堆肥《たいひ》3kg、化成肥料100gを施してすき込み、畝《うね》をつくります。

種まき 畝に深さ1cmほどのまき溝をつくり、3cm間隔で1粒ずつ種をまきます。2列以上育てる場合は条間を15cmとります。

間引き 種まき後3〜4日で発芽します。本葉が2〜3枚になったら、混み合う部分から葉の形の悪いものや虫に食われたもの、生育の悪いものなどを間引きます。残す苗の根を傷めないように、ピンセットを使って抜くか、先の細いハサミで根元を切ります。

追肥 間引きをした後に、1株あたり1つまみの化成肥料を株から10cmほど離れた位置に施し、軽く土と混ぜて、土寄せをします。

収穫 根の肥大とともにカブの肩が土の上に出てきますが、そのままにしておきます。小カブは種まきから40〜50日、大カブでは60〜100日ほどで収穫できます。育てすぎると根割れを起こすので、収穫時期を逃さないことが大切です。種まきの時期を少しずつずらすと、一度に収穫しないで少しずつ長期間にわたって収穫を続けることができます。

畝づくり

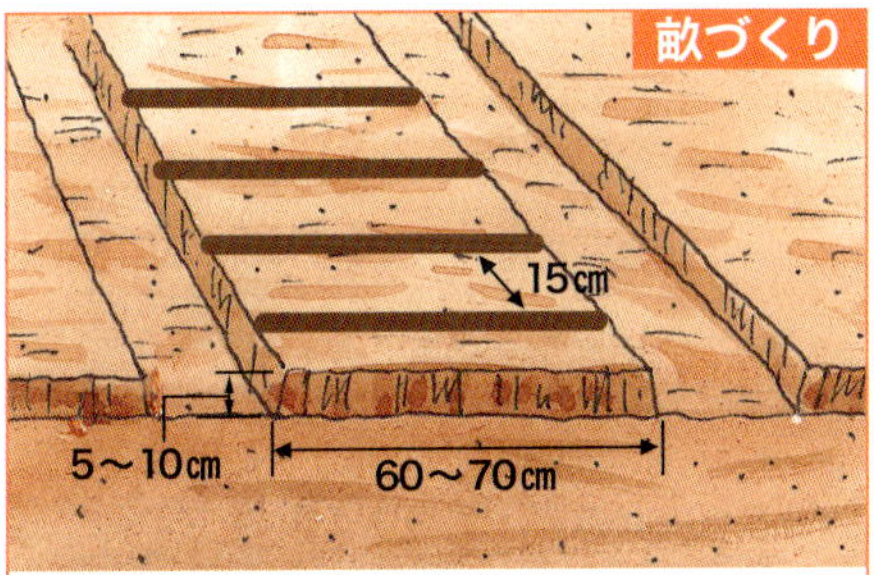

土づくり：苦土石灰150g/㎡
施肥：堆肥3kg/㎡、化成肥料100g/㎡

野菜づくり Q&A

Q とう立ちしてしまいました。

A カブは15〜20℃が生育適温で、冷涼な気候を好みますが、春まきの場合、生長のはじめに遅霜などで低温に合うと花芽が発生し、とう立ちしてしまいます。そのため、秋まきのほうが管理がしやすく、育てやすいのです。

3 追肥

間引きが終わったら、株の列から10cmほど離れた場所に化成肥料を施します。

子葉を埋めないように

移植ゴテなどを使って、軽く耕すように肥料と土を混ぜ合わせます。子葉が埋まらない程度に、株元に土寄せします。

4 収穫

❶小カブは直径4〜6cm、大カブは直径8〜10cm程度になったら収穫の適期です。
❷❸葉と根の部分を持って、少し揺らすようにしながら引き抜きます。収穫が遅れると根の部分が割れてしまうことがあるので、適期を逃さないようにしましょう。

大きく育ったつぼみを収穫

カリフラワー

［英］*cauliflower*　カリフラワー

アブラナ科
地中海地方東部原産

栽培可能地域：
北海道～沖縄県

食用とする部分は、つぼみの集合体（花蕾球《からいきゅう》）が肥大したものと茎の一部です。ポリポットに種をまいて育苗し、畑に植えつけます。

難易度：
必要な資材：とくになし
日照：日なた
株間：40～50㎝
発芽温度：15～20℃
連作障害：あり（1～2年）
pH：5.5～6.5
コンテナ栽培：○（深さ30㎝以上）

●栽培カレンダー

月	1	2	3	4	5	6	7	8	9	10	11	12
種まき							■					
植えつけ								■	■			
追肥									■	■		
収穫											■	

1 植えつけ

ポリポットなどに種をまき、間引きしながら乾燥しないように育て、本葉が4～6枚になったら植えつけます。
❶根鉢を崩さないようにポリポットから抜きます。
❷根鉢の肩がやや地面から出る高さに植えつけます。
❸株元の土を押さえ、土と根をなじませます。

2 追肥・土寄せ

❶1株につき軽く1つまみの化成肥料を、葉の外周の下にドーナツ状に施します。
❷土の表面をほぐすように土と肥料を混ぜ合わせます。
❸株元に土寄せします。

つぼみを外葉で包む

種まき ポリポットやセルトレイに培養土を入れ、1カ所につき数個の種をまいて薄く土を被せて、たっぷりと水やりをします。発芽までは乾燥を防ぐために新聞紙をかけて、直射日光のあたらない涼しい場所で管理します。

間引き 発芽したら新聞紙をとり、2〜3回に分けて間引き、本葉が2〜3枚の頃、1本にします。

畑の準備 植えつけの2週間前に1㎡あたり150gの苦土石灰《くどせっかい》をまいてよく耕し、1週間前に1㎡あたり堆肥《たいひ》3kgと化成肥料150gを施して、植えつけ前に幅60cmの畝《うね》をつくります。

植えつけ 畝に40〜50cm間隔で直径8〜10cm、深さ10cmほどの植え穴を掘り、根鉢を崩さないように注意して植えつけます。

追肥 植えつけから20日ほどしたら軽く1握りの化成肥料を施し、土と肥料を混ぜ合わせて土寄せします。

外葉を束ねる 秋口になるとつぼみ(花蕾)が発生します。つぼみの集まり(花蕾球)がまだ見えないうち、外葉で包むようにしてひもなどで結び、つぼみに日光があたらないようにします。

収穫 花蕾球が12〜15cmほどの大きさになったら、収穫します。

病害虫 アオムシやアブラムシ類の発生に注意しましょう。

畝づくり

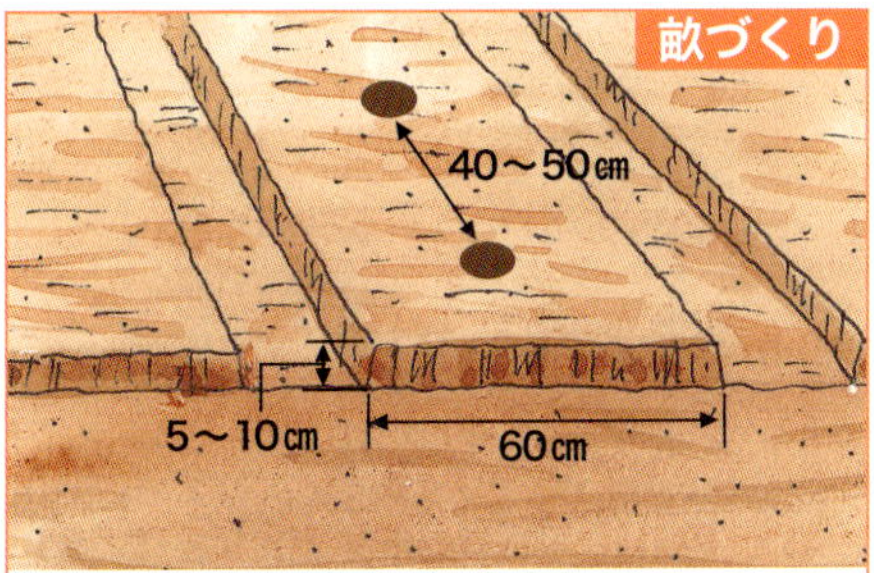

土づくり：苦土石灰150g/㎡
施肥：堆肥3kg/㎡、化成肥料150g/㎡

野菜づくり Q&A

Q 株が生長しないうちにつぼみができ、大きくなりません。

A ボトニングという現象で、育苗中に低温にあったり、移植のときに根を傷めたり、低温、乾燥、肥料不足になったりすると発生します。適期に種まきし、しっかりと管理しましょう。

3 外葉を束ねる

❶花蕾球がまだ見えないうちに外葉で包みます。
❷外葉を株の上部でまとめて、花蕾球を包みます。
❸麻ひもやわら縄などで結び、花蕾に光があたらないようにします。あまり上のほうで結ぶと風などでほどけてしまうので注意しましょう。

4 収穫

❶花蕾球の直径が12〜15cmほどになったら収穫できます。
❷株を少し倒すようにして株元が見えるようにして、地ぎわに包丁を入れて切り取ります。
❸外葉を切り取り、花蕾に3〜4枚の葉がついた状態にします。

毎日のように収穫できる夏野菜の代表

キュウリ

［英］*cucumber*　キュウカンバー

ウリ科
インド北部原産

栽培可能地域：
北海道～沖縄県

生育温度が18～25℃とやや低めで25℃以上の夏には生育がおとろえます。春に市販の苗を購入して栽培するのが適しています。

難易度：

必要な資材：ポリマルチ（黒）、支柱、ネット
日照：日なた
株間：40㎝
生育適温：18～25℃
連作障害：あり（2～3年）
pH：5.5～7.0
コンテナ栽培：○（深さ30㎝以上）

●栽培カレンダー

月	1	2	3	4	5	6	7	8	9	10	11	12
植えつけ					■	■						
間引き					■	■	■					
追肥						■	■					
収穫							■	■				

余分な花と子づるを摘んで実を充実させる

畑の準備 植えつけの2週間前に、1㎡あたり150gの苦土石灰《くどせっかい》をまいて、よく耕しておきます。1週間前には1㎡あたり4kgの堆肥《たいひ》と50gの過リン酸石灰、350gの化成肥料を施しよくすき込みます。植えつけの前に幅60cmの畝《うね》をつくります。黒色ポリマルチを敷くと、土の乾燥と降雨による土の硬化の両方を防ぐことができます。

植えつけ 苗は本葉が4～5枚ついて節間が詰まったものが良い苗です。植えつけの2～3時間前に畝にたっぷりと水やりをしておきます。畝に植え穴を掘り、根鉢を崩さないように植えつけます。植えつけ後、仮支柱を立てて固定し十分に水をやります。

追肥 本葉が10枚ほどになった頃から月に2回の割合で、化成肥料を施します。

支柱立て 草丈が30cmを越えるようになったら本支柱を立てます。ネットを張って伸びるつるを誘引してもよいでしょう。

摘花・摘心 下から数えて本葉7枚目より下についている雌花を摘みます。また本葉5枚目より下に出る子づる（わき芽）も摘み取ります。

収穫 実が20cm程度になり、太さも3cmほどになったら収穫します。収穫は早朝、露の消えないうちに行います。

野菜づくりQ&A

Q 果実が肥大の途中で曲がってしまいます。

A 日光や肥料分、水分の不足などが考えられます。尻太りや尻細りも栄養不足が原因です。また高温や乾燥でも尻細りになります。水やりを怠らず、肥料の適切な管理を心がけましょう。

畝づくり

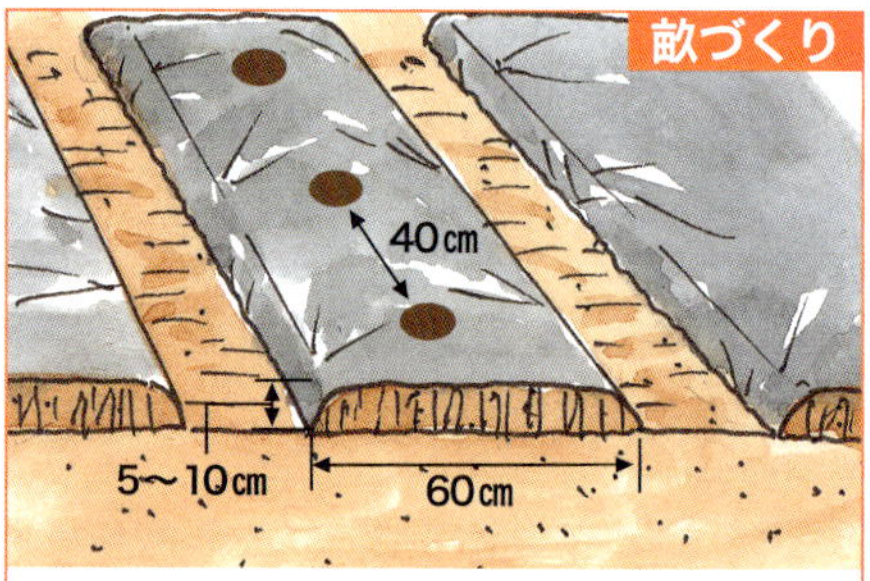

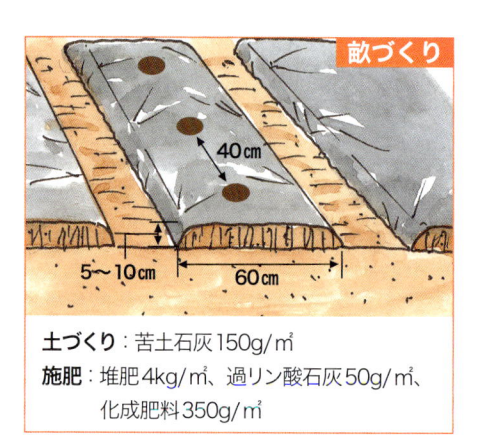

土づくり：苦土石灰150g/㎡
施肥：堆肥4kg/㎡、過リン酸石灰50g/㎡、化成肥料350g/㎡

キュウリの生育過程

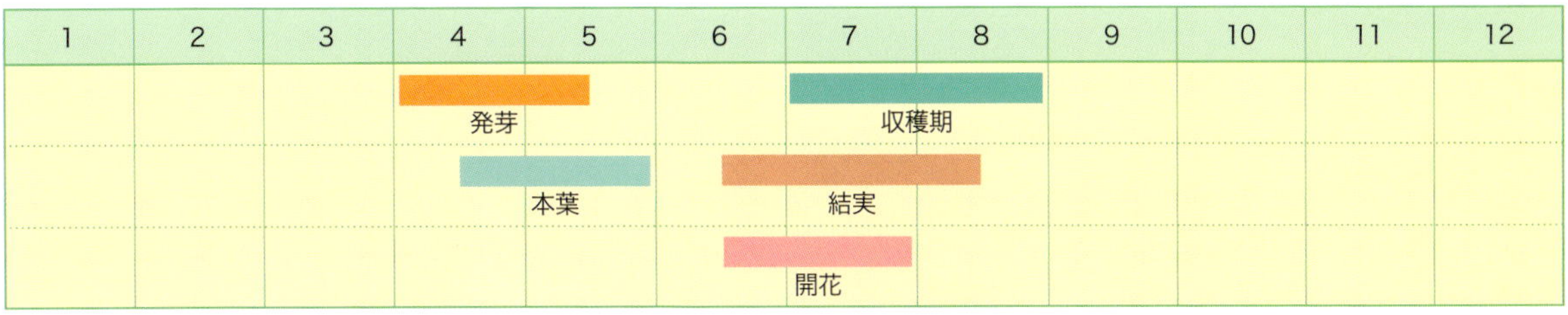

発芽 ▶
種まきからおよそ5日後。本葉が4～5枚出たら植えつけます。

開花 ▶
植えつけから10～20日後。本葉7枚目より下についている雌花はすべて摘み取ります。

収穫
開花からおよそ7日後。実の長さ20㎝、太さ3㎝ほどになったら収穫できます。

1 植えつけ

❶40㎝間隔で直径10㎝ほどの植え穴を掘り、苗の根鉢を崩さないように植えつけます。
❷根鉢の肩が地面よりわずかに高くなるように置き、掘りあげた土を寄せます。
❸株元をしっかりと押さえ、株元が地面と同じ高さになるようにします。

2 仮支柱

❶植えつけ後、苗のわきに仮支柱を立てます。
❷仮支柱を固定したらひもなどで苗と軽く結びます。
❸作業の後はたっぷりと水やりをします。

3 追肥

❶本葉が10枚ほどになったころから、月に2回程度、1株につき1つまみの化成肥料を追肥します。肥料は株の周囲にドーナツ状に施します。
❷露地まきでは追肥後に、除草、中耕、土寄せをしますが、マルチ使用の場合は軽く土を被せる程度にします。

4 ネットを張る

草丈が30㎝を越えたら本支柱を立てるか、ネットを張ってつるを誘引します。

ネットの張り方

支柱を合掌させて立て、横木を渡して固定し、そこにネットを取りつけます。

5 芽かき

❶❷本葉5枚目より下に出たわき芽を指先でつまみ、軽く折るように曲げると節からはずれて簡単に摘み取れます。
❸葉のわきから出て先が星型に開いているのが雌花です。株を十分に育てるため、本葉7枚目より下に出る雌花を摘みます。

6 子づるの摘心

芯《しん》とは茎（つる）が生長している最先端のことです。子づるを伸ばしすぎると、風通しが悪くなって病気が発生しやすくなるので、伸びすぎないように芯を摘みます。

2節残して摘心

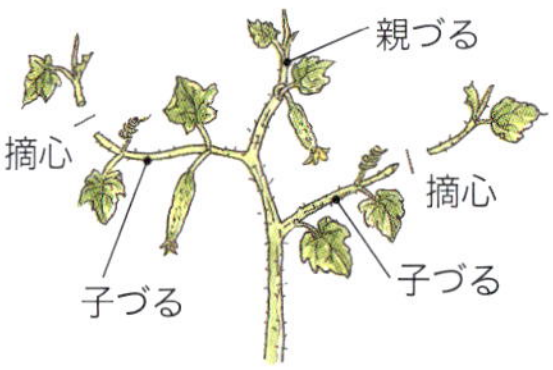

ふつう2節残して、指でつまみ、つるの途中から摘み取ります。摘心《てきしん》後はとくに子づるを誘引する必要はありません。

7 親づるの摘心

❶親づるの丈が高くなって支柱の横木を越えると作業がしにくくなるので、親づるを摘んだほうがよいでしょう。
❷❸先端の葉を持ち上げ、つるを清潔なハサミで切り取ります。

8 収穫

❶実が長さ20㎝ほどになり、太さも3㎝程度になったら収穫の適期です。
❷へたの先の部分（果《か》柄《へい》）をできるだけ茎に残さないようにハサミで切って収穫します。
❸収穫後、実についた果柄を切ります。

野菜を楽しむ

粉をふくキュウリ

キュウリの実の表面に見える白っぽい粉のようなものは、ブルームと呼ばれる細かい毛です。残留した薬剤などと勘違いされることもありますが、本来キュウリが持っているもので害のあるものではなく、こすれば落ちてしまいます。最近ではこのブルームのないブルーム・レスの品種が出回っています。

病気・害虫対策

べと病はキュウリに発生しやすい病気で、葉の裏に灰白色のカビが発生したり、写真のような黄褐色の斑点ができたりします。病気が株全体に広がる前に収穫が終わることが多く発生しても急いで薬剤防除をする必要はありません。葉や子づるを整理して風通しをよくし、肥料不足などに注意して予防しましょう。

栽培が容易な家庭菜園向きの野菜

コマツナ

アブラナ科
原産地不祥

栽培可能地域：
北海道〜沖縄県

難易度：

必要な資材：とくになし
日照：日なた
株間：5〜6㎝（条間10㎝）
発芽温度：18〜20℃
連作障害：あり（1〜2年）
pH：6.5〜7.0
コンテナ栽培：○（深さ15㎝以上）

フユナ、ウグイスナ、カサイナなどとよばれ、東京の小松川で多く栽培されたことからコマツナといわれます。

●栽培カレンダー

月	1	2	3	4	5	6	7	8	9	10	11	12
種まき			■	■	■	■			■	■	■	
間引き			■	■	■	■	■		■	■	■	■
追肥					■					■	■	■
収穫	■	■		■	■	■	■			■	■	■

1 種まき

❶畝に支柱などで浅い溝をつくり、間隔が1.5㎝ほどになるように、できるだけ均一に種をまきます。
❷溝の両側の土を寄せて、薄く土をかぶせます。
❸種と土が密着するように、手のひらで土を鎮圧します。

2 間引き

❶本葉が開く頃に第1回目の間引きを行います。
❷生育の悪いものや葉の形の悪いものなどを間引き、株間が3〜4㎝ほどになるようにします。
❸指先で摘んで引き抜きますが、このとき残す株を傷めないように注意しましょう。本葉が5〜6枚になったら2回目の間引きを行い、株間が5〜6㎝になるようにします。

畑に直まきで育てる

畑の準備 種まきの2週間前に1㎡あたり200gの苦土石灰《くどせっかい》をまいてよく耕します。1週間前には元肥《もとごえ》として1㎡あたり堆肥《たいひ》3kg、化成肥料150gをよくすき込んでおきます。種まき前に幅50～60㎝程度の畝《うね》をつくり、表面をよくならします。

種まき 種をまいた後、発芽までは土を乾燥させないように、こまめに水やりをします。春・秋まきで4～5日、夏まきで2～3日で発芽します。

間引き 本葉が展開しはじめたら間引きを開始します。

追肥 春まきでは生長が早いため、元肥をしっかり施しておけば追肥の必要はありません。秋まきでは、間引きと同時に追肥をします。間引きを行ったあと、1条につき1握りの化成肥料を施し、軽く土寄せします。葉色が悪かったり雨で肥料分が流れたときなどは、即効性の液肥などを与えます。

病害虫 秋の長雨や多肥の場合べと病が発生することがあります。また、害虫の発生も多いので、防虫ネットの使用が効果的です。

収穫 丈が15～20㎝ほどになったら株元から切り取って収穫します。春まきでは種まきからおよそ1カ月ほど、秋まきなら2ヶ月ほどで収穫できます。

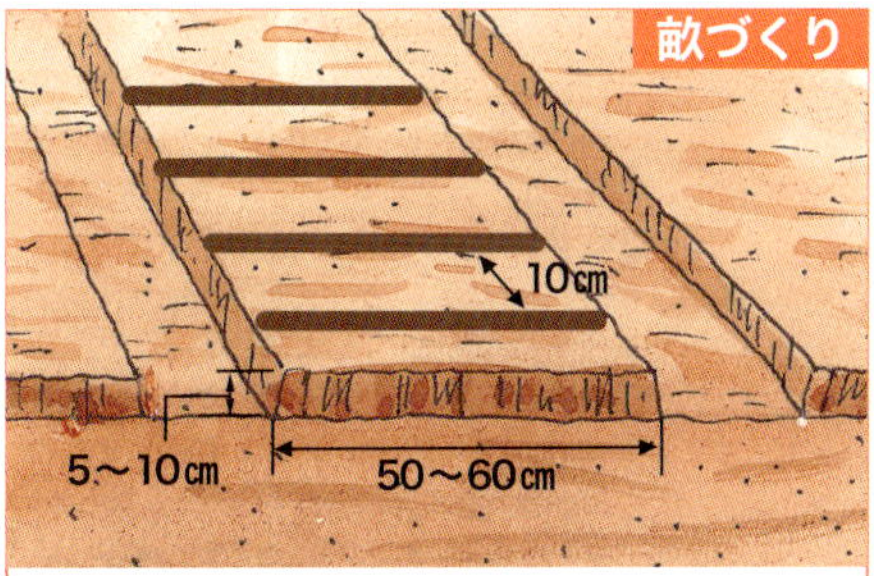

土づくり：苦土石灰200g/㎡
施肥：堆肥3kg/㎡、化成肥料150g/㎡

野菜づくりQ&A

Q 葉の色がよくありません。

A 水分、あるいは肥料が不足していることが考えられます。コマツナはあまり肥料を必要としない野菜ですが、肥料が少なすぎると生育が衰え葉の色が悪くなります。施しすぎないように注意しながら、化成肥料を少量追肥してみましょう。

3 土寄せ

生長に伴って、胚軸《はいじく》が伸びて土から出てきます。土寄せしてこの胚軸に土をかぶせます。

土寄せのポイント

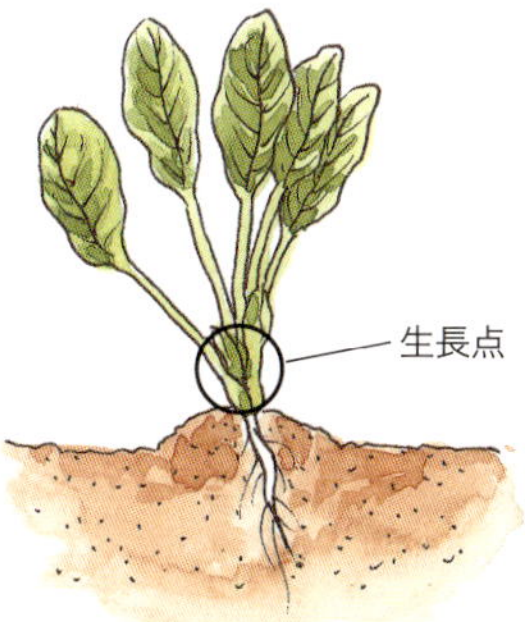

根と茎の境である胚軸が土の上に出てきたら、それを埋めるように土寄せします。ただし茎が枝分かれしている部分（生長点）が埋まらないように注意します。

4 収穫

❶草丈が15～20㎝になったら収穫できます。
❷❸株元にハサミを入れて、間引きを兼ねて必要な量を株ごと切り取って収穫します。

収穫のイモ掘りも大きな楽しみ

サツマイモ

［英］*sweet potato*　スィート・ポテト

ヒルガオ科
熱帯アメリカ原産

栽培可能地域：
青森県～沖縄県

広めの土地が必要ですが、暑さや乾燥に強く、肥料分もほとんど必要としないためやせ地でも栽培、収穫ができます。

難易度：

必要な資材：とくになし
日照：日なた
株間：30～40㎝
発芽温度：22～30℃
連作障害：少ない
pH：5.0～6.0
コンテナ栽培：×

●栽培カレンダー

月	1	2	3	4	5	6	7	8	9	10	11	12
植えつけ					■	■						
追肥					■	■						
収穫										■	■	

ポット苗から挿し穂をつくって植えつける

挿し穂づくり ポット苗を、畑のあいているスペースに植えつけて、挿し穂をつくります。ポット苗を育てても直接イモを収穫できないので注意してください。

畑の準備 日あたりのよい場所を選び、植えつけの1週間前に1㎡あたり堆肥《たいひ》4kg、化成肥料40gまいてよく耕します。湿気を嫌うため、高めの畝《うね》をつくります。

植えつけ イモは茎の節(葉のつけ根)から出た新しい根にできるので、茎にある節を土の中に埋め込むことが大切です。つるが伸びて葉が茂るので株間は少なくとも30㎝以上あけるようにします。

追肥 基本的には追肥の必要はありませんが、植えつけ後2～3週間たったら、生長の様子を見ながら、カリ分の多く含まれる肥料を少量施します。

つる返し 夏になるとつるはどんどん生育し、栽培する畑から伸び出していきます。また地面に接した節から根（不定根）が出て、つるぼけの原因になります。そこでつるを持ち上げてひっくり返し、不定根が土に潜らないようにします。伸びすぎたつるはそのままにしておきます。

収穫 10月～11月に収穫できます。イモを傷つけないように株元を掘り返し、イモを掘り出します。

野菜づくり Q&A

Q つるや葉はよく茂っているのに、イモが大きくなりません。

A いわゆる「つるぼけ」と呼ばれる現象です。肥沃な土地ではつるぼけが生じやすいので、つぎにつくるときは肥料をやりすぎないようにしましょう。

畝づくり

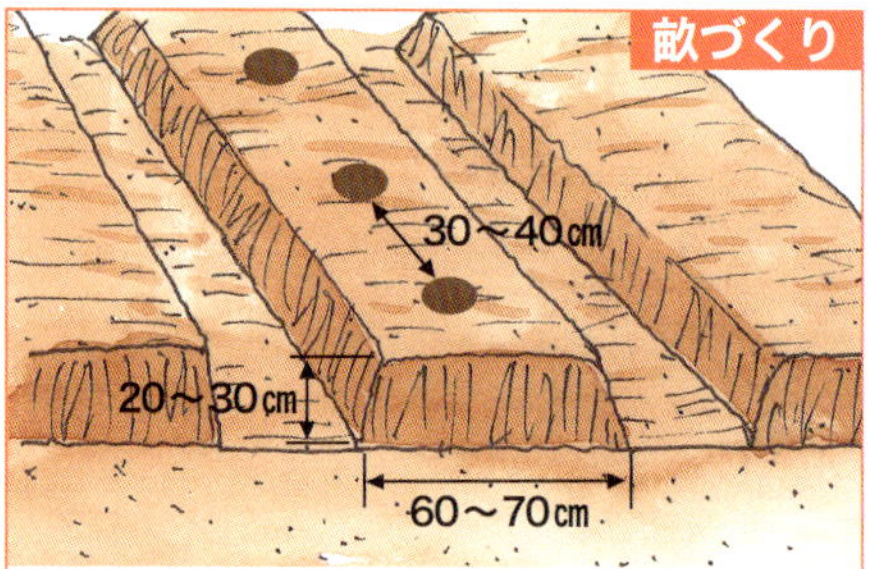

土づくり：なし
施肥：堆肥4kg/㎡、化成肥料40g/㎡

サツマイモの生育過程

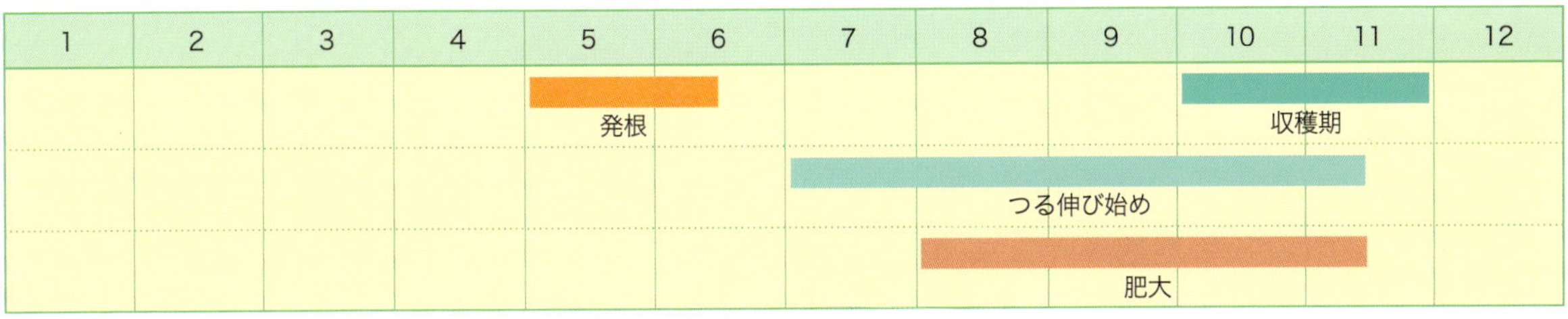

植えつけ後▶
植えつけから7～15日後。根が出て、株がしっかりしてきます。

つる伸びはじめ▶
植えつけから60日後。夏にはつるがよく伸びます。

収穫
植えつけからおよそ120～150日後に収穫できます。

1 挿し穂づくり

❶余っている畑の隅などに種イモやポット苗を植えつけ、先端を摘んでわき芽を伸ばします。

❷❸わき芽が伸びてきたら、先端の生長点を含めて、本葉を5～6枚つけて切ります。残った部分からはつぎのわき芽が伸びるので、同じように挿し穂がつくれます。売っているものを購入してもよいでしょう。

2 畑づくり

❶日あたりのよい場所を選び、1㎡あたり4kgの堆肥と40gの化成肥料を混ぜて、よく耕します。水はけをよくするために30㎝ほどの高めの畝をつくります。

❷黒いポリマルチを敷くと、雑草の発生を抑えることができて、サツマイモの収量を増やすことができます。

3 植えつけ(船底植え)

挿し穂は下葉2～3枚と枯れた葉をあらかじめ取り除き、切り口から水を吸わせてピンとなってから植えつけます。

❶挿し穂を地面に対して水平に持ちます。

❷挿し穂の中央を土の中に押しこみます。

❸先端の葉が3～4枚土から出るように埋め込みます。この植え方では、小振りのイモが数多く収穫できます。

4 植えつけ(垂直植え)

植えつけ前に不要な葉を取って水を吸わせるのは船底植えと同様です。

❶挿し穂を、鉛筆を持つように、人差し指と中指とで挟んで持ちます。

❷挿し穂を挟んだ指を伸ばしたまま、土の中に垂直に差し込みます。

❸先端の葉が3～4枚出るように埋め込みます。1つひとつのイモが大きくなります。

5 つる返し

❶つるの節から出た根（不定根）が土に入り込まないように、つるを引っ張りながら持ち上げます。

❷節から出ている不定根。この不定根が土の中に入り込むと、養水分を吸収しすぎて、つるぼけになってしまいます。

❸株元以外の根をすべて引き立てて土から離し、つるごと裏返して日にさらします。

6 追肥

基本的に追肥の必要はありませんが、カリ分が多めの肥料を追肥すると、イモの肥大がよくなります。植えつけから2～3週間後に、生育の様子を見ながら必要に応じて追肥をします。

❶1株につき、軽く半握りのカリ分を多く含む化成肥料を、株元から少し離れた位置に施します。

❷カリ分の多いサツマイモ用肥料。

7 収穫1

10～11月になったら収穫の時期です。
❶つるを持ち上げるながら、挿し穂を埋めた株元を探します。
❷株元を見つけたらつるを刈り取ります。
❸株元から足1つ分離れたくらいの位置にスコップを入れます。

8 収穫2

❶スコップは垂直に入れ、イモがあると思われる部分より深くまで挿し、てこのようにしてイモを掘り起こします。
❷ある程度イモの周囲の土が軟らかくなってきたら、つるを持って引っ張り、イモを掘り出します。
❸掘り残したイモがないか、手で掘って確認します。

野菜を楽しむ　豊富なビタミンC

おいしいだけでなく、食物繊維が豊富で、ビタミンD、Kを除くほとんどのビタミンを含み、鉄やカルシウム、リン、カリウムなどのミネラルも豊富です。ビタミンCにいたってはレモンに匹敵する含有量で、その上サツマイモのビタミンCは加熱しても壊れにくいので調理しても失われません。ただし保存の際には低温貯蔵は禁物。保存の適温は15℃で、それより低いと腐りやすくなるので注意しましょう。

元来熱帯性の植物なので、冷蔵庫など低温での保存は禁物。湿気や乾燥も嫌うので、新聞紙などにくるみ、室内の冷暗所で保存しましょう。

病気・害虫対策

害虫名として、コメツキムシ類の幼虫をハリガネムシ（写真上）と呼んでいます。サツマイモやジャガイモなどをはじめ、コムギ、オオムギ、サトウキビなどで大きな被害が見られます。土の中にいるために被害に気づきにくく、収穫したイモの表面に食害跡があり初めて被害に気づきます。つる返しなどをした際に発見したら、すぐに駆除します。

煮物に最適な独特の触感

サトイモ

［英］*dasheen*　ダシーン

サトイモ科
インド東部〜
インドシナ半島原産

栽培可能地域：
北海道〜沖縄県

高温多湿を好み、夏の暑さの中でもよく育つ、日本の環境に適した作物です。葉が大きく茂るためある程度の広さの畑が必要です。

難易度	：
必要な資材	：敷きわら
日照	：日なた
株間	：30〜40㎝
発芽温度	：25〜30℃
連作障害	：あり（3〜4年）
pH	：5.5〜7.0
コンテナ栽培	：×

●栽培カレンダー

月	1	2	3	4	5	6	7	8	9	10	11	12
植えつけ				■	■							
間引き						■	■					
追肥						■	■					
収穫										■	■	

1 芽出し・植えつけ

❶トロ箱やポリポットに培養土を入れ、種イモを植えて発芽させます。
❷畝に幅20㎝、深さ15〜20㎝程度の溝を掘り、芽出しさせた種イモを30〜40㎝間隔で、芽を上にして並べます。このとき芽の高さを揃えるのがポイントです。
❸芽を傷つけないように注意しながら、掘り起こした土を種イモにかけて埋めます。

2 追肥・土寄せ

❶発芽して本葉がつきはじめたら、1株あたり軽く半握り程度の化成肥料を、株間あるいは畝の肩に施します。
❷追肥後、根を傷めないように株から少し離れた場所を鍬で掘り起こし、耕しながら株元に土寄せします。
❸株の列の反対側も同じように軽く耕して土寄せします。梅雨明けまでに2〜3回、これを行います。

種イモは高さをそろえて植えつける

芽出し 種イモを直接畑に植えてもサトイモはつくれますが、芽が出るまでに時間がかかり、イモが腐ったり、虫に食われてしまったりすることがあります。そこで、発芽までトロ箱やポリポットなどで種イモを育て、芽の出たイモを畑に植えつけます。これを種イモの芽出しといいます。芽出ししたイモも市販されているので、これを植えつけてもよいでしょう。

畑の準備 植えつけの1週間前に1㎡あたり堆肥《たいひ》3kg、化成肥料100gを施してよく耕し、幅90cmほどの畝《うね》をつくります。

植えつけ 芽出しした種イモを植えつけ、たっぷりと水やりをします。

追肥・土寄せ 発芽して本葉がつきはじめた頃から追肥を開始します。株元から10cmほど離れた位置に1握りの化成肥料をまいて土とよく混ぜ、周囲の土を株元に寄せて盛り上げます。このとき子イモの芽が出ていたら、芽を埋めるようにします。この作業を3〜4週間に1回、梅雨明けまでに2〜3回程度行います。

水やり 乾燥させるとイモが太らないので、乾燥期は敷きわらをしたり、ときどき水やりをします。

収穫 10月下旬〜11月に収穫します。霜が降りる地域では霜が降りる前に収穫をすませます。

畝づくり

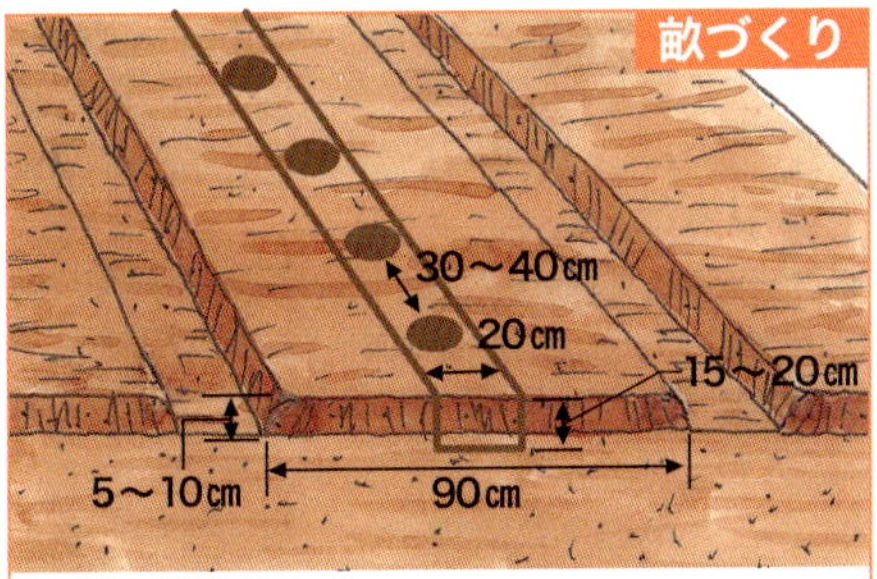

土づくり：なし
施肥：堆肥3kg/㎡、化成肥料100g/㎡

野菜づくり Q&A

Q 生長が不ぞろいで、小さな株の生育がよくありません。

A 生育をそろえるためには、種イモの大きさや植えつけの深さをそろえることが大切です。深さが違うと生育のタイミングがずれ、生育が遅れたものは先に生長した株の陰になって、よく育たなくなります。

3 子イモを埋め戻す

❶親イモの茎葉のわきから、子イモから発生した芽が伸びてきます。子イモの芽が伸びていたら、摘まずに土に埋め戻します。
❷子イモの芽を足で踏みつけて、折れないように横倒しにします。
❸周囲から土を寄せて、横倒しにしたまま埋めます。追肥のときに株の周りを確認して、土寄せと同時に行うとひと手間減ります。

4 収穫

❶親イモを傷つけないように多少茎を残して、地上部を刈り取ります。
❷株元から、足ひとつ分くらい離れた場所にスコップを垂直に入れます。場所を変えながら繰り返し、株元を1周したら、深く差し込んだスコップをてこのように起こします。
❸土がある程度軟らかくなったら、株ごと持って土から引き上げ、収穫します。

さやごと食べる

サヤエンドウ（エンドウ）

［英］*pea*　ピー（エンドウ）
garden pea
ガーデン・ピー（サヤエンドウ）

マメ科
コーカサス地方〜中近東原産

栽培可能地域：
北海道〜沖縄県

生育初期の段階で寒さにあたらないと花が咲かないため、秋に種をまいて育て、翌年の春から収穫します。

難易度：

必要な資材：寒冷紗、ポリマルチまたは敷きわら、支柱
日照：日なた
株間：30㎝
発芽温度：18〜20℃
連作障害：あり（4〜5年）
pH：5.8〜7.2
コンテナ栽培：○（深さ15㎝以上）

●栽培カレンダー

月	1	2	3	4	5	6	7	8	9	10	11	12
種まき										■	■	
間引き											■	
追肥			■	■								
収穫				■	■	■						

1 種まき

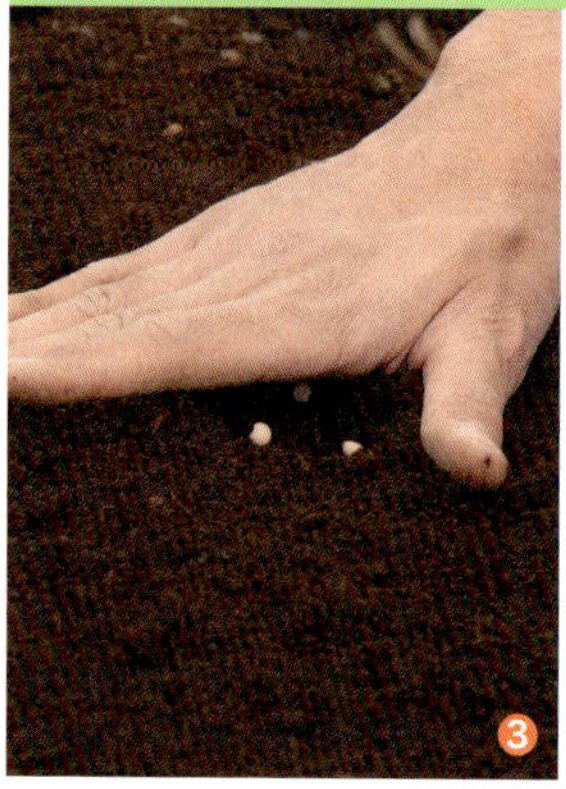

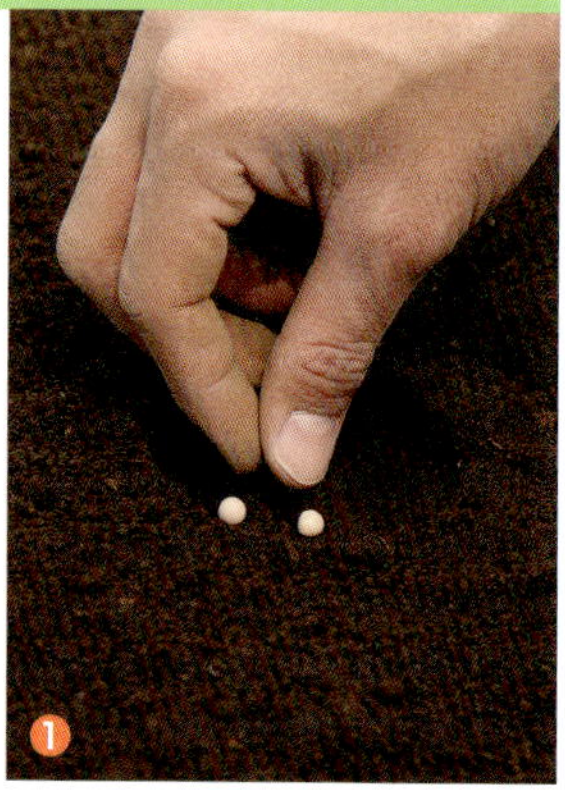

❶ビンの底などを利用して、種まき用のくぼみをつくり種をまきます。
❷ひとつのくぼみに3粒の種を等間隔でまきます。
❸周囲の土をかぶせ、上から押さえて種と土を密着させます。

2 間引き

❶本葉が2〜3枚になったら間引きをします。
❷生育の良くないものを選び、他の株を抜かないように気をつけながら1本間引きます。
❸間引き後は、2本仕立てで育てます。

敷きわらや風よけで北風から苗を守る

畑の準備 種まきの2週間前に1㎡あたり苦土石灰《くどせっかい》150gをまいて、よく耕します。1週間前には1㎡あたりヨウリン30g、化成肥料60gを施してよくすき込みます。幅90㎝の畝《うね》をつくり、マルチングします。

種まき 畝に30㎝間隔で、種まき用のくぼみをつけ、それぞれのくぼみに、3粒の種をまきます。土を被せて表面をてのひらで軽く押し、土と種を密着させます。

鳥が食害することが多いので、本葉が出るまで寒冷紗《かんれいしゃ》などをかけて防除します。

防寒対策 発芽後、マルチングしていないときは、株元にわらを敷いたり、苗の北側に笹竹などを立てて寒さや北風から守ります。

間引き 本葉が2～3枚になったら生育の良くないものを1本間引いて、2本仕立てにします。

支柱立て 春先になってつるが伸びはじめたら、長さ2mほどの支柱を立てます。

追肥 開花直前に、畝の肩に1㎡あたり50gの化成肥料を施し、肥料の上に土を被せます。とくに耕したり土寄せしたりする必要はありません。

収穫 結実後、まめがまだ未熟で、やわらかなうちに収穫します。

畝づくり

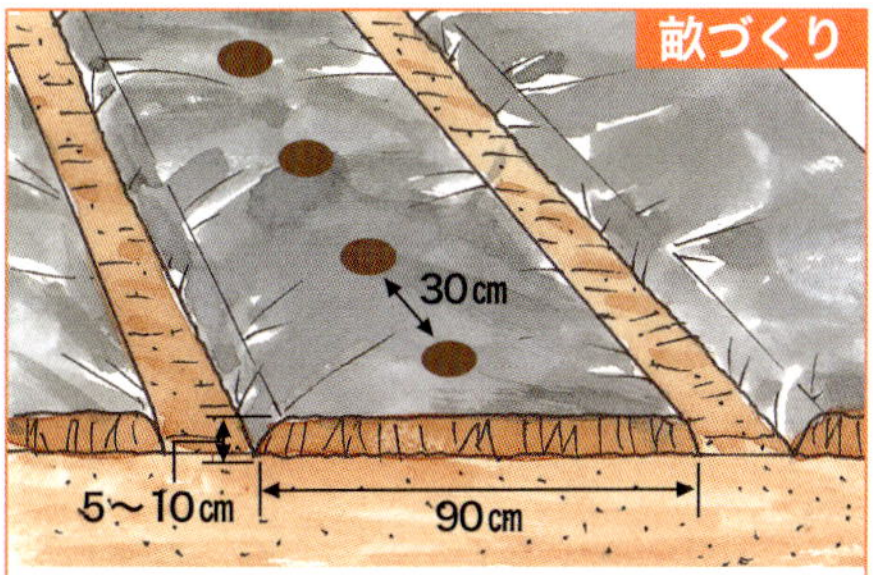

土づくり：苦土石灰150g/㎡

施肥：ヨウリン30g/㎡、化成肥料60g/㎡

野菜づくり Q&A

Q 春になってもつるが伸び出ず、葉が黄色く枯れてきました。

A 連作障害が考えられます。エンドウは連作障害の出やすい野菜で、一度栽培した土地では4～5年はつくらないようにしないと連作障害が出ます。エンドウを数年育てていない場所で栽培しましょう。

3 支柱立て

❶春先になってつるが伸びはじめたら、長さ2mほどの支柱を立てて茎を軽くひもで結びます。
❷つるがうまく支柱に絡まないときは、ひもでつるを固定し、誘引します。

4 収穫

❶エンドウの花。
❷開花後実が膨らみはじめたら収穫適期になります。実が未熟なうちに収穫しましょう。

サヤエンドウの収穫

未熟なさやの柄をハサミで切って収穫します。

結球させずに収穫するレタスの仲間

サラダナ

［英］*head lettuce*　ヘッド・レタス

キク科
ヨーロッパ北部原産

栽培可能地域：
北海道〜沖縄県

レタスの仲間で結球する品種と結球しない品種の中間的な性質をもちます。バターヘッドタイプなどの品種群があります。

難易度：

必要な資材：寒冷紗、ビニールトンネル
日照：日なた
株間：30㎝
発芽温度：15〜20℃
連作障害：あり（1〜2年）
pH：6.0〜7.0
コンテナ栽培：○（深さ15㎝以上）

●栽培カレンダー

月	1	2	3	4	5	6	7	8	9	10	11	12
種まき		春まき		■	■	■	■		■	秋まき		
間引き				■	■	■	■	■		■		
追肥					■	■	■	■		■	■	
収穫					■	■	■	■	■		■	

1 種まき

❶サラダナの種は、風で飛ばされてしまうほど小さく、ポットあるいは育苗箱にまいて育苗します。
❷ポットに種まき用の土を入れ、3〜4粒の種をばらまきします。
❸ごく薄く土を被せ、種が流れないように、ハス口を上向きにつけたじょうろで、やさしく、たっぷりと水やりをします。

2 植えつけ

❶1ポットに1株のものはそのまま、2株以上あるものはできるだけ根鉢を崩さないように株分けして植えつけます。
❷根鉢の大きさに掘った植え穴に、やや浅めに植えつけます。株元を軽く押さえて、根と土を密着させます。
❸植えつけ後はたっぷりと水やりをします。

種は薄く土を被せる

種まき ポリポットに培養土を入れ、数粒の種をできるだけ均一にばらまきます。ごく薄く土を被せ、種と土が密着するように手のひらで軽く押し、最後にじょうろでやさしく、たっぷりと水やりをします。種まき後は乾燥させないように管理します。

畑の準備 植えつけ2週間前に1㎡あたり150gの苦土石灰《くどせっかい》をすき込み、1週間前には1㎡あたり3kgの堆肥《たいひ》と150gの化成肥料を施しておきます。植えつけ前に幅60cmの畝《うね》をつくります。

植えつけ 本葉が4～5枚ほどになったら定植します。ポットから取り出した苗は根を傷めないように株分けして、株間30cmで植えつけます。

日よけ・防寒 夏は寒冷紗《かんれいしゃ》、冬はビニールトンネルをかければ一年中栽培できます。

収穫 春まきでは種まきから30日、秋まきでは60日くらいから収穫できます。本葉が10枚以上になったら、葉を外側からかき取るように収穫し、7～8枚の葉を残して収穫をつづけます。

病害虫 深植えにすると立ち枯れ病になりやすいので、深く植えないようにします。春まきの場合はアブラムシの被害が多いので注意します。またネキリムシやヨトウムシの被害も少なくありません。

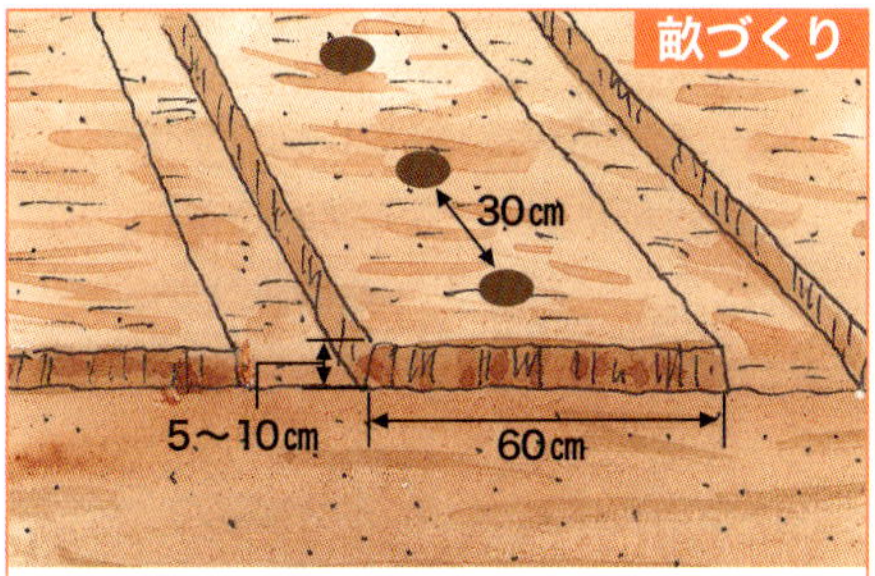

土づくり：苦土石灰150g/㎡
施肥：堆肥3kg/㎡、化成肥料150g/㎡

野菜づくりQ&A

Q 本葉が出はじめた苗がボロボロの穴だらけになってしまいました。

A 葉もの野菜は発芽直後から害虫の食害をよく受けます。葉裏などをまめにチェックして、見つけしだい捕殺するようにします。被害がひどいときには薬剤の使用も行いましょう。

3 追肥

❶1列につき軽く1つまみの化成肥料を、条間に施します。
❷土の表面を移植ゴテなどで軽く耕し、土と肥料を混ぜ合わせます。
❸畝全体に化成肥料をばらまきする追肥の方法もあります。

4 収穫

❶本葉が10枚以上になったら収穫できます。
❷つねに7～8枚の葉を残すようにして、外側の葉から収穫します。
❸途中で収穫せず、葉の中心が軽く巻いたようになった時点で、株元から切り取って、株全体を収穫してもよいでしょう。

さまざまな料理に使える

ジャガイモ

［英］*potato*　ポテト

ナス科
南アメリカ原産

栽培可能地域：
北海道～沖縄県

猛暑や寒冷にあまり強くありませんが、よい種いもさえ選べば比較的栽培は容易で、家庭菜園向きのいも類です。

難易度	：
必要な資材	：とくになし
日照	：日なた
株間	：30㎝
発芽温度	：10～20℃
連作障害	：あり（3～4年）
pH	：5.5～6.5
コンテナ栽培	：○（深さ60㎝以上）

栽培はよい種イモを選ぶことからはじまる

畑の準備 植えつけの2週間前に1㎡あたり50gの苦土石灰《くどせっかい》をまいてよく耕し、1週間前に60cm幅の畝《うね》をつくります。

種イモの準備 種イモは小さなものはそのまま、大きなものは2～4個に分割します。切り口に草木灰をつけるか、そのまま天日で1時間ほど乾かして、1～2日後に植えつけます。

植え溝づくり 植えつけ直前に、深さ15cm、幅15cmの植え溝を掘り、1㎡あたり堆肥《たいひ》1～3kg、化成肥料100gを入れ、肥料を入れていない土を4～5cm埋め戻して、底をならします。

植えつけ 種イモの切り口を下にして、深さ7～8cmに埋め、軽く押さえ、土を被せます。

芽かき 1個の種イモから何本もの芽が出てきます。芽の大きさが10cmほどになったら、元気のよい2～3本を残して、他の芽をかき取ります。

追肥・土寄せ 草丈が15cmほどになったら1回目の追肥を行います。その後、つぼみがついたときに2回目、花が咲いたときに3回目の追肥、土寄せをします。

収穫 花が終わり、地上部が枯れてきたら、株元を掘ってイモの肥大具合を確認し、十分に大きければ収穫します。

野菜づくりQ&A

Q 食用に買ったジャガイモを種イモとして使えますか？

A 食用のジャガイモは、栽培してもよく育たないことが多く、ほかの作物へも影響する可能性があります。

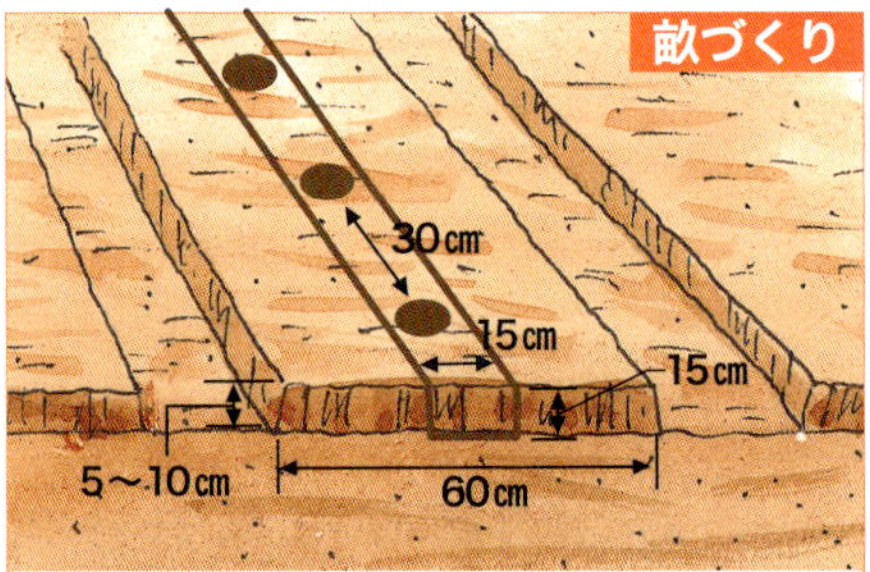

土づくり：苦土石灰50g/㎡
施肥：堆肥1～3kg/㎡、化成肥料100g/㎡

ジャガイモの生育過程

1	2	3	4	5	6	7	8	9	10	11	12
		発芽	発芽	開花	収穫期	収穫期					
			肥大	肥大	肥大	肥大					

発芽▶
植えつけから20～30日後。芽が出てくるので、間引いて2～3本残します。

開花▶
発芽から30～50日後。花が咲いたら3回目の追肥をします。

収穫
開花から20～30日後。花が終わり、地上部が枯れはじめたら収穫します。

1 種イモの切り分け

①専用の種イモを用意します。
②芽は親イモについていた部分と反対側の頂部に集中しています。
③それぞれに最低3つは芽がついているように、芽の集中している部位から包丁を入れて切り分けます。このとき、1個が70gより小さくならないようにしましょう。

2 切り口の殺菌

切り口が湿ったまま植えつけると腐りやすくなるので、切り口を消毒して乾燥させてから植えつけます。
①②分割した切り口に草木灰や市販の灰をつけて消毒し、風通しのよい場所で1～2日乾かします。
③草木灰がない場合は、切り口を天日にさらして日光消毒し、1～2日よく乾燥させます。

3 植え溝づくり

❶畝に深さ幅とも15㎝ほどの溝を掘ります。
❷掘った溝に、1㎡あたり3kgの堆肥と100gの化成肥料を入れます。
❸掘り起こした土を5㎝ほどの厚さに戻し、埋め戻した底の土を平らにならします。

4 植えつけ

❶切り分けた種イモを植え溝の底に、切り口を下にして置き、上から軽く押さえます。
❷種イモの間隔は30㎝（およそ足ひとつ分）で植えつけます。その後、土を戻して表面を手で押さえ、土と種イモを密着させます。

植え溝と植えつけ

植え溝の底に元肥として堆肥と化成肥料を入れますが、種イモと元肥が直接触れないように、間に肥料の入っていない土を入れます。

5 芽かき

❶種イモからは何本かの芽が出て伸び出してきます。土から出た芽が10㎝ほどの大きさに育ったら、生育のよい2～3本の芽を残して間引きます。
❷❸このとき、種イモごと引き抜かないように、株元をしっかり手で押さえます。

6 追肥の時期

❶草丈が15㎝ほどになったら1回目の追肥を行います。
❷つぼみがついた時期に2回目の追肥、花が咲いたら3回目の追肥を行います。

7 追肥・土寄せ

①株から15㎝ほど離れた位置に化成肥料を1握り施します。
②株の近くを耕すと根やイモを傷めてしまうので、畝間の土を軽く耕して、株元に5㎝ほどの高さに土寄せします。

ジャガイモと土寄せ

ジャガイモは浮き上がるように根につくため、十分に土寄せしないとすぐに土の上に出てきます。土寄せが不十分だとイモが土の上に出てきて、日光に当たって緑色になります。

8 収穫

①花が咲き終わり、下葉が黄色くなってきたら収穫適期です。試し堀りをしてイモの肥大具合を確認しましょう。
②イモが十分に大きくなっていたら、まわりの土をさっと掘り、株元を持って株ごと引き抜きます。
③引き抜いたあと、掘り残したイモがないか確認しましょう。

野菜を楽しむ

栄養豊富だが芽には有害物質も

デンプンが多く含まれるジャガイモは、ビタミンB1やCなども豊富に含んでいます。しかし、芽にはソラニンという有毒物質が含まれているため、食べると腹痛やおう吐（吐き気）、頭痛などの中毒症状が出て危険です。土寄せが不十分でジャガイモが土の外に出てしまうと緑色になりますが、この緑色の部分もソラニンを多く含みます。保存するときはジャガイモを日光に当てず、暗所で保存しましょう。

緑色になったジャガイモは有毒なソラニンを多く含むので、栽培時の土寄せは十分に行います。

病気・害虫対策

ジャガイモにはニジュウヤホシテントウ（写真上）やヨトウムシ（写真右）がよくつきます。ニジュウヤホシテントウはナス科植物で被害が多く、葉や茎の表面、果実などを食害します。ヨトウムシは昼間は土の中に隠れ、夜間に葉を食害します。ともに見つけしだい捕殺します。またヨトウムシは被害を見つけたら株元を掘って、探し出して処分します。

鍋料理に欠かせない緑黄色野菜

シュンギク

[英] *garland chrysanthemum*
ガーランド・クリサンセマム

キク科
地中海地方原産

栽培可能地域：
北海道～沖縄県

日本や中国などでは葉を食用としますが、ヨーロッパでは観賞用の花として栽培されます。葉のほろ苦さと独特の香りが特徴です。

難易度：

必要な資材：とくになし
日照：日なた
株間：10～15㎝（条間15～20㎝）
発芽温度：15～20℃
連作障害：あり（2～3年）
pH：5.5～6.5
コンテナ栽培：○（深さ20㎝以上）

●栽培カレンダー

月	1	2	3	4	5	6	7	8	9	10	11	12
種まき			■	■					■	■		
間引き			■	■					■	■		
追肥				■	■					■	■	
収穫					■						■	■

1 種まき

❶支柱などを使って、畝に細いまき溝をつくります。
❷溝の中にできるだけ均一になるように種をまきます。
❸両端から土を寄せて、ごく薄く土を被せ、土と種が密着するように手のひらで軽く押さえます。

2 間引き

❶発芽後、本葉が4～5枚になったら最初の間引きを開始します。
❷ハサミで株元を切り取るように間引きます。
❸草丈が10㎝ほどになるまでの間に数回の間引きを行い、最終的に株間が10～15㎝程度になるようにします。

秋まきは摘心してわき芽を伸ばす

畑の準備 種まきの2週間前に1㎡あたり250gほどの苦土石灰《くどせっかい》を均一にまいて、よく耕します。1週間前には1㎡あたり堆肥《たいひ》3kgと化成肥料150gをすき込みます。種まき前に50～60cm幅の畝《うね》をつくります。

種まき すじまきにして、ごく薄く土を被せます。種まき後にはたっぷりと水やりをします。早春や晩秋で気温が低いときは、発芽までトンネルで覆いをしましょう。

間引き 本葉が4～5枚になった頃、1回目の間引きを行い株間が5～6cmになるようにします。その後草丈が10cmほどに育つまでの間に数回に分けて間引きを行います。

追肥 1回目の間引きの後、本葉が5～6枚になる頃、株の周りに化成肥料を1つまみ施します。

摘心 秋まきの場合、草丈が15cmほどになり本葉が10枚以上になったら、下から葉を4～5枚残して先端の葉を摘心《てきしん》し側芽（わき芽）を伸ばします。

病害虫 病気や害虫の被害は多くありませんが、春まきではアブラムシやスリップスが、秋まきではヨトウムシやネキリムシが発生することがあります。

収穫 春まきの場合は種まきから1カ月くらい、秋まきでは40～50日ほどで収穫できます。

畝づくり

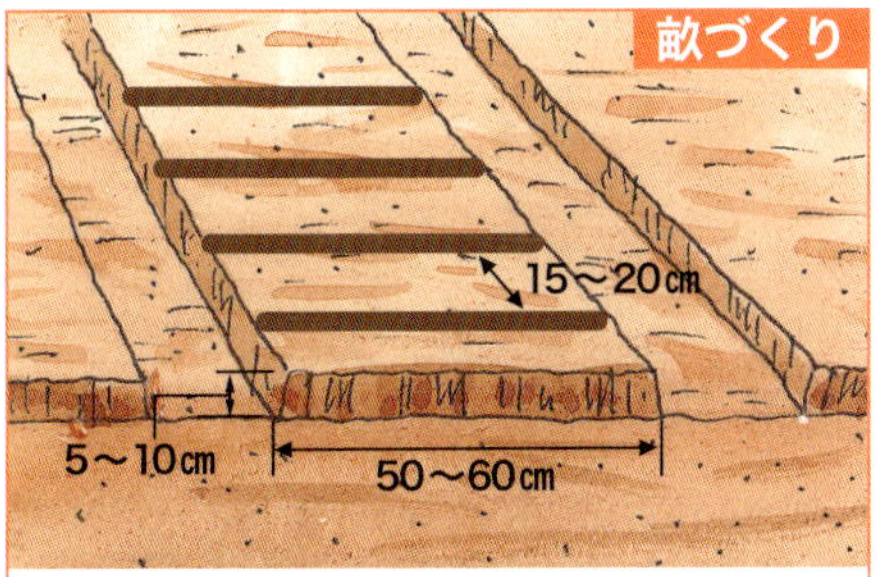

土づくり：苦土石灰250g/㎡
施肥：堆肥3kg/㎡、化成肥料150g/㎡

野菜づくりQ&A

Q 種をまいたのですが芽が出ません。

A シュンギクの種は、好光性種子といって、発芽のときに光を必要とする性質があります。そのため種まき後土を厚く被せてしまうと発芽しなくなります。覆土は種子が隠れるか隠れないかくらいにごく薄くします。

3 追肥

❶1回目の間引きを終え、本葉が5～6枚になった頃、追肥をします。1つまみの化成肥料を株の周囲に施します。
❷移植ゴテで土の表面を軽くほぐすようにしながら、土と肥料を混ぜ合わせます。

4 収穫

❶草丈が15cmほどになったら収穫の適期です。
❷❸秋まきでは株元から本葉4～5枚を残し、ハサミで切り取り収穫します。切ったあと（ハサミの先）からわき芽が発生するので、生長後に再び収穫できます。春まきの場合は、とうが立つ前に株ごと抜き取って収穫します。

シロウリ

[英] *oriental pickling melon*
オリエンタル・ピクリング・メロン

ウリ科
中近東〜東南アジア原産

栽培可能地域：
北海道〜沖縄県

キュウリにくらべて熟しても白味が残りやすいので、シロウリと呼ばれます。メロンの変種ですが甘みはありません。

難易度：

必要な資材：ポリマルチ
日照：日なた
株間：1m
発芽温度：28〜30℃
連作障害：あり（2〜3年）
pH：6.0〜6.5
コンテナ栽培：×

●栽培カレンダー

月	1	2	3	4	5	6	7	8	9	10	11	12
種まき				■	■							
間引き					■							
追肥						■	■					
収穫							■	■				

1 種まき・植えつけ

苗はポリポットで育てるか、種を畑にまいて育てます。ポリポットで育てたときは、本葉が3〜4枚になったら植えつけます。つるを地上に這わせる場合では株間1m。

植えつけ

直径10㎝ほどの植え穴に、根鉢が崩れないようにして、株元が地面と同じ高さになるように植えつけます。植えつけ後はたっぷりと水やりします。

2 摘心・整枝

本葉が4枚ほどに生長したら親づるを摘心します。シロウリは孫づるから収穫するので、親づるは摘心します。

整枝

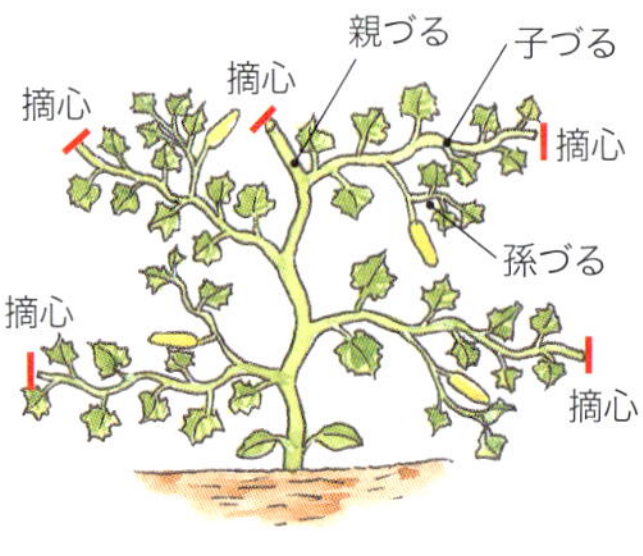

親づるは本葉4枚、子づるは本葉8枚残して摘心します。孫づるは実を1個つけて、その上部に葉を3〜4枚残して摘心します。

果実は未熟なうちに収穫する

種まき ポリポットに培養土を入れ、指先でポリポット1つあたり3～4個の穴を開けて、種を1穴1つずつまいて軽く土を被せて水をやります。

間引き 子葉が展開したら1回目の間引きを行い、本葉が2枚になる頃に1本立ちにします。

畑の準備 5月初旬頃、植えつけの2週間前に1㎡あたり100gの苦《く》土石灰《どせっかい》をまいてよく耕します。1週間前になったら1㎡あたり3kgの堆肥《たいひ》と100gの化成肥料をすき込みます。種まき前には幅100cm程度の畝《うね》をつくります。

植えつけ 5月中旬、本葉が3～4枚になった頃に植えつけます。

摘心・整枝 孫づるから収穫するため、親づるは本葉4枚残して摘心《てきしん》します。子づるは本葉8枚残して摘心し、孫づるは実を1個つけて、その上部の葉を3～4枚残して摘心します。

収穫 開花から20日ほどで収穫できます。果実が大きくなってきたら、果実を動かしてまんべんなく日光があたるようにします。

参考：畑に種をまく ポリポットを使わずに畑に種まきして育苗することもできます。種まきの前に植えつけ前と同様の畑の準備を行い、1m間隔で直径10cmほどの穴を開け、各穴に3～4粒ずつ種をまきます。

畝づくり

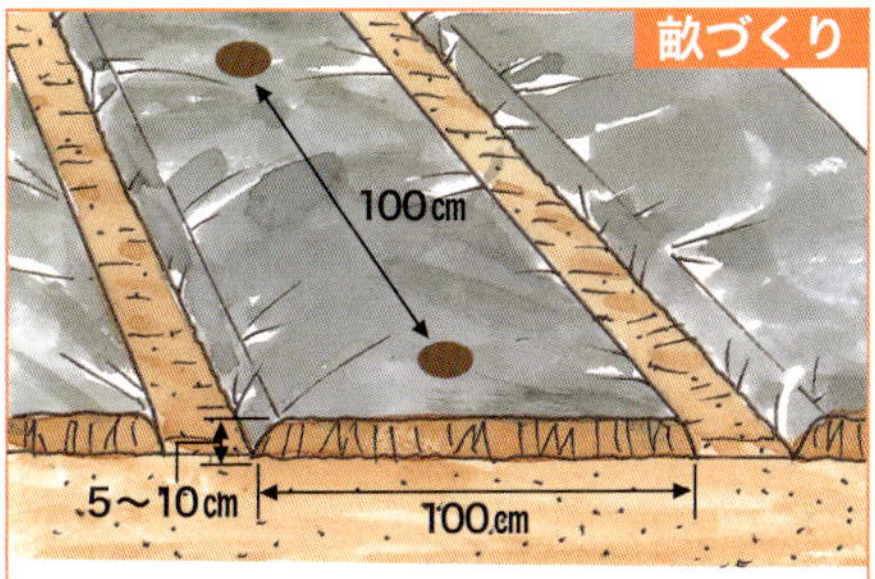

土づくり：苦土石灰100g/㎡
施肥：堆肥3kg/㎡、化成肥料100g/㎡

野菜づくり Q&A

Q 実の全体が太くならず、黄色く枯れたようになってきました。

A 受粉が行われていないと、果実が太らず、黄色く枯れたようになってしまいます。開花時に雨が続いたりすると虫による受粉が行われません。雄花の花粉を雌花にこすりつけて、人工的に受粉させましょう。

3 追肥

植えつけ1週間後から、1カ月に1回の割合で株の周囲にひとつまみの化成肥料を追肥します。マルチがしてある場合はマルチをめくるようにして、株からやや離れた場所に肥料を施します。

追肥のまき方

肥料が根やつるに直接触れないように、生えぎわから少し離れた場所に円を描くようにまきます。

4 収穫

❶実が15～20cmに生長し、粗毛がなくなりはじめ、一部艶が出てきたら収穫の適期です。熟しすぎると食用に適さないので、収穫時期に注意しましょう。
❷ハサミを使って、果柄《かへい》を切って収穫します。

シャキッとした歯触りが魅力の中国野菜

チンゲンサイ

［英］*Qing geng cai*　チン・ゲン・ツァイ

アブラナ科
中国原産

栽培可能地域：
北海道〜沖縄県

ハクサイの仲間の中国野菜で、青軸のものがチンゲンサイ（青梗菜）、白軸のものはパクチョイ（白菜）と呼ばれます。

難易度	
必要な資材	寒冷紗、ビニールトンネル（秋まきの場合）
日照	日なた
株間	15㎝（条間15〜20㎝）
発芽温度	15〜25℃
連作障害	あり（1〜2年）
pH	6.5〜7.0
コンテナ栽培	○（深さ20㎝以上）

●栽培カレンダー

月	1	2	3	4	5	6	7	8	9	10	11	12
種まき				■	■	■	■	■	■	■		
間引き				■	■	■	■	■	■			
追肥				■	■	■	■	■	■	■		
収穫					■	■	■	■	■	■	■	■

1 種まき

❶畝に支柱などを使ってまき溝をつけておきます。
❷チンゲンサイの種を数粒つまみ、指先をすりあわせるようにしながらまきます。
❸発芽率は高いので、密になりすぎないよう、やや粗めにまきます。まき終わったら薄く土を被せて、上から軽く押さえ、水やりをします。

2 間引き

❶発芽後、葉が触れるようになったらピンセットを使って間引きを行います。
❷間引きは2〜3回に分けて行い、はじめは葉が触れあわない程度を目安に行います。
❸最終的には本葉が5〜6枚の頃に株間15㎝になるようにします。

酸性土を苦土石灰で中和

畑の準備 酸性土を嫌うため、植えつけの2週間前に1㎡あたり100gの苦土石灰《くどせっかい》を施してよく耕します。1週間前には1㎡あたり堆肥《たいひ》3kg、化成肥料100gを施し、植えつけ前に幅60cmの畝《うね》をつくります。

種まき 支柱などを使って畝に溝をつけて、すじまきにします。土は薄く被せる程度で、種まき後はたっぷりと水をやります。ポリポットあるいはセルトレイに培養土を入れて育苗することもできます。

間引き 発芽後、本葉が出てきたら、葉が触れあわないよう2～3回に分けて間引き、最も生育の良い苗を残します。

植えつけ ポリポットなどで育苗したものは、本葉が4～5枚程度に育ったら畑に植えつけます。

追　肥 生育の様子を見ながら、収穫までの間に1～2回、1株につき軽く1つまみの化成肥料を株の周囲にまいて土寄せをします。

病害虫 アブラムシやコナガ、アオムシなどの害虫被害が発生します。とくに春まきでは被害が多発するので、発生初期に適用のある薬剤で防除しましょう。

収　穫 秋まきでは、霜が降りるようになったら寒冷紗《かんれいしゃ》やビニールトンネルをかぶせます。株元が5cmほど立ち上がり、草丈が15cm程度に育ったら収穫の適期です。

畝づくり

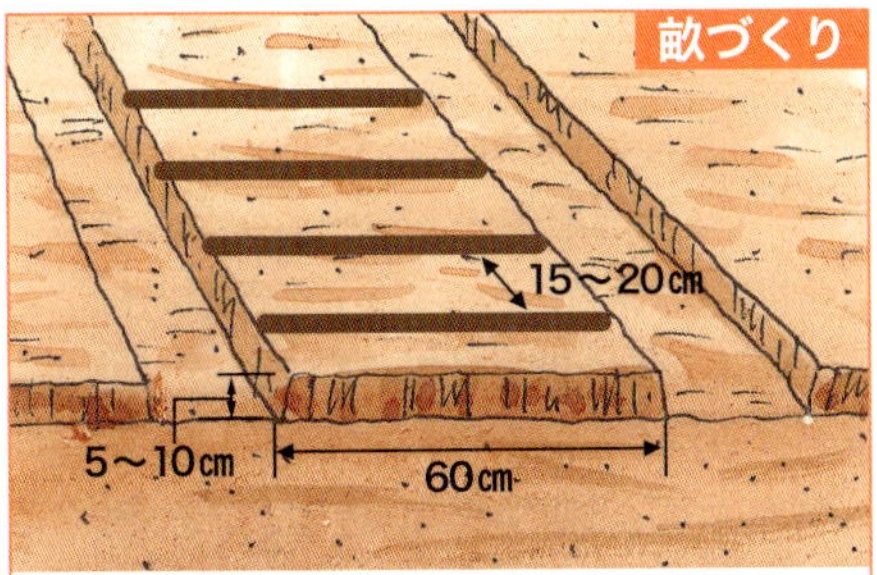

土づくり：苦土石灰100g/㎡
施肥：堆肥3kg/㎡、化成肥料100g/㎡

野菜づくり Q&A

Q 初心者はどの時期に育てるのがよいですか？

A チンゲンサイは夏の暑さにも比較的強いため、春から秋まで栽培できますが、もっともつくりやすいのは秋まきです。秋まきは8月下旬～9月に種をまきます。

3 追肥

❶追肥は生育状況を見ながら行います。株の周囲に1つまみほどの化成肥料をまきます。葉を育てるには窒素分の多い肥料が有効です。
❷❸移植ゴテなどで軽く土と混ぜ合わせ、土寄せします。

4 収穫

❶秋まきでは株元が5cmほど立ち上がり、丈が15～20cmほどに育ったら収穫の適期です。根元をもって引き抜いた後、ハサミやナイフで根を切り落とします。
❷春まきではとう立ち（花をつける茎が伸びること）しやすいので、やや小さめのうちに早めに収穫します。小さなものは根のつけ根にハサミを入れ、切り取って収穫します。

先端の若い茎葉を収穫する

ツルムラサキ

［英］*Indian spinach*
インディアン・スピニッチ、
Malabar spinach
マラバル・スピニッチ　など

ツルムラサキ科
熱帯アジア原産

栽培可能地域：
北海道〜沖縄県

もともと熱帯性の多年生つる植物ですが、日本では冬を越さない一年草として育てられます。炒めものやおひたしに向きます。

難易度：

必要な資材：支柱
日照：日なた
株間：30㎝
発芽温度：25〜30℃
連作障害：あり（1〜2年）
pH：6.0〜6.5
コンテナ栽培：○（深さ20㎝以上）

●栽培カレンダー

月	1	2	3	4	5	6	7	8	9	10	11	12
種まき				■								
間引き				■	■							
追肥					■	■	■	■	■			
収穫						■	■	■	■	■		

1 種まき

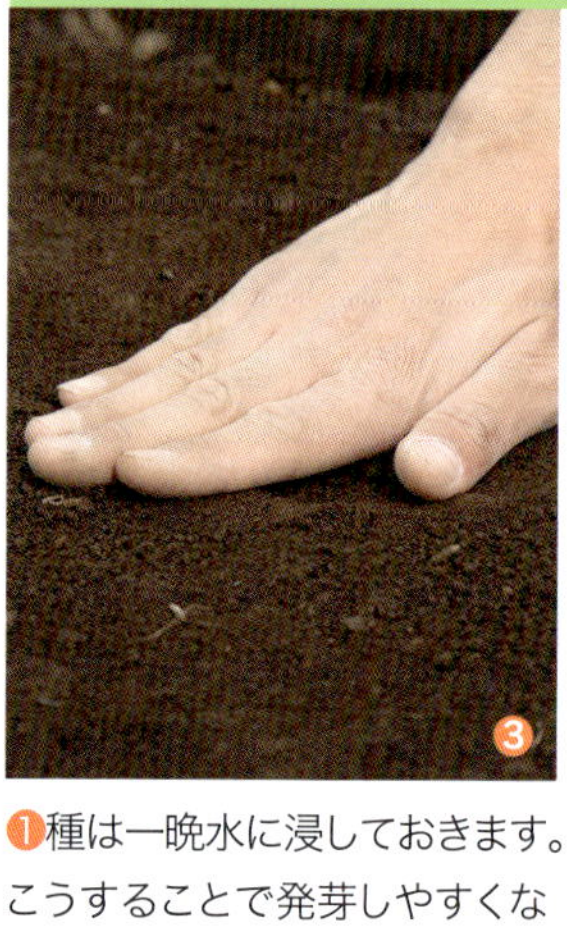
③

①

②

❶種は一晩水に浸しておきます。こうすることで発芽しやすくなります。
❷瓶の底などを使って、30㎝ほどの間隔で畝に浅いくぼみをつくり、1カ所に4〜5粒の種をまきます。マルチングするときには、マルチをしいてから穴を開け、くぼみをつくります。
❸1㎝ほど土を被せ、上から軽く押さえます。およそ10〜14日ほどで発芽します。

2 追肥

①

②

❶収穫までの間、1カ月に1〜2回の割合で追肥します。肥料は株と株の間にまき、根や葉が肥料に直接触れないようにして、軽く土と混ぜて土寄せしますます。
❷マルチングしてある場合は、株間にスコップなどで穴を開け、そこから肥料を施します。

摘心してわき芽を伸ばす

畑の準備 日あたりのよい場所を選び、種まきの2週間前に苦土石灰《くどせっかい》を1㎡あたり100gまいてよく耕します。1週間前には1㎡あたり3kgの堆肥《たいひ》と100g程度の化成肥料を施し、種まき前に50～60㎝幅の畝《うね》をつくります。

種まき 種まきは十分暖かくなってから行います。

間引き 本葉が2枚出たら1回目の間引きをして、1カ所に2本ずつ残るようにします。本葉が4～5枚になったら2回目の間引きを行い、丈夫そうな苗1本を残して間引きます。

追肥 間引き後、収穫までの間、1月に1～2回、窒素分を多く含んだ化成肥料を株の周囲にまいて、軽く混ぜてから土寄せします。

支柱立て 草丈が15～20㎝になった頃、支柱を立ててつるを誘引します。つるは枝分かれしながら伸びるので、長めの支柱をしっかりと立てましょう。

摘芯 草丈が20㎝ほどになったら、下葉を5～6枚残して先端の芽を摘み取ります。こうすることで側枝が発生し、草丈を高くせずに株を大きく育てることができます。

収穫 草丈が1mほどになり、葉が10㎝ほどの大きさになった頃から収穫できます。側枝の先端から15㎝ずつ摘み取るようにして収穫します。

畝づくり

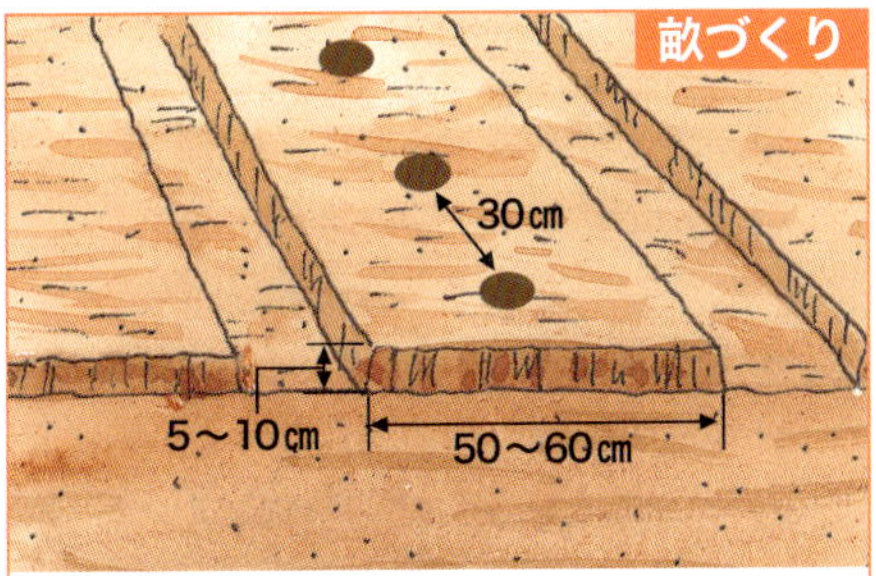

土づくり：苦土石灰100g/㎡
施肥：堆肥3kg/㎡、化成肥料100g/㎡

野菜づくりQ&A

Q 支柱を立てずに栽培できますか。

A ツルムラサキは夏から秋にかけてよく繁茂するので、支柱を立てずに栽培する場合は広い場所が必要です。草丈20～30㎝くらいで摘心《てきしん》して、つるが伸びて重なったら整枝します。

3 支柱立て

❶草丈が15～20㎝ほどになったら支柱を立てて誘引します。支柱とつるはひもで結びます。
❷ある程度生長すると急に伸びるので、生長を見越して十分長さのある支柱を立てておきましょう。

支柱の組み方

1株に2本の支柱を組んで、上部で結び、横棒を通してほかの株の支柱とあわせた合掌式にします。

4 収穫

❶柔らかい先端部分が食用になります。草丈が1mほどに生長し、葉が10㎝程度の大きさになったら、側枝の先端から15㎝ほどを摘み取ります。
❷指先で茎を折るようにして摘み取ります。
❸ハサミで切って収穫しても大丈夫です。

穫れたての味と香りを堪能したい

トマト

［英］*tomato*　トマト

ナス科
南米原産

栽培可能地域：
北海道～沖縄県

年間を通じて出回っていますが、旬は夏です。昼と夜との温度差の激しい気候を好み、乾燥に強い野菜です。

難易度	
必要な資材	マルチング、支柱
日照	日なた
株間	50～60㎝
生育温度	25℃前後
連作障害	あり（3～4年）
pH	6.0～6.5
コンテナ栽培	○（深さ30㎝以上）

●栽培カレンダー

月	1	2	3	4	5	6	7	8	9	10	11	12
植えつけ					■							
芽かき					■	■	■	■	■			
追肥					■	■	■	■				
収穫						■	■	■	■			

こまめにわき芽を摘み取る

畑の準備 植えつけの2週間前に1㎡あたり200gの苦土石灰《くどせっかい》を散布し、深く（できれば30㎝ほど）掘り起こして耕します。1週間前に幅60㎝ほどの畝《うね》をつくります。畝の中央に幅20㎝、深さ40㎝ほどの溝を掘り、1㎡あたり5kgの堆肥《たいひ》と200gの化成肥料を施して埋め戻します。

植えつけ 畝に50～60㎝間隔で植え穴を掘り、根鉢を崩さないようにしてやや浅めに植えます。植えつけ前にマルチングしておくと、病気や雑草の発生を予防できます。

支柱立て 生長して本葉が10枚ほどになったら本支柱を合掌型に組み、茎を誘引します。

芽かき・摘心 わき芽（側芽）を放置しておくと葉が茂りすぎて、よい実がつきにくくなるので、側芽は早めに摘みます。天気のよい日を選び、指で摘み取ります。

追肥 植えつけ後から、月に1～2回の割合で、1株につき1握りの化成肥料を施します。

受粉 支柱を軽くたたいて株全体を揺らし、受粉させます。

摘果 1房に4～5個の果実を残して、小さな実や形の悪い実（奇形果）を摘果《てきか》します。まだ実になっていない花も摘み取ります。

収穫 品種や気候によって収穫時期は異なりますが、ふつう開花から40～60日で収穫できます。

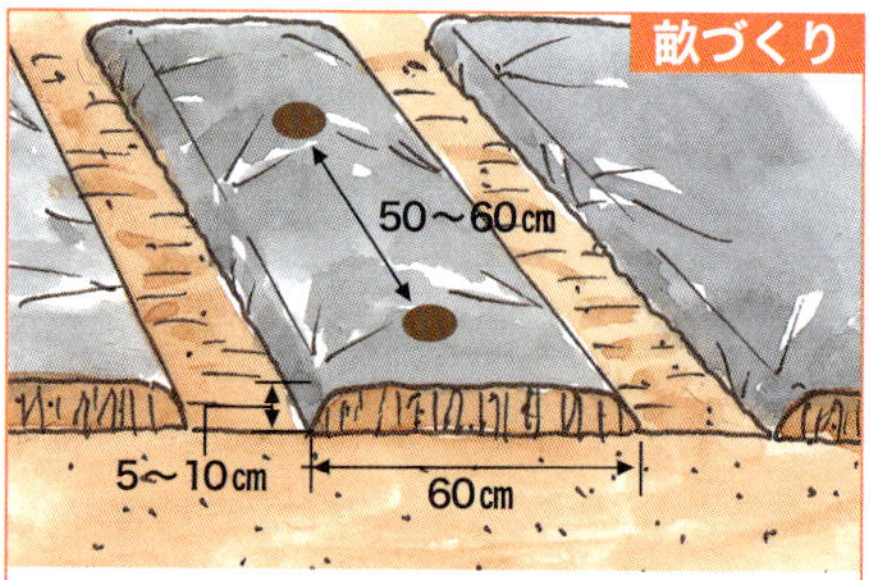

土づくり：苦土石灰200g/㎡
施肥：堆肥5kg/㎡、化成肥料200g/㎡

野菜づくりQ&A

Q トマトの病気について教えてください。

A トマトにはモザイク病が発生することがあります。伝染性の病気なので、葉が細く尖ったり濃淡のあるモザイク模様の葉がある株を見つけたら、抜き取って処分します。

トマトの生育過程

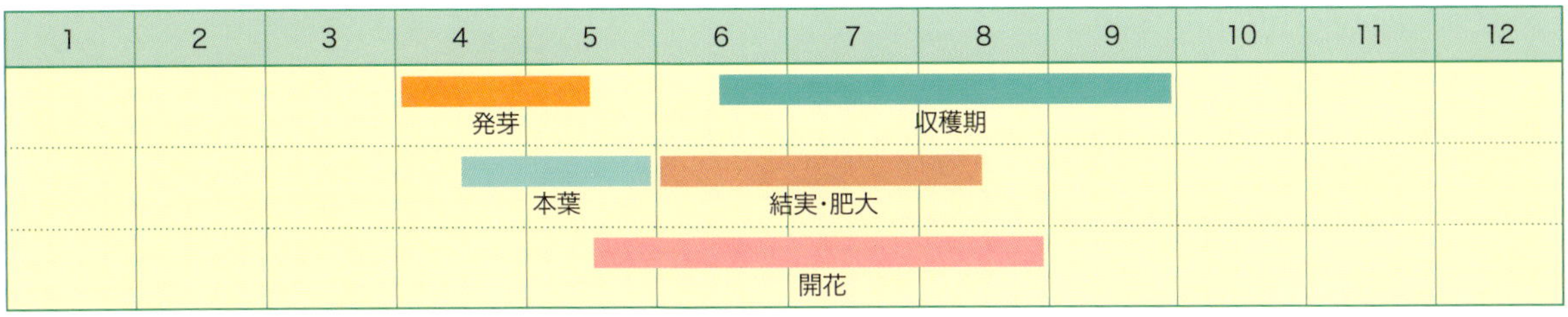

本葉 ▶
種まきから10〜20日後。本葉が7〜8枚になったら植えつけます。

開花 ▶
植えつけから10〜20日後。実をつけたら摘果をします。

収穫
開花から30〜40日後。実が赤く熟したら収穫します。

1 植えつけ準備

❶植えつけは一番花の咲く直前に行います。トマトの花房は同じ方向に伸び出すので、この方向を通路側に揃えて植えつければ、収穫などの作業がやりやすくなります。
❷❸生育のよい苗は、植えつけ前に、あらかじめわき芽をかいておきましょう。

2 植えつけ

❶直径10cmほどの植え穴を、株間が50〜60cmになるように掘り、花房の向きを揃えて植えつけます。苗は根鉢を崩さないようにやや浅植えにし、掘り出した土を寄せて、株元をしっかりと押さえます。
❷植えつけ後は仮支柱を立てて、ひもで軽く結んで固定します。
❸たっぷりと水やりをします。

3 支柱立て・誘引

❶本葉が10枚ほどになったら支柱を立てて誘引します。
❷茎を支柱に固定する場合、8の字に結び、結び目にやや余裕があるようにします。❸支柱に密着するようにしっかりと結んではいけません。

4 芽かき

❶葉のつけ根から発生するわき芽は早めに摘み取ります。湿度が高いときに行うと、摘み取った場所から病気が発生しやすくなるので、芽かきは天気のよい日に行いましょう。
❷枝分かれした根元を指でつまんで摘み取ります。
❸ハサミを使う場合は、ウィルスなどの病気感染を防ぐため、基本的に株ごとに消毒して使います。

5 追肥

❶植えつけ後、1カ月に1～2回の割合で、株間1カ所につき軽く1握り程度の化成肥料を施します。
❷マルチがしてある場合は、スコップや移植ゴテを使ってマルチを破き、株間に化成肥料を施します。

6 受粉

トマトの受粉は、自然に行われるので、とくに問題ありませんが、生育初期や高温時、落花が目立つときに人の手で受粉させます。この場合、ひとつひとつの花を受粉させるのではなく、支柱を軽く叩くようにして株全体を揺らし、花粉を飛ばせて受粉させます。

人工受粉

支柱を軽く叩けば、株全体が揺れて受粉しやすくなります。

7 摘果

❶花房にはたくさんの花が咲き、果実がつきますが、大きさの小さいものや形の悪いもの（奇形果）を摘果し、1房に4～5個の果実を残すようにします。この段階でまだ花の状態のままのものも取り去ります。

❷❸摘果するときには、節を折るようにすると簡単に取り去ることができます。

8 収穫

❶大きく赤く熟した果実を収穫します。開花からおよそ40～60日です。
❷果実を持って、果柄《かへい》を折り曲げるようにすると、節の部分から簡単に折り取れます。
❸収穫後ハサミでヘタの部分を切り取ります。

着果ホルモン剤

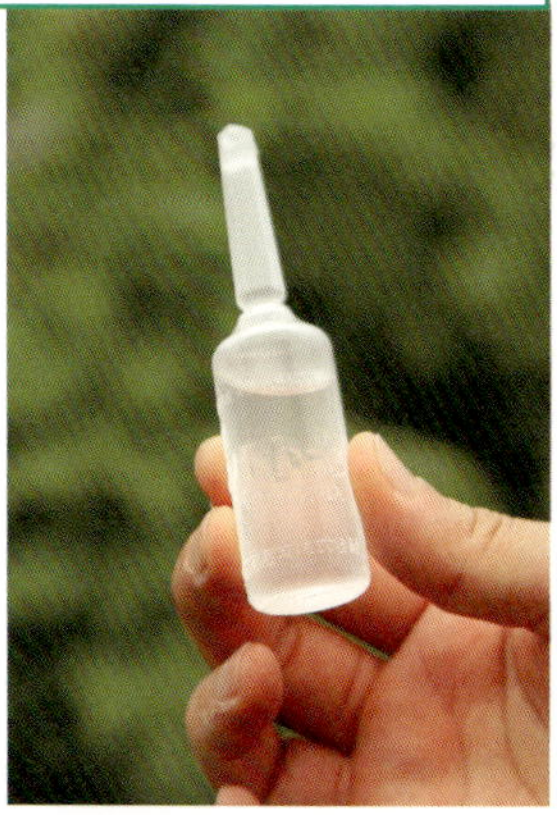

日照不足や低温、高温などで受粉しにくいときには、ホルモン剤（写真右上・左上）を花に散布して受粉を促進させます。ホルモン剤は花以外にかかると悪影響を及ぼすため、ゴムあるいはビニール手袋をした手で葉を覆うようにして散布します（写真右下）。栽培に適した気候の場合には、ホルモン剤の散布は必要ありません。

野菜を楽しむ

幅広い料理に使われる

生のままサラダに使ったり、炒め物や煮込み料理やソース素材などとして、幅広い料理に使われます。栄養豊富なことでも知られ、とくに近年注目されているのがカルチノイドの一種であるリコピンです。リコピンは、がん予防や生活習慣病への効果などが研究されています。このリコピンの含有量は生食用のピンク系のトマトよりも、加工用の真っ赤に熟すものに多く含まれます。まさに「トマトが赤くなると医者が青くなる」ようです。

缶づめ用のトマトは真っ赤に熟してから加工されるのでリコピンを多く含みます。

少々手はかかるが収穫の喜びは大きい

ナス

［英］*aubergine*　オーバージーン、
eggplant　エッグプラントほか

ナス科
インド原産

栽培可能地域：
北海道～沖縄県

トマトやキュウリと並ぶ家庭菜園の定番野菜です。高温を好むので早植えは禁物。乾燥に弱く水やりは欠かせません。

難易度：

必要な資材：マルチング、支柱
日照：日なた
株間：50～60㎝
生育温度：20～30
連作障害：あり（4～5年）
pH：6.0～7.0
コンテナ栽培：○（深さ30㎝以上）

●栽培カレンダー

月	1	2	3	4	5	6	7	8	9	10	11	12
植えつけ				■	■							
整枝						■	■	■	■			
追肥					■	■	■	■				
収穫							■	■	■	■		

追肥がよいナスを育てるポイント

畑の準備 植えつけの2週間前に1㎡あたり200gの苦土石灰《くどせっかい》をまいて深さ30㎝以上耕します。1週間前に1㎡あたり堆肥4kg、緩効性化成肥料200gをすき込み、幅70～80㎝の畝《うね》をつくります。

植えつけ 植えつけの適期は4月下旬～5月上旬。仮支柱を立て、たっぷりと水やりをします。

追肥 根が活着して生育をはじめたら株間や枝葉の広がりの真下に軽く1握りの化成肥料を施します。その後は1カ月に1～2回の割合で追肥します。収穫が始まったら、収穫するたびにお礼肥《れいごえ》として軽く1握りの化成肥料を施します。

仕立て・芽かき 一番花がついたら、花の下に出たわき芽（側枝）と花のすぐ上のわき芽を残して3本仕立てにします。

収穫 大きく育ちすぎると味が落ちて、株も弱るので、あまり大きくならないうちに収穫します。とくに3番果まではやや小さめなうちに収穫します。収穫後にはお礼肥を施します。

更新剪定 夏の暑く乾燥した時期になると、株は弱り、実つきが悪くなってくるので、7月中旬頃になったら更新剪定《せんてい》を行います。1カ月ほど収穫できなくなりますが、9月になる頃には、秋ナスを収穫できるようになります。

野菜づくりQ&A

Q 結実はしますが実が大きくなりません。

A 葉が大きく茂り、節間が間延びしているようなら窒素肥料の与えすぎが考えられます。肥料、とくに窒素分を控えるようにします。株が小さく、葉が黄色っぽく小さい場合は逆に肥料分の不足が考えられます。

畝づくり

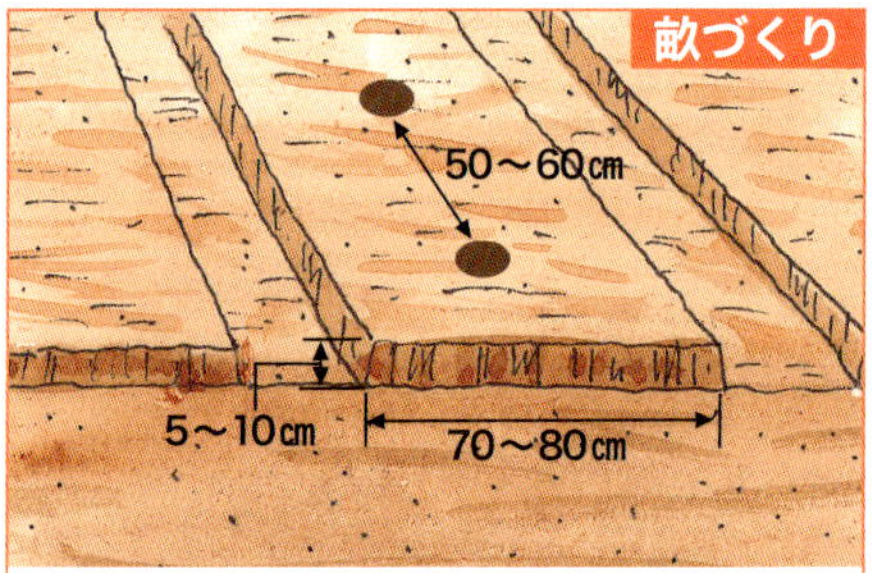

土づくり：苦土石灰200g/㎡
施肥：堆肥4kg/㎡、化成肥料200g/㎡

ナスの生育過程

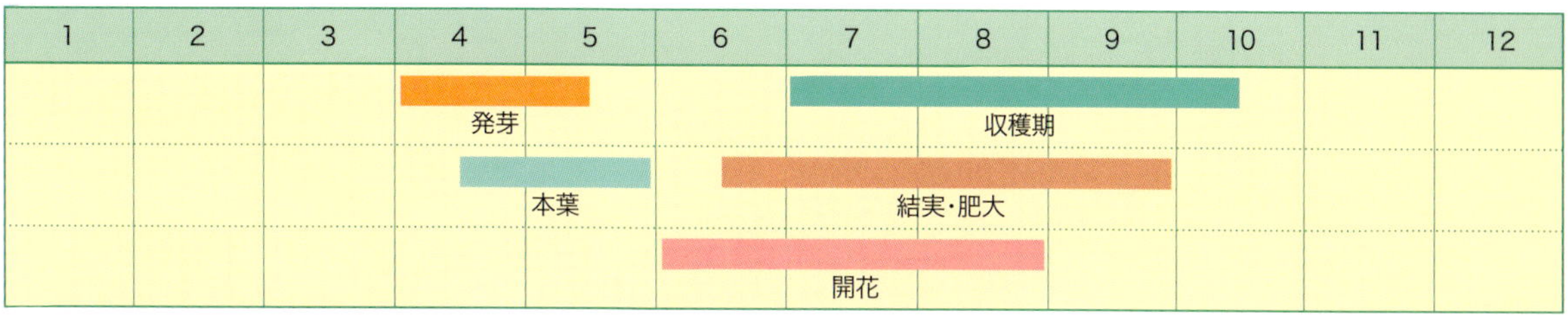

本葉 ▶
種まきから20〜30日後。本葉が7〜8枚になったら植えつけます。

開花 ▶
植えつけから10〜20日後。結実したら早めに収穫します。

収穫
開花から15〜25日後。大きく育ちすぎると株が弱り、味も落ちるので早めに収穫します。

1 植えつけの準備

花がたくさんついている苗は植えつけ適期を過ぎています。花がひとつくらいのものを選びます。
❶適期の頃の苗は根が十分回って根鉢がしっかりとしていて、ポリポットの底の穴から根が少し出ています。
❷主枝の下の枝よりも下に出た芽があったら、ここで摘んでおきます。

2 植えつけ

❶ポリポットから根鉢を崩さないように取り出します。
❷❸地面よりやや高くなるように植えつけ、周囲の土を戻して株元を押さえて落ち着かせます。

3 仮支柱・水やり

❶植えつけ後すぐに、苗が倒れないように仮支柱を立てます。
❷強く縛り付けることはせず、8の字結びでゆとりを持たせて固定します。
❸支柱を立てたら、植えつけ作業の最後としてたっぷりと水やりをします。

4 追肥

植えつけの2週間後から追肥を始めます。
❶枝葉の広がりの真下にドーナツ状に、1株につき1握り程度の化成肥料を施します。
❷追肥後は、株元周囲の土を軽く混ぜて、土寄せします。
❸マルチングしてある場合は穴からマルチを持ち上げ、できるだけ株元から離した位置に施します。

5 仕立て・支柱立て

3本仕立ての支柱

主枝についた一番花の下のわき芽（側枝）とすぐ上のわき芽を残して、それより下に伸びた側枝を切り、3本仕立てとします。支柱を3本立てて枝を沿わせます。

株に元気がないときは、仕立ての支柱の角度を狭くして、弱い枝がやや立ち上がり気味になるようにすると回復が早くなります。株全体が元気ならば、広がり気味に育ててもよいでしょう。

6 芽かき

❶❷余分なわき芽を残しておくと栄養がとられ、生育が悪くなるので、一番花の下に残した側枝より下のわき芽は早めに摘み取ります。

芽かき

一番花の下に残した側枝より下のわき芽は摘み取ります。

8 更新剪定

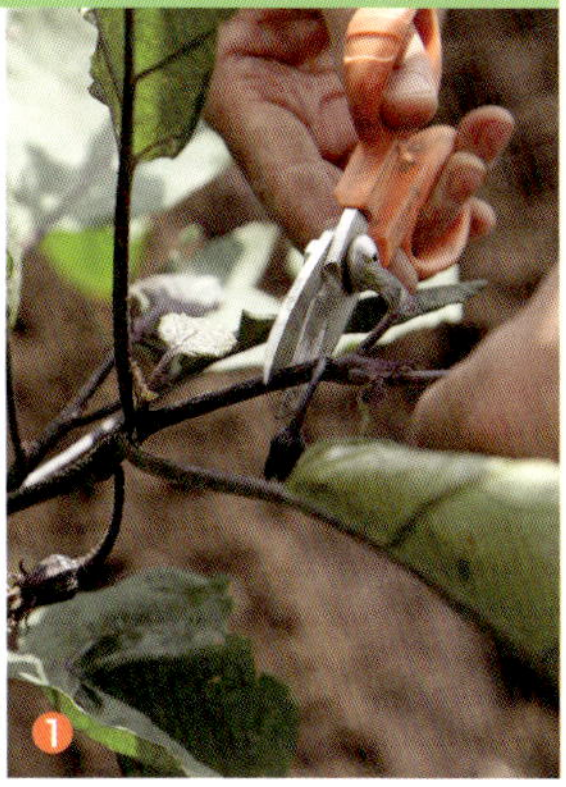

7月中旬頃に更新剪定を行って側枝の生育を促します。

❶太い枝を3〜4本残して、切り詰めます。あまり強く剪定して葉の数を減らすと株が弱ってしまうので、葉を3枚残すようにしましょう。

❷側枝を伸ばすために、余分に出たわき芽も指で摘み取ります。

更新剪定

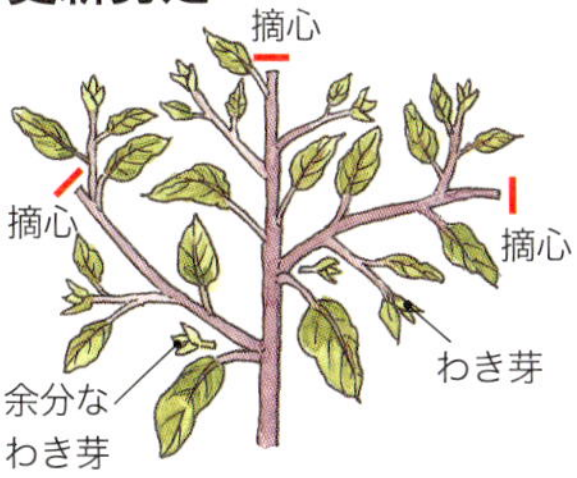

太い枝を3〜4本残して葉を3枚つけて摘心します。わき芽を4〜8本伸ばし、余分なわき芽は摘み取ります。

7 収穫

開花後15〜25日ほどで収穫できるようになります。なお、一番果は適期より早めの、やや小さなうちに収穫します。

収穫前と収穫後

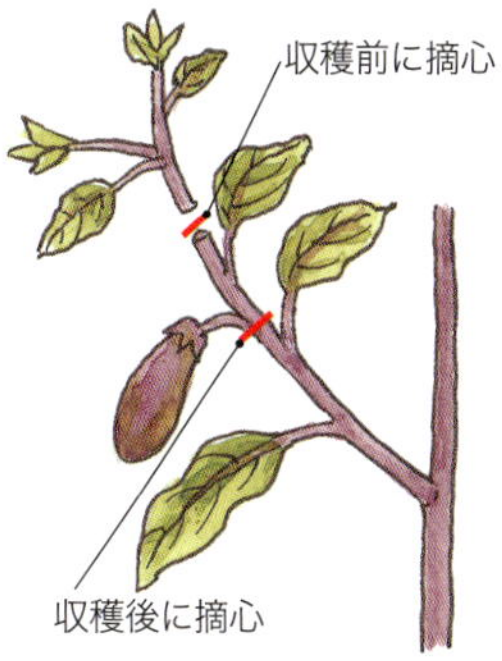

収穫前に枝についた果実の上の葉を1枚残して摘心します。収穫後は果実の下の葉を2枚残して枝を切ります。

栽培のヒント

便利な支柱の立て方

ある程度多くの株を育てている場合は、株の近くに2本の支柱を交差するように立て、それぞれの支柱の2カ所でひもを結びつけると、株をしっかりと支えることができます。

台芽かき

接ぎ木苗の場合、台木から芽（台芽）が出ることがあります。この芽は生育力が旺盛なため、残したままにすると接いだナスの生育が悪くってしまいます。台芽が発生したら早いうちに切り取りましょう。台木の種類にもよりますが、台木の茎や葉には硬いとげがあることが多いので、ケガをしないように注意しながら切り取ります。

初心者にも育てやすい健康野菜

ニガウリ

［英］*balsam pear*　バールサム・ペア、
bitter cucumber　ビター・キュウカンバー

ウリ科
熱帯アジア原産

栽培可能地域：
山形県・宮城県～沖縄県

沖縄ではゴーヤーとも呼ばれる健康野菜で、最近では多くの品種が出回っています。暑さや乾燥にも強いので育てやすい作物です。

難易度：

必要な資材：支柱、ネット
日照：日なた
株間：50cm
発芽温度：25～30℃
連作障害：あり（3～4年）
pH：5.0～8.0
コンテナ栽培：×

●栽培カレンダー

月	1	2	3	4	5	6	7	8	9	10	11	12
種まき					■							
植えつけ						■						
追肥						■	■					
収穫							■	■	■			

親づるを摘心して子づる・孫づるを伸ばす

種まき 発芽温度が高いので、ポリポットに種をまいて温度管理しながら育苗します。ポリポットの土に1～2cmほどのくぼみを2～3個つけ、各穴に1粒ずつ種をまいて土を被せます。本葉が出たら間引きをはじめ、本葉5枚になる頃までに1ポット1株にします。

畑の準備 湿気の多い土では根腐れを起こすので、水はけのよい場所を選びます。植えつけの2週間前に1㎡あたり100gの苦土石灰《くどせっかい》をまいてよく耕し、1週間前には1㎡あたり堆肥《たいひ》3kgと化成肥料100gを施して、畝《うね》をつくっておきます。

植えつけ 直径10cmほどの植え穴を掘り、根鉢を崩さないようにして植えつけます。植えつけ後は支柱を立てて水やりをします。

摘心 実は親づるではなく、子づるや孫づるにつきます。親づるが10～12節（本葉10～12枚）になったら、親づるの先端を摘み取り、わき芽を伸ばして子づるを育てます。子づるは隣のつると接するくらいになったら摘心します。孫づるは放任します。

追肥 植えつけ2週間後から追肥を始めます。収穫期間が長いので肥料切れに注意します。

収穫 大きく育ったものから収穫します。

野菜づくりQ&A

Q 雄花ばかりが咲いて、雌花がつきません。

A ニガウリは高温性の野菜で、気温が十分に高くならないと、雄花ばかりついて雌花がつきません。気温の高い日が続く季節になれば、雌花もつくようになります。

畝づくり

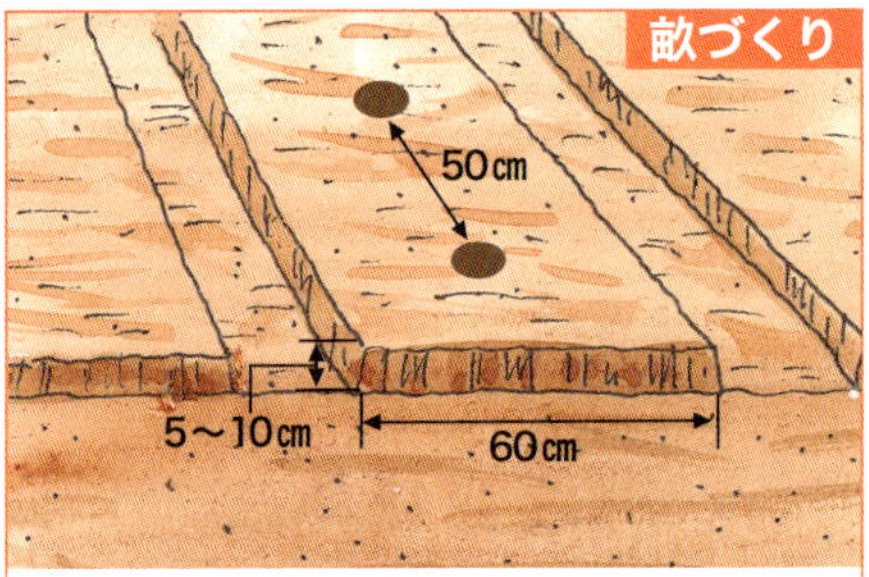

土づくり：苦土石灰100g/㎡
施肥：堆肥3kg/㎡、化成肥料100g/㎡

ニガウリの生育過程

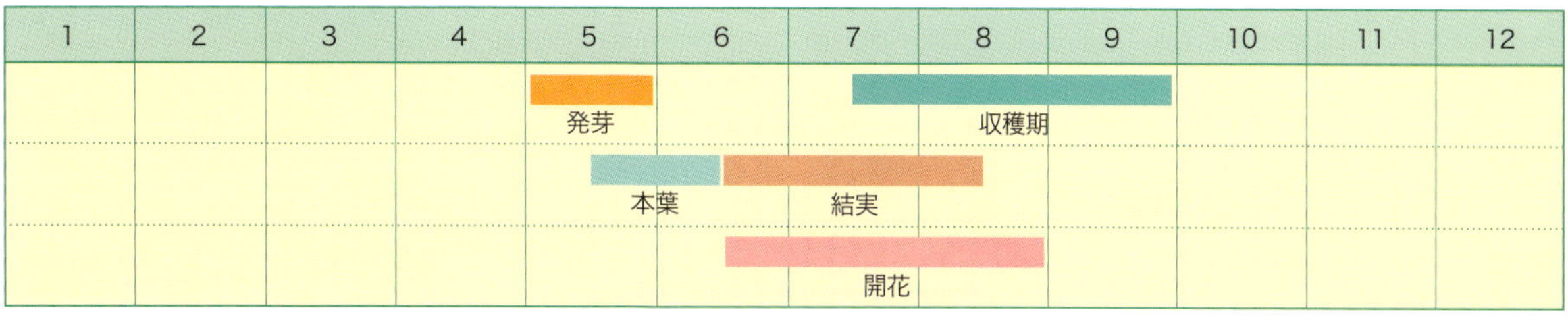

本葉
種まきから７～15日後。本葉が出はじめたら間引いて１株にします。

開花
植えつけから20～30日後。盛夏では、つるがよく伸びます。

収穫
開花から15～20日後。実につやが出てきたら収穫できます。

1 植えつけ

❶直径10㎝ほど、苗の根鉢がすっぽりと入る大きさの植え穴を掘ります。
❷根鉢を崩さず、根鉢の肩が地面よりわずかに高くなるように植え穴に入れます。
❸掘り出した土を寄せて株元を軽く押さえて、根鉢が地面と同じ高さになるようにします。

2 支柱立て

❶植えつけ後に長さ２ｍほどの支柱を立てます。
❷８の字結びで苗と支柱をゆるめに結び、苗が倒れないようにします。
❸支柱の代わりに、この時点でネットを設置することもあります。

3 親づるの摘心

❶側枝を出して子づるを伸ばすため、親づるの節（本葉10～12枚）より先を摘心します。

❷❸本支柱を合掌組で立てるか、ネットを設置し、子づるを扇状に広げるように伸ばして誘引します。

4 子づるの摘心

子づるは隣の株のつると接するようになったら摘心します。

❶❷子づるの先を指で摘心します。基本的に孫づるは放任します。

摘心

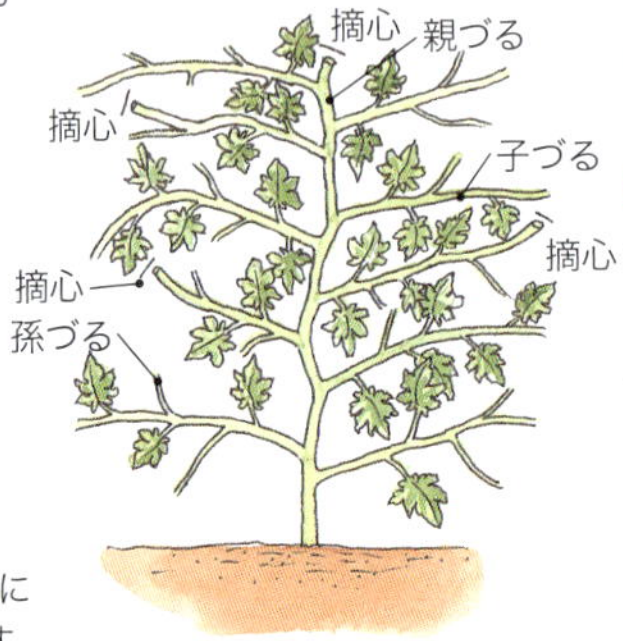

子づるは隣の株と接する前に摘心し、孫づるは放任します。

5 整枝

葉が茂って込み合ってきたらその部分を適当にすきます。

❶❷つるの先を持ち上げるようにしながら、葉を間引いていきます。

❸ところどころ小窓があいたようになれば、風通しがよくなります。

6 追肥

植えつけ2週間後から月に1回の追肥を施します。

❶株の周囲に、ドーナツ状に1株あたり1握りの化成肥料を施します。

❷マルチがある場合は、マルチを持ち上げるようにして、株からやや離れた場所まで肥料を押し込みます。

❸株間に穴を開けて追肥しても大丈夫です。

8 収穫

大きく育った実から収穫します。完熟させると黄色くなってしまうので、未熟な緑色のうちに収穫します。

❶表面の凹凸が大きくなり、表面につやが出てくれば収穫の適期です。

❷表面につやがない実は、まだ収穫には早いものです。

❸つるぎわから切り、収穫後に果柄《かへい》を短く切ります。

7 不良果の処分

❶受粉がうまくいかなかった実は大きくならずに黄色く変色してしまいます。

❷そのような実は、早めに切り取っておきます。

野菜を楽しむ

苦味だけでなく栄養価も高い健康野菜

和名をツルレイシといい、独特の苦味からニガウリと呼ばれますが、沖縄ではゴーヤーと呼ばれ、昔から日常的に食べられている栄養豊富な野菜のひとつです。特筆すべきはビタミンCの含有量で、品種によって異なるものの、100gあたりおよそ70～150㎎という量は、キュウリの10倍、レモン3個分にもなります。さらにゴーヤーのビタミンCは、熱を通しても失われる量が少ないとされ、料理から効率よくビタミンCを摂取できます。

ニガウリはキュウリの10倍、レモンの3倍のビタミンCが含まれています。

病気・害虫対策

ニガウリには葉を食い荒らすハモグリバエ（写真上）、実や茎の汁を吸うカメムシ（写真右）などが発生します。ハモグリバエは葉ごと取り除き、カメムシは見つけたらすぐに駆除します。

ゆっくり育てて収穫を楽しむ

ニンジン

［英］*carrot*　キャロット

セリ科
中近東～中央アジア原産

栽培可能地域：
北海道～沖縄県

春まきで夏頃に収穫することもできますが、一般には夏まきがおすすめです。品種も多く、季節や用途に応じて選べる野菜です。

難易度：

必要な資材：とくになし
日照：日なた
株間：15㎝（条間15～20㎝）
発芽温度：15～25℃
連作障害：少ない
pH：6.0～6.5
コンテナ栽培：○（深さ30㎝以上）

●栽培カレンダー

月	1	2	3	4	5	6	7	8	9	10	11	12
種まき							■					
間引き							■	■				
追肥								■				
収穫	■	■								■	■	■

1 種まき

❶支柱などを使って、畝に浅いまき溝をつくります。
❷まき溝に種を均一にまきます。ペレットシードに加工されている種を使用するときは、株間を保って15㎝間隔でまきます。
❸溝の両側の指でなぞるように土を寄せて、土の表面を手で押します。種まき後、たっぷりと水やりします。

2 間引き

❶すじまきしたものは、間引きます。ペレットシードでまいたものは間引きの必要はありません。本葉が5～6枚になるまで、水切れしないように育てます。
❷本葉が3～4枚になったら生育の悪いものを3回ほどに分けて間引き、本葉が5～6枚で株間15㎝になるようにします。
❸残す株を傷めないように、株元の土を押さえながら間引きます。

間引き、追肥をしながらじっくり育てる

畑の準備 種まきの2週間前に1㎡あたり100gの苦土石灰《くどせっかい》を施します。1週間前によく耕し、石などの異物を取り除いて、畝《うね》をつくります。元肥《もとごえ》として1㎡あたり化成肥料100gと、過リン酸石灰30gを施します。元肥は種をまく位置からずらして施しましょう。

種まき 畝の表面にまき溝をつくり、種を均一にまきます。ペレットシードになっていているものは発芽率がとてもよいので、15㎝間隔で1粒ずつまいてもよいでしょう。種まき後、ごく薄く土を被せ、表面を押さえます。このあと収穫までしっかりと水やりをします。

間引き すじまきしたものは、本葉が出てきたら早めに1回目の間引きを行います。その後本葉が3～4枚になったら隣り合う株の葉が触れあうか触れあわないかくらいの間隔になるように間引きます。

追肥・土寄せ 2回目、3回目の間引き後に追肥します。株から5㎝ほど離れた場所に化成肥料を施し、土を軽くほぐして、株元に寄せます。

収穫 根が十分に太ってくると、ニンジンの肩の部分が張り出したようになります。このようになったら株元近くを持ち、まっすぐに引き抜き収穫します。

畝づくり

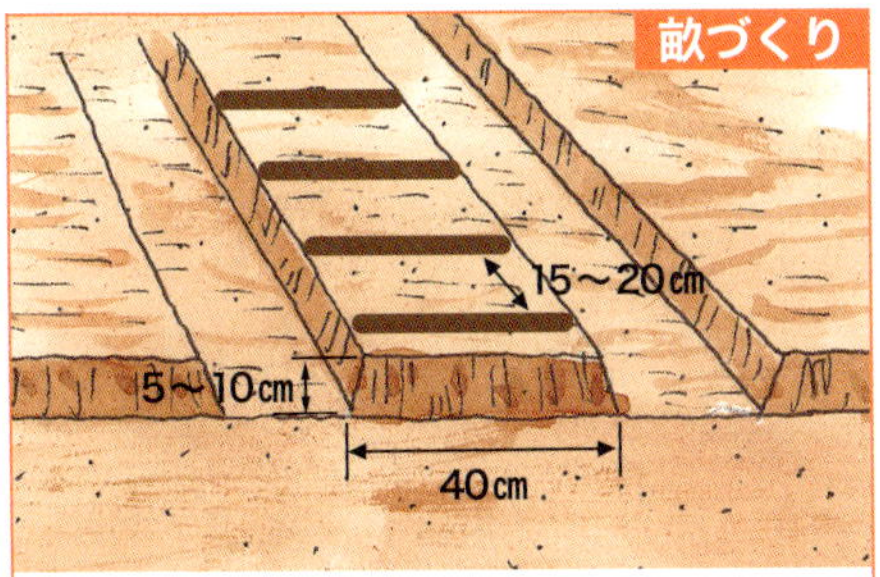

土づくり：苦土石灰100g/㎡
施肥：化成肥料100g/㎡
過リン酸石灰30g/㎡

野菜づくり Q&A

Q 根が裂けてしまいました。

A 生育初期に低温や乾燥で生育不良になり、その後気温が上がったり水分が補われて生育が促進されると、根の内部と外部の生育のバランスが崩れて、根割れしてしまいます。また収穫が遅れても根が割れます。初期の生育をよくし、収穫を遅らせないことが重要です。

3 追肥・土寄せ

❶間引き後、1株につき軽く1つまみの化成肥料を、葉の広がりの外周の下に、ドーナツ状に施します。
❷指先で土をほぐすように、土と肥料を混ぜ合わせます。
❸株元に土を寄せます。このとき生長点が土に埋もれないようにします。

4 収穫

❶土から出た根の肩が500円玉ほどの大きさになったら収穫の目安です。
❷葉の根に近い部分をしっかり持ちます。
❸そのまま上にまっすぐに引き抜いて収穫します。

育てやすく、たくさん収穫できる

ピーマン

[英] *sweet pepper*　スィート・ペッパー
bell pepper　ベル・ペッパー　ほか

ナス科
中南米原産

栽培可能地域：
北海道～沖縄県

●栽培カレンダー

月	1	2	3	4	5	6	7	8	9	10	11	12
植えつけ					■							
追　肥						■	■	■	■			
整　枝						■	■	■	■	■		
収　穫						■	■	■	■	■		

ピーマンもシシトウもトウガラシの仲間です。高温を好み、夏の暑さに強く比較的簡単に栽培できます。

難　易　度：

必要な資材：マルチング、支柱
日　　　照：日なた
株　　　間：50㎝
発 芽 温 度：25～30℃
連 作 障 害：あり（3～4年）
pH：6.0～6.5
コンテナ栽培：○（深さ20㎝以上）

1 植えつけ・支柱立て

❶

❶ピーマンはもともと根の張りが浅いので、植えつけ後に倒れないように支柱を立てます。支柱はしっかりと土深く挿し、8の字結びで茎と支柱をややゆるめに結びます。
❷乾燥しやすい土地ではマルチングします。

❷

2 芽かき

❸

❶

❷

一番花が咲いたら、主茎の枝分かれした部分より下のわき芽を摘み取ります。
❶指先にあるのが一番花です。
❷❸花のある枝分かれ部分より下の芽を、指先ですべて摘み取ります。

肥料切れにならないように定期的に追肥する

畑の準備 日あたりのよい場所を選びます。植えつけの2週間前に1㎡あたり200gの苦土石灰《くどせっかい》をまいてよく耕し、1週間前に畝《うね》をつくり、畝の肩に、1㎡あたり堆《たい》肥《ひ》3kg、鶏糞《けいふん》500g、化成肥料100gを埋め込みます。

植えつけ 苗は本葉が7～8枚つき、葉が元気に上を向いた株を選んで購入します。気温が低いとその後の生育が悪くなるので、十分気温が上がった5月中旬頃が植えつけの適期です。

追肥 ピーマンは生育期間が長いので、定期的な追肥が欠かせません。植えつけ2週間後から月に2回程度の割合で、1株につき1握りの化成肥料を施します。マルチングしてある場合は、マルチの穴を広げるように持ち上げ、枝葉の広がりの下に施します。

芽かき 一番花がついたら、花がついた枝分れの部分より下の側芽(わき芽)はすべて摘み取ります。

収穫 緑色のピーマンでも、完熟すると赤くなり、甘みが増します。しかし、収穫の早い時期から完熟させてしまうと株が弱り、以降の生育や実つきが悪くなります。果実が濃い緑色になる前に収穫するのがポイントです。

畝づくり

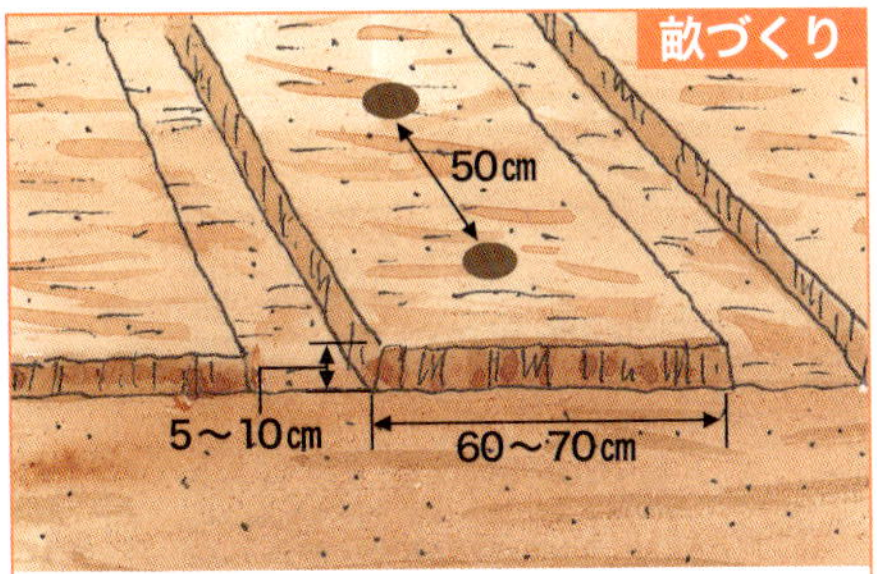

土づくり：苦土石灰200g/㎡

施肥：堆肥3kg/㎡、鶏糞500g/㎡、化成肥料100g/㎡

野菜づくり Q&A

Q ピーマンと輪作ができない作物があると聞きましたが。

A ナス科に共通した土壌伝染性の病気が多く、ピーマン、シシトウ、トウガラシとの連作、他のナス科の野菜との輪作はできません。ナス科以外の野菜を少なくとも3～4年つくらないと、再びナス科の作物を植えることはできません。

3 追肥

❶株の枝葉の広がりに合わせて、ドーナツ状に1株あたり1握りの化成肥料を施します。
❷追肥後、除草も兼ねて、土の表面を浅くほぐすように軽く土と混ぜ合わせます。
❸株元に土を寄せます。

4 収穫

十分な大きさになったら、濃緑色になる前に収穫します。
❶とくに収穫初期のものはやや早めに収穫するようにして、株への負担を減らします。
❷果柄《かへい》をハサミで切り取り、収穫ます。

栄養豊富な人気の野菜

ブロッコリー

[英] *broccoli*　ブロッコリ

アブラナ科
地中海地方東部原産

栽培可能地域：
北海道～沖縄県

キャベツの仲間ですが葉を利用するのではなく、茎の頂にできるつぼみの集まりを収穫します。ビタミンなどが豊富な野菜です。

難易度：

必要な資材：とくになし
日照：日なた
株間：40～50㎝
発芽温度：15～25℃
連作障害：あり（1～2年）
pH：5.5～6.5
コンテナ栽培：○（深さ30㎝以上）

●栽培カレンダー

月	1	2	3	4	5	6	7	8	9	10	11	12
種まき							■					
植えつけ								■				
追肥									■	■		
収穫	■	■								■	■	■

1 種まき

❶ポリポットに種まき用の培養土を入れ、種を5粒ほどまきます。
❷薄く土を振りかけるように被せます。
❸指などで土を押さえて、種と土を密着させます。

2 植えつけ

❶本葉が5～6枚になったら畑に植えつけます。
❷根鉢を崩さないように注意しながら、深植えにならないように植え穴に植えつけます。
❸土の表面を手で押さえ、株を安定させます。

花蕾がみえるようになるまで追肥する

種まき ポリポットに種をまき、様子をみながら液体肥料を施して育てます。本葉が5～6枚になったら、畑に定植します。

畑の準備 植えつけの2週間前に、1㎡あたり150gの苦土石灰《くどせっかい》をまいてよく耕します。1週間前には1㎡あたり堆肥《たいひ》3kg、化成肥料150gを施して、幅70cmほどの畝《うね》をつくります。

植えつけ 植えつけの2～3時間ほど前に、畑にたっぷりと水やりをしておきます。畝に40～50cm間隔で深さ10cm程度の植え穴を掘ります。本葉が5～6枚になった苗をポリポットから出し、根鉢を壊さず、深植えにならないように植えつけます。

追　肥 植えつけ後2～3週間ほどしたら追肥をはじめます。マルチングがしてあるときは、マルチングを持ち上げて中に肥料を入れます。その後2～3週間に1回程度、花蕾《からい》（つぼみ）が見えるようになるまで追肥を続けます。

支柱立て 基本的に支柱を立てる必要はありませんが、草丈が伸びて、風などで倒れそうなときは支柱を立てて支えます。

収　穫 茎先の花蕾が直径10～15cmになったら、茎を10cmほどつけて切り取り、収穫します。

畝づくり

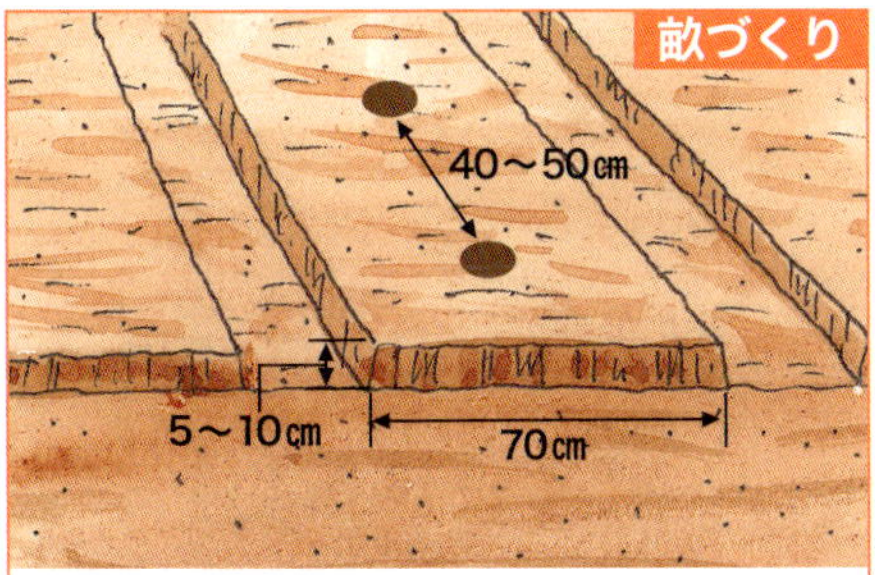

土づくり：苦土石灰150g/㎡
施肥：堆肥3kg/㎡、化成肥料150g/㎡

野菜づくり Q&A

Q わき芽が伸びてきましたがどうしたらよいでしょう？

A わき芽が発生して葉が増えると、よりたくさん光合成が行われるために、花蕾の生長も促進されます。また、わき芽の先にも花蕾がつくので、わき芽が伸びても摘み取らず、そのまま育てましょう。

3 追肥・土寄せ

植えつけから2～3週間ほどたったら追肥をはじめます。
❶1株につき軽く1握りの化成肥料を、葉の広がりの外周の下に、ドーナツ状に施します。
❷追肥後、土の表面を軽く耕すようにしながら、土と肥料を混ぜ合わせ、土寄せします。
❸株元をてのひらで軽く押さえます。

4 収穫

❶❷花蕾（つぼみ）の直径が10～15㎝ほどになったら収穫の適期です。花蕾の下の茎を包丁などで切って収穫します。
❸収穫後に出るわき芽にも花蕾がつくので、わき芽を育てて収穫することもできます。

春・秋まきで長期間収穫できる

ホウレンソウ

［英］*spinach*　スピナッチ

アカザ科
西アジア原産

栽培可能地域：
北海道～沖縄県

冷涼な気候を好み寒さには強いのですが、夏の暑さには強くありません。そのため夏を避けた春まき、秋まきで育てます。

難易度	：
必要な資材	：寒冷紗、ビニールトンネルなど（秋まきの場合）
日照	：日なた
株間	：15㎝（条間10～15㎝）
発芽温度	：15～20℃
連作障害	：あり（1～2年）
pH	：6.5～7.0
コンテナ栽培	：○（深さ30㎝以上）

●栽培カレンダー

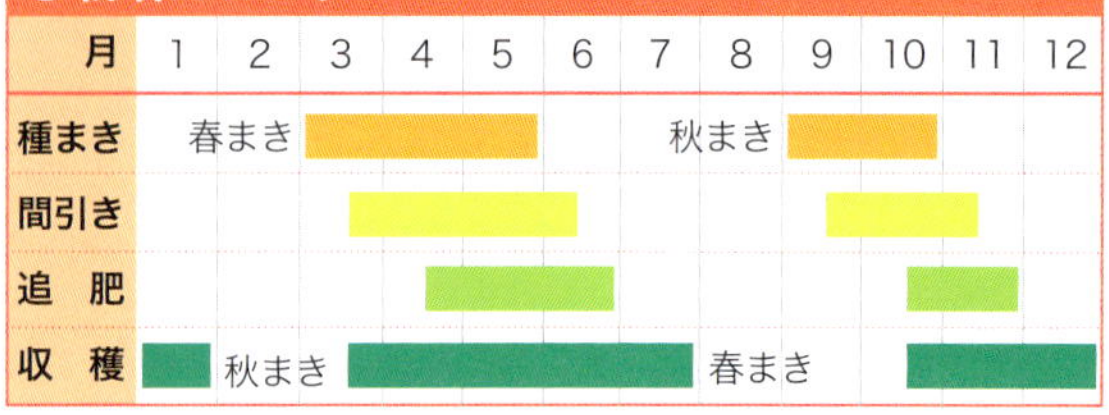

1 種まき

❶支柱などを押しつけて畝にまき溝をつけ、できるだけ均一で等間隔になるように種をまきます。
❷まき溝のわきを指でなぞるようにして土を浅く被せます。
❸てのひらで軽く押さえ、種と土を密着させます。最後にハス口をつけたじょうろで、種が流れないようにやさしくたっぷりと水やりをします。

2 間引き

❶❷発芽後、本葉が1～2枚になったら、芽の混み合った部分を間引きます。
❸本葉が4～5枚になったら、2回目の間引きを行います。小さすぎるものや形の悪いものなどを間引き、株間が15㎝ほどになるように調整します。

土を十分に中和する

畑の準備 ホウレンソウは酸性土壌に弱い作物で、pH5.5以下では枯死してしまいます。他の野菜以上に土の中和には気をつかわなくてはいけません。種をまく2週間前に苦《く》土石灰《どせっかい》を1㎡あたり150gとやや多めに施して耕します。1週間前になったら1㎡あたり3kgの堆《たい》肥《ひ》と100gの化成肥料をすき込みます。種まき前に幅50～60㎝の畝《うね》をつくります。

種まき 種の皮が固いため、種まきの前に数時間種を水に浸しておくと発芽しやすくなります。発芽しやすいように処理されたネーキッド種子などはそのまままきます。

間引き 種まき後1週間ほどで発芽します。発芽後、本葉が1～2枚になったら1回目の間引きをします。その後、本葉が4～5枚になった頃、2回目の間引きをします。

追肥 葉色が悪い場合のみ追肥します。列の間に化成肥料を追肥して、軽く耕すように土と混ぜ合わせ、株元に土寄せします。

防寒対策 低温には比較的強い作物ですが、秋まきで11月以降になったら、北側に風よけを立てたり、寒《かん》冷紗《れいしゃ》のトンネルで覆います。

収穫 秋まきの場合は種まきからおよそ50～60日で収穫できます。春まきではとうが立ちやすいので、茎が立ち上がって伸び出す前に収穫します。

畝づくり

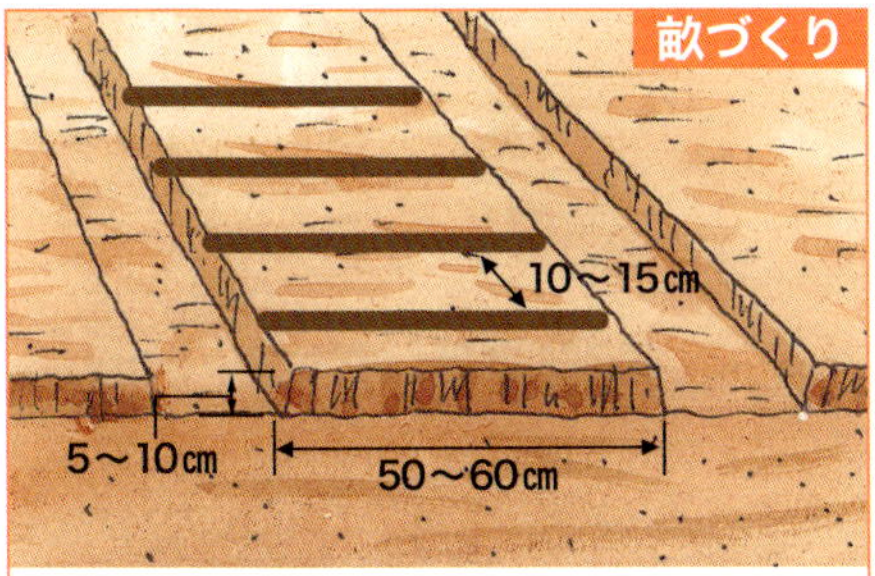

土づくり：苦土石灰150g/㎡
施肥：堆肥3kg/㎡、化成肥料100g/㎡

野菜づくり Q&A

Q 種まき後、発芽した芽がダメになってしまいます。

A 株元から折れるようになっている場合は、ネキリムシの被害が考えられます。夜間に活動し、昼間は土の中の浅いところに隠れているので、被害にあった株の周りを掘り返し、見つけしだい捕殺します。

3 追肥・防寒

葉色が悪い場合のみ追肥します。
❶株のわきに、植えつけのすじに沿って、軽く1握りの化成肥料を施します。
❷除草を兼ねて軽く耕すように、土の表面と肥料をよく混ぜ合わせます。深く耕すと根を切ってしまうので注意しましょう。
❸秋まきで11月以降になったら、風よけや寒冷紗のトンネルなどで防寒します。

4 収穫

❶葉の長さが20㎝ほどになったら収穫できます。
❷❸株元にハサミを入れ、切り取って収穫します。寒締めのホウレンソウ（日本ホウレンソウ）以外では、株があまり大きくならないうちに収穫して利用します。

みずみずしい歯ごたえが魅力の野菜

ミズナ

アブラナ科
日本原産

栽培可能地域：
北海道～沖縄県

アブラナ科の作物で、関東ではキョウナ（京菜）とも呼ばれます。シャキシャキとした独特な歯ごたえが好まれています。

難　易　度：

必要な資材：とくになし
日　　　照：日なた
株　　　間：30㎝（条間30㎝）
発 芽 温 度：18～25℃
連 作 障 害：あり（1～2年）
pH：6.2～6.8
コンテナ栽培：○（深さ20㎝以上）

●栽培カレンダー

月	1	2	3	4	5	6	7	8	9	10	11	12
種まき									■	■		
間引き									■	■		
追　肥									■	■		
収　穫	■	■	■								■	■

1 種まき

❶細かなミズナの種。
❷支柱などを使って、畝に列間15～30㎝のまき溝をつくり、種をすじまきにします。
❸まき溝の中にできるだけ等間隔になるように種をまき、薄く土を被せます。

2 間引き

❶草丈が5㎝ほどになったら1回目の間引きを行います。
❷込み合った部分や生育の悪い株を間引きますが、残す株を傷めないように、ピンセットを使っててていねいに間引きましょう。
❸生長に合わせて、葉が触れあわない程度に何回か間引きを行い、最終的に草丈15㎝になったときに株間30㎝になるようにします。

冬季には北風、霜対策が必要

畑の準備 水もちのよい肥沃な土壌を好みます。元肥《もとごえ》には堆肥《たいひ》など効果が長続きするものをたっぷりと与えます。種まきの2週間前になったら1㎡あたり100gの苦土《くど》石《せっ》灰《かい》を均一に散布してよく耕します。1週間前には1㎡あたり3kgの堆肥と100gの化成肥料を施します。種まき前には幅50〜60cmの畝《うね》をつくります。

種まき 畝を平らにならしたら、支柱などでまき溝をつくり、種をできるだけ等間隔にまいて、薄く土を被せます。

間引き 草丈が5cmほどになったら間引きをはじめ、生長に合わせて何回か間引き、最終的に草丈15cmで株間30cmにします。

追肥 間引きがはじまってから草丈が25cmほどになるまでの間に1〜2回、1株につき軽く1握りの化成肥料を施します。追肥の後は、軽く土と混ぜて株元に土寄せします。

防寒対策 寒さには強い作物ですが、冷たい北風や霜よけのために、冬季には北側に笹やよしずなどを立てたり、ビニールのトンネルで覆うようにします。

収穫 葉の長さが25cm以上になったら、株元から切り取って収穫します。9〜10月に種をまけば、年末頃に収穫できます。

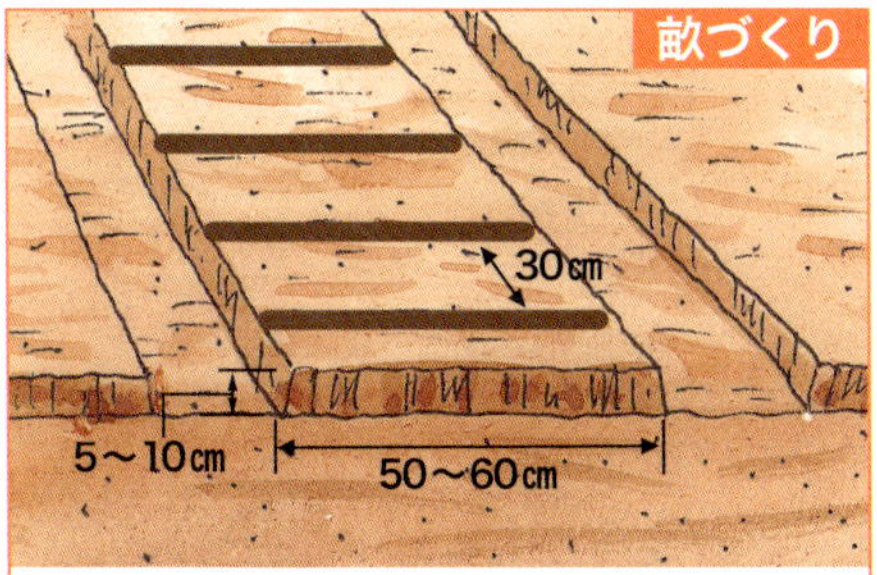

土づくり：苦土石灰100g/㎡

施肥：堆肥3kg/㎡、化成肥料100g/㎡

野菜づくり Q&A

Q ミズナの病害虫について教えてください。

A ミズナにはアブラムシやコナガ、ヨトウムシなどの発生が見られます。またべと病や白斑病などの病害も見られます。葉が黄色くなった場合はウイルス病の可能性があるので、他の株への感染を防ぐため、株ごと抜き取って処分しましょう。

3 追肥

間引きがはじまってから、草丈が25cmほどになるまでに1〜2回追肥します。

❶❷株の周囲、葉の外周の下に、1株につき軽く1握りの化成肥料を環状に施します。

❸土と肥料を軽く混ぜ合わせ、株元に土寄せします。このとき生長点を土に埋めないように注意します。

4 収穫

❶草丈が20cmほどになったら、間引きを兼ねて収穫します。

❷❸株元にハサミや包丁を入れて切り取り、収穫します。冬に育てれば、寒さで育ちすぎることがないので、植えたまま少しずつ長い間収穫を続けられます。

栄養価の高い健康野菜

モロヘイヤ

［英］*tossa jute*　トサ・ジュート

シナノキ科

熱帯アフリカ原産

栽培可能地域：

山形県・宮城県～沖縄県

栄養価が高く、生活習慣病予防に効果がある成分が含まれる人気の野菜です。発芽温度も生育適温も高い作物です。

●栽培カレンダー

月	1	2	3	4	5	6	7	8	9	10	11	12
種まき				育苗 ■	直まき ■							
植えつけ					■	■						
追肥						■	■	■				
収穫							■	■	■			

難易度	
必要な資材	ポリマルチ
日照	日なた
株間	30㎝
発芽温度	30～35℃
連作障害	なし
pH	5.5~6.5
コンテナ栽培	○（深さ30㎝以上）

1 植えつけ

培養土を入れたポリポットに種をばらまき、間引きして2～3株を育てます。

❶苗の本葉が5～6枚ほどになったら植えつけの適期です。

❷根を傷めないように注意して1株ずつに分けます。

❸30㎝間隔で1株ずつ植えつけます。植えつけ後にはたっぷりと水やりをしましょう。

2 追肥

追肥は植えつけ2週間後くらいか、1カ月に1回程度行います。

❶1株あたり1つまみの化成肥料を株の周囲に施します。

❷❸軽く土と混ぜ、土寄せします。

十分に暖かくなってから種をまく

種まき 発芽温度が高いため、十分暖かくなってから種をまきます。培養土を入れたポリポットや育苗箱にばらまきにします。ふるいで薄く土をかけて、たっぷりと水やりをし、乾燥させないように管理します。

間引き 本葉が2枚になったら間引きして、よい株を2～3株残します。間引き後は10日に1回、薄い液肥を施しながら育苗します。

畑の準備 植えつけの2週間前に1㎡あたり100gの苦土石灰《くどせっかい》をまいてよく耕します。1週間前には堆肥《たいひ》を1㎡あたり3kg、化成肥料100gを施して耕します。植えつけ前60cm幅のに畝《うね》をつくります。マルチングをしてもよいでしょう。

植えつけ 苗の本葉が5～6枚になれば植えつけができます。夏の乾燥期にはマルチングや敷きわらで土の乾燥を抑えます。

追　肥 1株あたり1つまみの化成肥料を株の周囲にばらまき、軽くすき込んで土寄せをします。

摘心・支柱立て 葉数を増やすために、草丈が30cmほどになったら摘心《てきしん》して、わき芽を伸ばします。また、草丈が40cmほどになったら支柱を立てて誘引します。

収　穫 草丈が50cmを越えたら、わき芽を摘心しながら、先端を摘み取って収穫します。

畝づくり

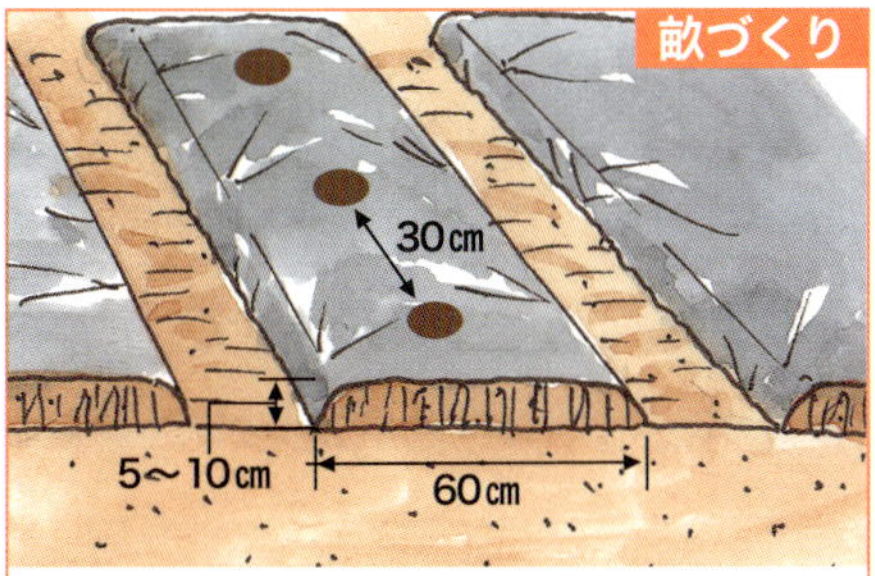

土づくり：苦土石灰100g/㎡
施肥：堆肥3kg/㎡、化成肥料100g/㎡

野菜づくりQ&A

Q モロヘイヤの害虫と対応について教えてください

A モロヘイヤは虫がつきにくい作物で、ハダニ、イモムシ類の被害がまれに発生します。ハダニは風通しをはかって発生を予防しましょう。イモムシ類は見つけしだい捕殺します。

注意 モロヘイヤの花と種子

モロヘイヤの種子には有毒成分が含まれています。花がつくようになったら、その株からの収穫は終わりにします。モロヘイヤの黒く熟した種子は絶対に食べてはいけません。
❶モロヘイヤの果実。
❷モロヘイヤの花。

3 収穫

❶草丈が50cmを越えるようになったら収穫の時期です。
❷3～4枚の葉のついた先端を摘み取るように収穫します。
❸ハサミを使って収穫しても大丈夫です。

土の中にできる豆

ラッカセイ

［英］*earthnut*　アースナット、
peanut　ピーナット　ほか

マメ科
南米原産

栽培可能地域：
北海道〜沖縄県

土の中に豆ができ、掘りあげる収穫もまた楽しい、家庭菜園向きの作物です。砂質の土を好み、高温でよく育ちます。

難　易　度：

必要な資材：ホットキャップ、ポリマルチなど
日　　　照：日なた
株　　　間：30〜45㎝
発 芽 温 度：25〜30℃
連 作 障 害：あり（2〜3年）
pH：5.4〜6.6
コンテナ栽培：○（深さ30㎝以上）

●栽培カレンダー

月	1	2	3	4	5	6	7	8	9	10	11	12
種まき					■							
追　肥						■	■					
収　穫										■	■	

1 種まき

❶深さ2㎝、直径6㎝ほどのくぼみを30〜45㎝間隔でつくり、種を1〜2粒まきます。このとき薄皮ははがしません。
❷周囲の土を寄せて、覆土します。
❸表面を手で押さえ、種と土を密着させます。

2 追肥・土寄せ

❶本葉が3枚になる頃から追肥をはじめます。
❷株の間や周囲に、石灰分を多く含んだ化成肥料を1㎡あたり50〜70gほど施します。開花までの間に2〜3回追肥します。施肥後には軽く耕して土寄せします。
❸開花後は子房の先が土に潜り込むので、追肥、土寄せは行いません。

石灰分を多く施す

畑の準備 植えつけの2週間前に1㎡あたり200gの苦土石灰《くどせっかい》をまき、よく耕します。1週間前には1㎡あたり堆肥《たいひ》3kg、化成肥料100gを施して耕し、幅70cm程度の畝《うね》をつくります。

種まき 瓶の底などで畝に深さ2cmほどのくぼみを30～45cm間隔でつくり、それぞれのくぼみの中に、1～2粒まきます。ポリポットで育苗する場合は培養土を用い、2cmほどの深さに種を2～3粒埋め、保温のためにビニールなどで覆います。水やりをしながら暖かい場所で管理し、液肥を与えながら育苗、本葉が3～4枚になったら根鉢を崩さないように畑に植えつけます。

追肥 株の間や周囲に、石灰分Caを多く含む化成肥料を1㎡あたり50～70g施します。追肥は開花までの間に2～3回行います。

中耕・土寄せ 開花しはじめたら、受粉した花の子房柄が土に潜りやすいように、株の周囲を除草して軽く耕し、土寄せします。子房柄が土に潜ってからは土寄せはしません。

収穫 10～11月に茎葉が枯れはじめたら試し掘りをします。殻に網目ができていれば収穫適期です。少し離れたところにスコップを入れて根を持ちあげ、株元を持って引っ張りあげます。

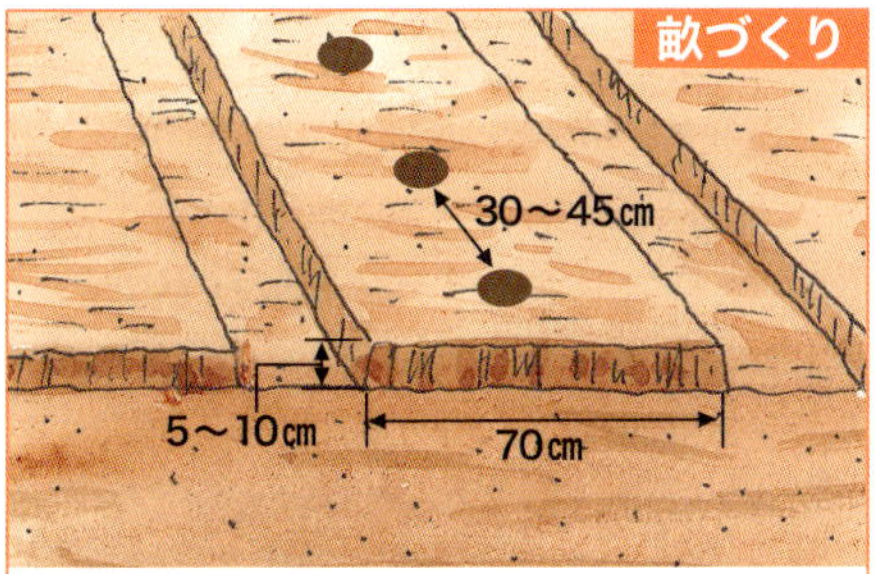

土づくり：苦土石灰200g/㎡
施肥：堆肥3kg/㎡、化成肥料100g/㎡

野菜づくりQ&A

Q 中身のない殻が多く、実入りが悪いのですが。

A 多くの理由がありますが、第一にはカルシウム不足が考えられます。ラッカセイの殻の主体はカルシウム分なので、あらかじめ多めの苦土石灰を施し、追肥でも石灰分を多く含んだ肥料を施します。

3 収穫

10月末～11月頃、茎や葉が変色しはじめたら収穫します。
❶1株試し掘りして、十分に殻が大きく、網目がついていれば適期です。
❷株から足ひとつ分離れたあたりにスコップを垂直にさし、てこですくうように株の下から根を掘りあげます。
❸土が軟らかくなったら株を引っ張って収穫します。

4 収穫後

❶掘りあげた後、実を一つひとつ殻ごと摘み取ります。
❷水洗いして土を落とします。
❸天日で1週間ほどよく乾かします。また、水洗い後に殻ごと塩ゆでにしてもおいしく食べられます。

短い期間で収穫でき、気軽に栽培できる

ラディッシュ

［英］*radish*　ラディッシュ

アブラナ科
ヨーロッパ原産

栽培可能地域：
北海道〜沖縄県

種まきから収穫までの期間が短いため二十日大根ともいわれます。真夏と真冬をのぞき、一年中栽培できます。

難易度：

必要な資材：寒冷紗（夏場）、ビニールトンネル（冬場）
日照：日なた
株間：10㎝（条間10〜15㎝）
発芽温度：15〜30℃
連作障害：少ない
pH：5.0〜6.8
コンテナ栽培：○（深さ15㎝以上）

●栽培カレンダー

月	1	2	3	4	5	6	7	8	9	10	11	12
種まき			■	■	■	■	■		■	■		
間引き				■	■	■	■		■	■	■	
追肥				■	■	■	■		■	■	■	
収穫					■	■	■	■	■	■	■	■

1 種まき

❶畝に支柱などを使って、浅いまき溝をつくります。
❷❸ラディッシュは発芽率がよいので、種と種が重ならないように注意し、1〜2㎝間隔でまきます。

2 間引き

❶ほかの株とくらべて生育の悪いもの、葉の形が悪いものなどを間引きます。ピンセットを使って、他の株を傷めないようにていねいに抜き取ります。
❷本葉2〜3枚で株間2〜3㎝、本葉4〜5枚で株間6〜10㎝になるように間引きます。目安は隣の株と葉が重ならない程度の間隔です。

収穫が遅れると根が割れてしまう

畑の準備 種まきの2週間前に1㎡あたり100gの苦土石灰《くどせっかい》をまいてよく耕します。1週間前に1㎡あたり堆肥《たいひ》3kg、化成肥料100gを施して幅60㎝程度の畝《うね》をつくります。

種まき 畝にまき溝をつくり、種が重ならないよう均一に種をまきます。発芽まではまめに水やりをして乾燥を防ぎます。

間引き・追肥 本葉が出たら込み合った部分を間引き、本葉が4～5枚になる頃、株間が10㎝程度になるようにします。間引きしたら、条間に化成肥料を施します。

暑さ・寒さ対策 夏の暑い時期には寒冷《かんれい》紗《しゃ》のトンネルをかけ、暑さと乾燥から守ります。寒い時期にはビニールトンネルで覆い、防寒します。

収穫 本葉が5～6枚ついて、土からのぞいた根の直径が3㎝ほどになったら、収穫します。

コンテナ栽培 コンテナに市販の培養土を入れ、10㎝間隔の2条すじまきにします。水切れと肥料切れを起こさないように日あたりのよい場所で管理します。本葉4～5枚で株間6～10㎝になるように間引きながら育てます。途中コンテナ1つにつき半握り程度の化成肥料を追肥し、増し土をして子葉のすぐ下まで土寄せをします。直径3㎝ほどになったら収穫します。

畝づくり

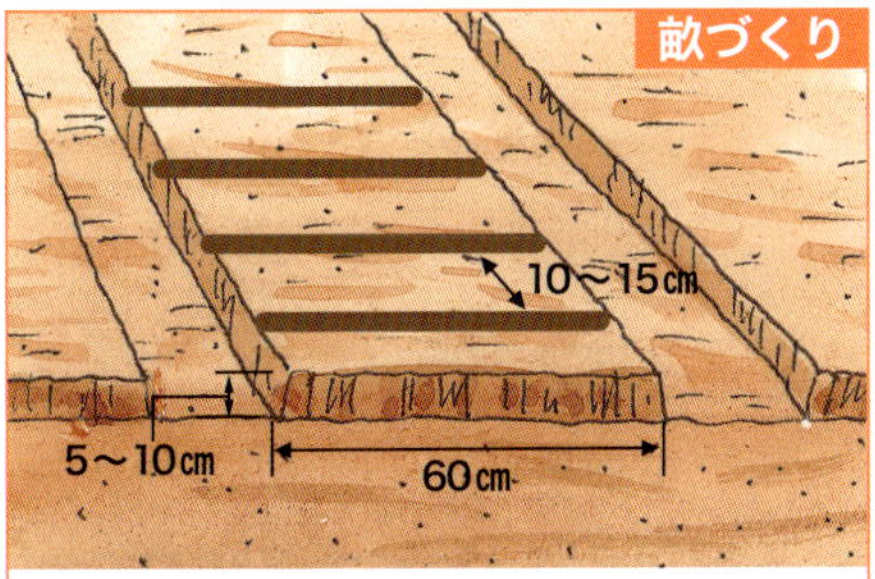

土づくり：苦土石灰100g/㎡
施肥：堆肥3kg/㎡、化成肥料100g/㎡

野菜づくり Q&A

Q 根が太ってきません。どうしてでしょう？

A 日あたりよく葉が勢いよく茂っているのに根が太ってこないのは、肥料分が多すぎて葉が茂りすぎ、根に養分が行かないためです。追肥を控えめにして育てましょう。

3 追肥・土寄せ

❶間引き後、条間に化成肥料を1㎡あたり軽く1握り施します。
❷肥料と土を混ぜ合わせます。
❸子葉のすぐ下まで土に埋まるように土寄せします。

4 収穫

❶土からのぞいた根が直径3㎝ほどになったら収穫の適期です。
❷葉の根元をもって、そのまま引き抜きます。
❸収穫が遅れて生長しすぎると、根が割れてしまいます。

ハーブとして使われるゴマ風味の野菜

ルッコラ

［英］*rocket* ロケット、
roquette ロケット ほか

アブラナ科
地中海地方原産

栽培可能地域：
北海道～沖縄県

アブラナ科の野菜で、ロケットなどとも呼ばれます。いりゴマのような香りとわずかな辛みが特徴です。

難易度：

必要な資材：とくになし
日照：日なた
株間：15㎝（条間15㎝）
発芽温度：15～20℃
連作障害：あり（1～2年）
pH：5.5～7.0
コンテナ栽培：○（深さ20㎝以上）

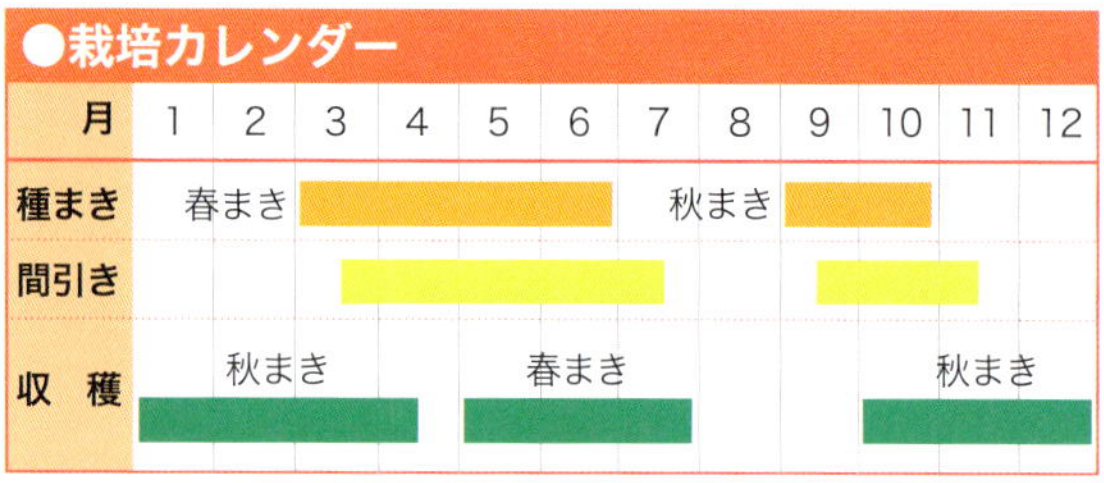

1 種まき

❶支柱などで畝にまき溝をつくります。
❷指先で種を摘んで、軽くひねるようにしながらまきます。
❸溝の中にできるだけ均一になるようにままくのがコツです。種まき後は軽く土を被せて表面を手でならし、水やりします。発芽まで乾燥させないように注意しましょう。

2 間引き～追肥

❶❷本葉が出たら間引きを開始します。込み合ったところや軟弱な苗を、ピンセットなどで摘んで間引いていきます。
❸本葉が4～5枚になったら2回目の間引きを行い、最終的に株間が15㎝程度になるようにします。この後株間に1つまみの化成肥料を施し、土寄せをします。

とう立ちする前の柔らかい葉を収穫

畑の準備 種まきの2週間前に1㎡あたり100gの苦土石灰《くどせっかい》をまいてよく耕し、1週間前に1㎡あたり3kgの堆肥《たいひ》と100gの化成肥料を施して耕しておきます。種まきの前に幅50〜60cmの畝《うね》をつくります。

種まき 種は畑に直まきします。畝を平らにならしたあと、畝の幅方向に、支柱などを使って幅15〜20cm間隔で溝をつけます。その溝に種をすじまきにして、薄く土を被せます。

間引き 本葉が2枚になったら1回目の間引きを行い、本葉が4〜5枚になったら2回目の間引きをして株間が15cmほどになるようにします。

追肥 間引き終了後、株間に1つまみの化成肥料を施し、軽く土と混ぜてから土寄せします。週に1回、水やり代わりに液肥を与えてもよいでしょう。

収穫 秋まきした翌春はとう立ちしやすく、葉が硬くなってしまうので、中心に花芽が見えたら収穫を終えるようにします。草丈20cmほどで収穫すれば、軟らかい葉を収穫することができます。

畝づくり

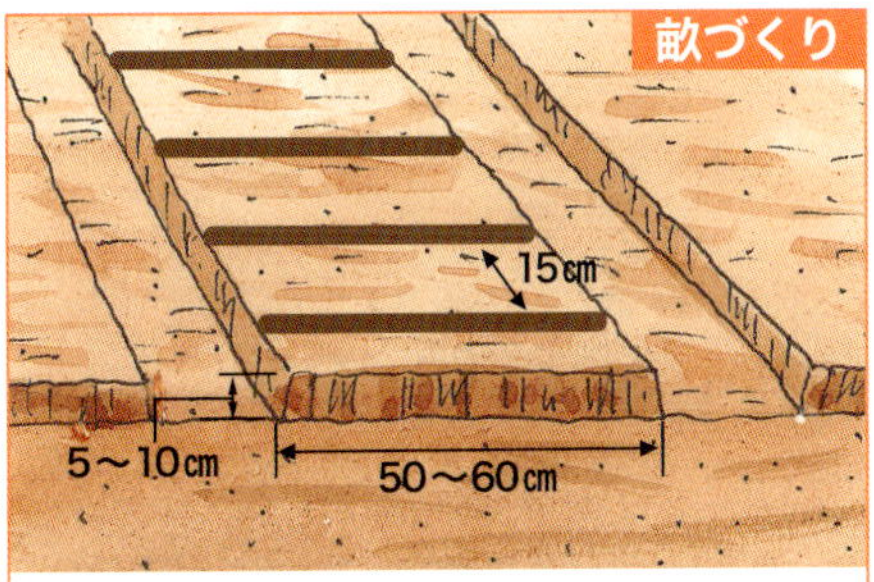

土づくり：苦土石灰100g/㎡
施肥：堆肥3kg/㎡、化成肥料100g/㎡

野菜づくり Q&A

Q 害虫の予防法について教えてください。

A ルッコラにはコナガの幼虫やアブラムシがよく発生します。防虫ネットで覆って発生を予防しますが、コナガの幼虫は小さいため、防虫ネットの目は2mm以下の細かいものを用いる必要があります。また、地ぎわ部もていねいに覆ってすき間をあけないようにしましょう。ネットをかけるときには、ネットに葉が接触しないように設置します。

3 収穫

❶種まきからおよそ1カ月ほどで収穫できるようになります。
❷ハサミを使って外側の葉から切り取ったり、株元から切り取って収穫します。とうが立つと葉が硬くなるので収穫時期に注意しましょう。

病気・害虫対策

アブラナ科（キャベツなど）の作物にはモンシロチョウの幼虫アオムシ（写真上）やアブラムシ（写真右）などがよく発生します。ネットでの予防に加えて、モンシロチョウを見かけたら葉をチェックして卵や幼虫を見つけしだい処分します。アブラムシは下に紙などを広げて筆で払い落とします。

栽培が容易で薬味に最適

ワケギ

［英］*Wakegi green onion*
ワケギ・グリーン・オニオン

ユリ科
原産地不詳

栽培可能地域：
北海道〜沖縄県

難易度	：
必要な資材	：とくになし
日照	：日なた
株間	：15㎝（列間15㎝）
発芽温度	：15〜20℃
連作障害	：あり（1〜2年）
pH	：6.0〜6.5
コンテナ栽培	：○（深さ20㎝以上）

種球《たねきゅう》（球根）を植えつければ栽培が容易なので、家庭菜園に適した野菜です。香りが良く柔らかいので、薬味などに利用されます。

●栽培カレンダー

月	1	2	3	4	5	6	7	8	9	10	11	12
植えつけ								■	■			
追肥									■	■		
収穫	■	■	■	■								■

追肥は2回行う

畑の準備 植えつけの2週間前に1㎡あたり150gの苦土石灰《くどせっかい》をまいてよく耕します。1週間前には1㎡あたり3kgの堆肥《たいひ》と150gの化成肥料を施して、よくすき込んでおきます。

植えつけ 株間15cmほどの間隔で、種球を1個ずつ植えます。芽が土にわずかに顔を出す程度の深さに植えつけます。

追肥 分けつ（枝分かれ）しはじめと収穫1カ月前くらいに追肥を2回行います。1㎡あたり軽く1握りの化成肥料を株間に施し、土と混ぜ合わせて株元に寄せます。

収穫 草丈が20〜30cmほどになったら、株元から切り取って収穫します。地ぎわから3cmほどのところを残してハサミで切り取れば、その後また芽が出て再び収穫することができます。

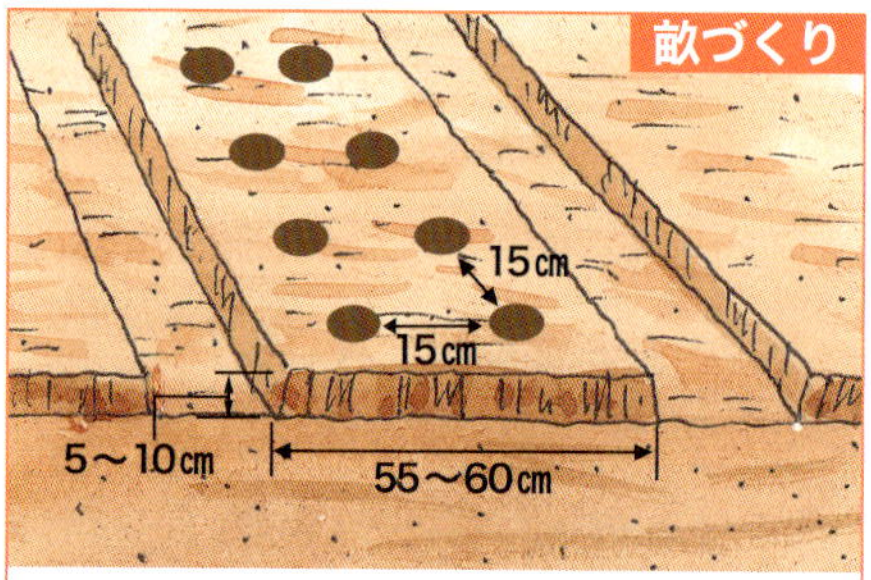

土づくり：苦土石灰150g/㎡
施肥：堆肥3kg/㎡、化成肥料150g/㎡

1 植えつけ

2 収穫

❶薄皮を残して外皮だけをむき、15㎝ほどの間隔で、芽の部分が地面から出るか出ないかという深さに植えつけます。
❷草丈が20〜30㎝ほどになったものから収穫します。地面から3㎝ほどのところで切ると、芽が伸び出して、再び収穫することができます。

チャレンジしたい
大もの野菜

初心者にも育てやすい大もの野菜

カボチャ

［英］*pumpkin*　パンプキン、*squash*　スカッシュ　ほか

ウリ科
中南米原産

栽培可能地域：
北海道〜沖縄県

カボチャは初心者向きの大もの野菜です。カロテンやビタミン類などが豊富に含まれる緑黄色野菜です。

難　易　度：

必要な資材：ポリマルチ
日　　　照：日なた
株　　　間：1m以上
発 芽 温 度：18〜23℃
連 作 障 害：少ない
pH：5.5〜6.0
コンテナ栽培：×

●栽培カレンダー

月	1	2	3	4	5	6	7	8	9	10	11	12
種まき				■	■							
植えつけ					■							
追　肥						■						
収　穫							■	■				

1 種まき

❶ポリポットに培養土を入れ、種を1粒、平らな面を上にして置きます。
❷種を指で1〜2㎝くらい（指の第一関節ほど）押し込みます。
❸表面を押さえて、土と種を密着させます。その後たっぷりと水やりします。

2 植えつけ

本葉が5〜6枚になったら植えつけます。
❶根鉢を崩さないようにポリポットから取り出し、あらかじめ掘っておいた植え穴に入れます。
❷根鉢の肩が地面よりわずかに高くなるように置き、株元をしっかりと押さえて根鉢と土を密着させます。
❸植えつけ後、たっぷりと水やりします。

肥料が多いとつるぼけを起こす

種まき ポリポットに培養土を入れて、平らな面を上に種を1粒入れます。

畑の準備 植えつけの2週間前に1㎡あたり200gの苦土石灰《くどせっかい》をまいてよく耕します。1週間前に1㎡あたり堆肥《たいひ》3kg、化成肥料100gを施して、60cm幅の畝《うね》をつくりマルチングします。

植えつけ 種まきから1週間ほどで発芽します。本葉が5～6枚になったら植えつけます。畝の土が乾いていたら植えつけ前にたっぷりと水やりして十分に湿らせておきます。根鉢が入る程度の大きさの植え穴を掘り、根鉢を崩さないように植えつけて鎮圧します。このとき根鉢の肩が地面よりやや高くなるように植えつけます。植えつけ後は水やりをします。

摘心 西洋カボチャでは親づるは摘心《てきしん》せず、子づるを摘み取るか、子づるを1～2本残します。

追肥 肥料が多いとつるぼけを起こして実がつかなくなるので、最初の実がつくまでは追肥をしません。最初の実がついてからは、1カ月に1～2回の割合で、少量の化成肥料を施します。

収穫 果実が大きくなり、ヘタのすぐ上が茶色く木質化したら収穫適期です。大形のハサミや包丁などを使って切り取ります。

野菜づくり Q&A

Q つるが長く伸びて生育はいいようなのですが、実がつきません。

A 「つるぼけ」といわれる症状です。つるぼけを防ぐために、元肥《もとごえ》は少なめにして、最初の実がつくまでは追肥をせず、その後は肥料切れを起こさない程度に少しずつ追肥します。

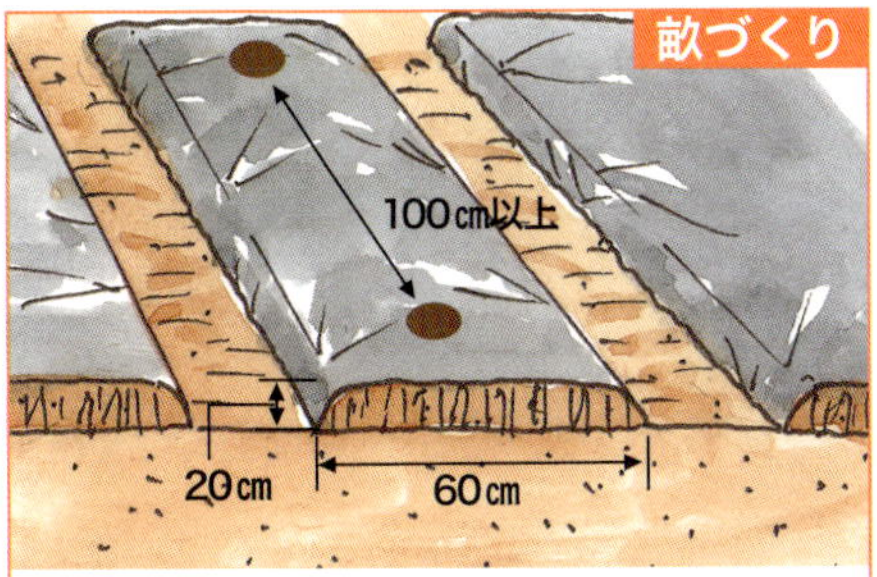

土づくり：苦土石灰200g/㎡
施肥：堆肥3kg/㎡、化成肥料100g/㎡

3 つるを摘む

西洋カボチャでは子づる（わき芽）を摘んで親づるにつく雌花を育てます。子づるを1～2本残す場合もあります。
①②ハサミでつるの分かれ目から切り取ります。

摘心

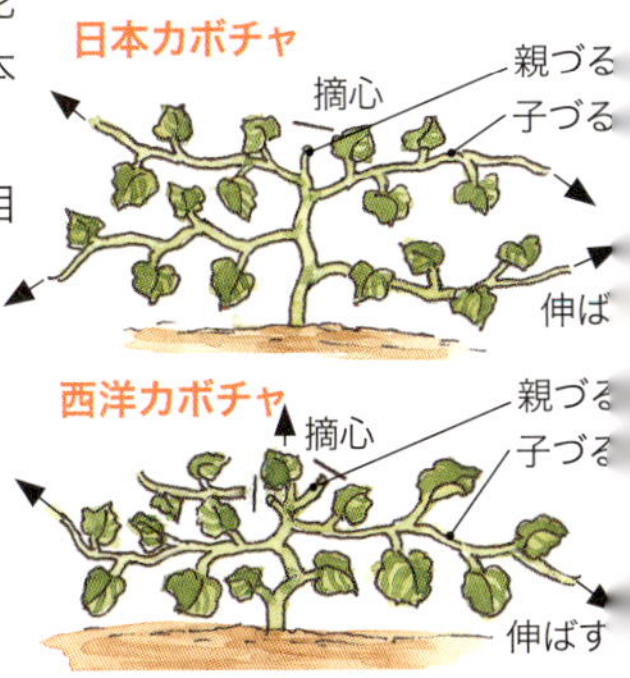

基本的に西洋カボチャでは子づる数本と親づるを伸ばし、日本カボチャでは親づるを摘心して子づるを伸ばします。

4 人工受粉

結実を確実にするために、人工受粉を行います。
①カボチャの雌花。がくの部分が膨らんでいるので雄花と区別できます。
②天気のよい日に雄花を摘み、花びらを取り去って、雄しべをむき出しにします。
③開いている雌花の中心に雄花の花粉をつけ、受粉させます。

5 玉直し

❶❷実にまんべんなく日光があたり、全体が均一に生育して緑に色づくように、ときどき実の座りを直したり、向きを変えたりする「玉直し」を行います。

6 収穫

❶全体が濃い緑色になり、ヘタのすぐ上が木質化したら収穫の適期です。

❷❸ハサミや包丁などで、ヘタの部分から切り取ります。

野菜を楽しむ

緑黄色健康野菜の代表選手

煮物やポタージュスープ、天ぷらなどのほか、パイやプディングなどのお菓子にも利用されるカボチャですが、カロテンやビタミン類、ミネラル、食物繊維、脂肪、たんぱく質など、各種の栄養が豊富に含まれる代表的な緑黄色野菜です。旬は6〜8月ですが、昔から冬至に食べると体によいとされるのは、保存性がよく栄養価の高いカボチャを食べて、健康に冬を乗り切ろうという意識の表れなのかもしれません。

カボチャは風通しのよい冷暗所に置いておけば、長期間保存できます。

カボチャのネット栽培

坊ちゃんカボチャなど小形のカボチャであれば、つるをネットに誘引して狭いスペースで栽培ができます（写真右）。また果実が地面に接しないので、病害虫の発生も減ります（写真上）。

収穫できるとうれしい大もの野菜

キャベツ

［英］*cabbage*　キャベジ

アブラナ科
ヨーロッパ原産

栽培可能地域：
北海道～沖縄県

害虫の被害がやや多く、栽培も容易とはいえませんが、手をかけた分収穫の喜びは大きく、ぜひ育ててみたい野菜のひとつです。

難　易　度：

必要な資材：敷きわら
日　　照：日なた
株　　間：30～40㎝
発 芽 温 度：15～30℃
連 作 障 害：あり（1～2年）
pH：5.5～6.5
コンテナ栽培：×

●栽培カレンダー

月	1	2	3	4	5	6	7	8	9	10	11	12
種まき									■	■		
植えつけ											■	■
追　肥			■	■								■
収　穫				■	■							

肥料切れに注意

種まき ポリポットに種まき用の培養土を入れ、5～6粒の種を均一にまきます。

間引き 土が乾かないように管理し、本葉が1～2枚になったら、生育のよい元気な苗を1本残して間引きます。間引き後に1回、軽く1つまみの化成肥料をポットの隅に施し、日なたで育苗します。陽射しが強いときは寒冷紗《かんれいしゃ》などで遮光します。

畑の準備 植えつけの2週間前に1㎡あたり150gの苦土石灰《くどせっかい》を施して耕します。1週間前に1㎡あたり堆肥《たいひ》5kg、化成肥料150gをすき込んで、60㎝幅で高さ10～15㎝の畝《うね》をつくります。

植えつけ 本葉が5～6枚になったら植えつけます。根鉢を崩さないように注意して、深植えにならないように植えつけます。株元をしっかり押さえたら、たっぷりと水やりします。

追肥 植えつけから2～3週間たったら追肥をはじめます。結球しはじめたら、肥料切れを起こさないように2度目の追肥を行います。

防寒対策 11月下旬くらいになったら、株元にわらやもみ殻を敷き、株を寒さから守りましょう。

収穫 十分に生長してかたく結球し、結球部分の葉の表面がつややかになったら収穫適期です。

野菜づくり Q&A

Q 虫に食害された外側の葉は、取り除いたほうがいいのですか？

A キャベツやハクサイはある程度の葉の数がないと結球しません。キャベツでは外葉が18～20枚で結球がはじまります。外葉は食害されても、害虫だけ捕殺してそのまま残します。

畝づくり

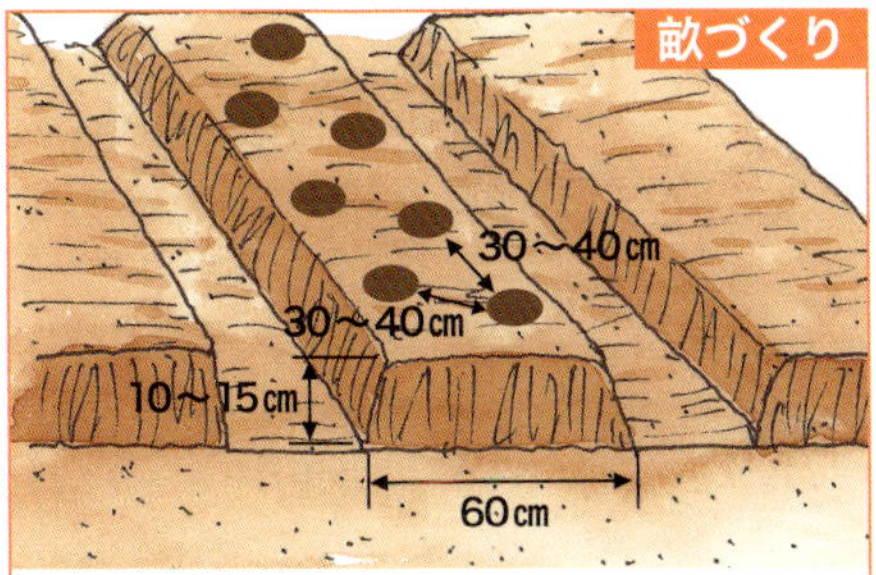

土づくり：苦土石灰150g/㎡
施肥：堆肥5kg/㎡、化成肥料150g/㎡

1 種まき

❶ポリポットに培養土を入れて表面を平らにしたら、5～6粒の種を等間隔にまきます。
❷ふるいなどを使って薄く土を被せ、指で上から押さえて種と土を密着させます。
❸ハス口をつけたじょうろで、種を流さないようにやさしく水やりをします。本葉が1～2枚になったら間引きます。

2 植えつけ

苗の本葉が5～6枚になったら畑に植えつけます。
❶畝に直径8～10cm深さ10cmほどの植え穴を掘り、根鉢を崩さないように苗をポリポットから取り出します。
❷根鉢の肩がやや地面より高くなるように植え穴に置きます。
❸周囲の土を戻して株元をしっかりと押さえ、根鉢の高さが地面とそろうようにします。

3 追肥

❶植えつけから2～3週間たち、胚軸《はいじく》がヒョロヒョロと長くなってきたら追肥をはじめます。
❷1株につき、軽く半握り程度の化成肥料を、株の周囲、葉の広がりの外周の下にドーナツ状にまきます。

4 土寄せ

❶追肥を施したら、土の表面を軽く耕すように、肥料と土を混ぜ合わせます。
❷周囲の土を株元に寄せ、地表に出た胚軸を覆うように土寄せします。このとき葉は土に埋めないように注意します。土寄せしたら株元の土を押さえつけます。

5 追肥・土寄せ2回目

❶結球しはじめて、葉が密集してきたら、2度目の追肥を行います。
❷外葉を傷めないように注意しながら葉を持ち上げ、株間に1握りの化成肥料を施します。株間の土を浅く耕して肥料と土を混ぜ合わせます。

6 収穫

かたく結球し、結球部分の葉につやが出てきたら収穫の適期です。
❶外葉を押し下げるようにして結球の基部が見えるようにします。
❷結球の基部を包丁で切り、収穫します。

病気・害虫対策

アオムシ（写真上）はモンシロチョウ（写真右）の幼虫です。モンシロチョウがキャベツにとまっていたら、葉裏を見ると卵が産みつけてあります。卵や幼虫を見つけたらすぐに駆除します。ほかにシンクイムシやヨトウムシなどがキャベツにつく害虫です。

野菜を知る

胃腸に働くビタミンUが含まれる

ほかの健康野菜と同様に、キャベツもまたたくさんの栄養素が含まれ、ビタミンCを代表に多くのビタミン類が含まれます。とくに特徴的なのは、他の野菜ではほとんど見られないビタミンUを含んでいる点です。ビタミンUは胃や十二指腸の潰瘍など、胃腸障害に効果的に働くとされます。市販される胃腸薬の中にもこのビタミンUを主成分とするものもあります。

キャベツには胃腸薬と同じ成分であるビタミンUが含まれています。

つくりやすい根の短い品種がおすすめ

ゴボウ

［英］*edible burdock*　エディブル・バーダック

キク科
ヨーロッパ、シベリア、
中国東北部原産

栽培可能地域：
北海道〜沖縄県

最近出回るようになった〈サラダむすめ〉や〈ダイエット〉などのサラダゴボウは長さ40㎝程度で、比較的つくりやすい品種です。

難易度：

必要な資材：とくになし
日照：日なた
株間：10㎝
発芽温度：20〜25℃
連作障害：あり（2〜3年）
pH：6.5〜7.5
コンテナ栽培：×

●栽培カレンダー

月	1	2	3	4	5	6	7	8	9	10	11	12
種まき	春まき		■	■			秋まき		■	■	■	
間引き				■	■				■	■	■	
追肥					■	■	■			■	■	
収穫			秋まき		■		春まき	■	■	■	■	■

1 種まき

❶畝の表面を平らにならし、ビンの底などを使って、深さ0.5㎝ほどのくぼみをつくります。
❷1つのくぼみに種を4〜5粒まきます。
❸ごく薄く土を被せて密着させます。厚く土を被せてしまうと発芽がそろわなかったり、発芽しなかったりするので注意しましょう。

2 間引き

発芽して出揃ったら、最初の間引きをして1カ所に2〜3本残します。本葉が3〜4枚になったら2回目の間引きを行い、1カ所1本にします。

間引きの目安

1回目の間引きは芽が出揃って本葉が1枚出る頃、2回目の間引きは本葉が3〜4枚の頃に行います。

種まき後ごく薄く土を被せる

畑の準備 ゴボウは酸性の土壌を嫌うので、種まきの2週間前に1㎡あたり150gの苦《く》土《ど》石灰《せっかい》をまいて、80cmほどの深さまでよく耕します。1週間前には、幅15cm、深さ40cmの溝を掘り、1㎡あたり化成肥料100gを施し、60cm幅の畝《うね》をつくります。

種まき 10cm間隔で0・5cmほどのくぼみをつくります。各くぼみに種を4～5粒ほどまいて薄く土を被せます。上から軽く押さえて土と種を密着させます。

間引き 発芽したら1カ所2～3本に間引き、本葉が3～4枚になったら1本にします。

追肥 2回目の間引きをしたら、軽く1握りの化成肥料を株の周囲にまき、軽く土と混ぜて土寄せします。その後は様子を見ながら追肥しますが、草丈が30cmほどになるまでには終わらせます。

収穫 葉が十分に生育し、根の肩の部分が直径2cmほどの太さになったら収穫します。葉茎が枯れかけたころを目安にしてもよいでしょう。葉を株元から切り取り、傷つけないようにしながらゴボウの横を掘り下げて、根の先端近くの深さまで掘れたら、穴に倒すようにして収穫します。穴を掘るときはゴボウに対して横向きに掘ることが根を傷つけないコツです。

野菜づくり Q&A

Q ゴボウの種が発芽しません。

A 種皮にある発芽抑制物質を落として発芽をそろえるために、種を一晩水に浸してからまきます。また、ゴボウの種は好光性（発芽に光を必要とする）なので、土はごく薄く被せるようにします。厚くかけてしまうと発芽しにくくなります。

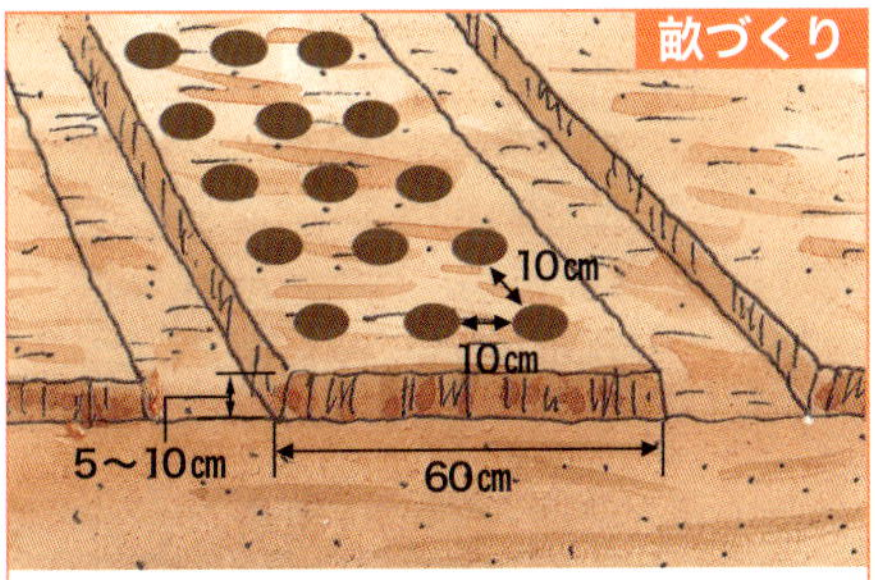

土づくり：苦土石灰150g/㎡
施肥：化成肥料100g/㎡

3 追肥

2回目の間引き後、1株あたり軽く1握りの化成肥料を施します。
❶❷マルチングしてある場合は、畝の肩の部分から、マルチングを破るようにして化成肥料を土の中に入れます。

追肥・土寄せ

マルチングしていないときは株の周囲に追肥し、土と混ぜて軽く耕してから、土寄せします。

4 収穫

葉が十分に育ち、根の肩が2cmほどの太さになったら収穫適期です。

ゴボウの収穫

葉を切り取り、根に対してスコップを横向きにして、根の隣り合った部分を深く掘ります。その穴に倒すようにしてゴボウを収穫します。

日光と水と肥料たっぷりで育てる

セロリ

［英］*celery*　セルリー

セリ科
南ヨーロッパ原産

栽培可能地域：
北海道〜沖縄県

高温や乾燥に弱いなど、初心者にはやや栽培のむずかしい野菜で、十分な肥料とまめな水やりが上手に育てるコツです。

難易度：
必要な資材：敷きわらまたはポリマルチ
日照：日なた
株間：40㎝
発芽温度：15〜20℃
連作障害：あり（3〜4年）
pH：5.0〜6.8
コンテナ栽培：○（深さ30㎝以上）

●栽培カレンダー

月	1	2	3	4	5	6	7	8	9	10	11	12
種まき					■	■						
植えつけ							■					
追肥								■	■	■		
収穫											■	■

1 間引き

①

②

①ポリポットに培養土を入れ、種をばらまきし、土をごく薄くかけます。発芽して本葉が2〜3枚になったら、込み合った部分を葉が触れ合わない程度に間引きます。
②生長に合わせて間引きし、本葉7〜8枚になるまでに1ポット1〜2株にします。

2 植えつけ

③

①

②

①根鉢を崩さないようにポリポットから取り出します。2株ある場合は、できるだけ土を落とさず、根を傷めないように株分けします。
②株間40㎝程度で、浅めに植えつけ、株元をしっかりと押さえて根を土と密着させます。
③植えつけ後にたっぷりと水やりします。

乾燥させないように水やりを欠かさない

種まき ポリポットに培養土を入れ、種をばらまきします。セロリの種は土を厚くかけてしまうと発芽しません。土はふるいを使ってごく薄くかけるか、土をかけずに湿らせた新聞紙を被せておきます。発芽までは直射日光のあたらない風通しのよい明るい日陰で、乾燥させないように管理します。

間引き 本葉が2～3枚になったら、込み合う部分を間引いて葉が触れ合わない程度にします。本葉7～8枚で1～2株にします。

畑の準備 植えつけ2週間前に1㎡あたり50～100gの苦《く》土《ど》石《せっ》灰《かい》を施し、1週間前には1㎡あたり堆《たい》肥《ひ》4kg、鶏糞《けいふん》400g、化成肥料150～200g、を施して幅60cmの畝《うね》をつくりマルチングます。

植えつけ 根鉢を崩さないように植えつけ、ていねいに水やりします。

追肥 2～3週間に1回の割合で2～3回、化成肥料を施し、軽く土と混ぜて土寄せします。乾燥しているときは水やりも欠かさないようにします。マルチングしていないときは株元にわらを敷いて乾燥を防ぎます。

芽かき 涼しくなると株元からわき芽が発生するので、傷んだ葉とともに摘み取ります。

収穫 草丈が30～40cmになったら、株元から切り取って収穫します。

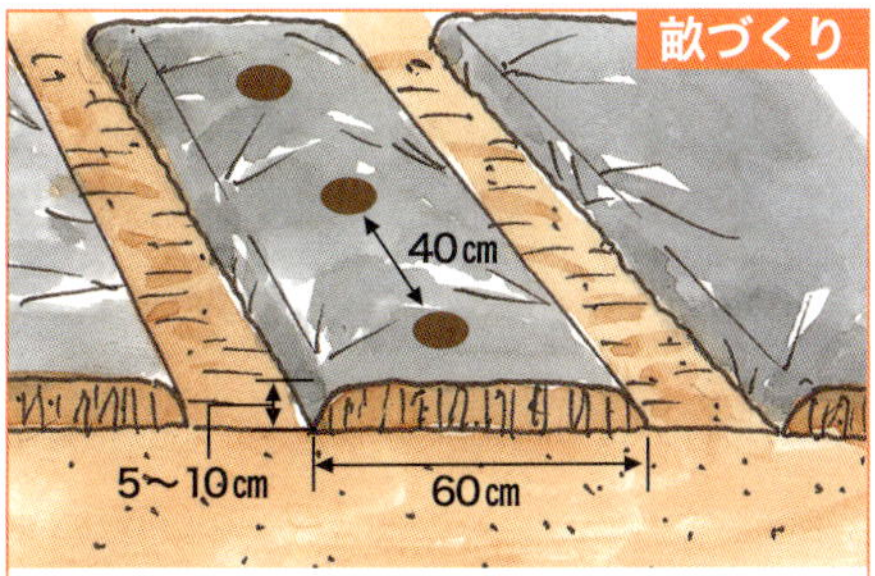

土づくり：苦土石灰50～100g/㎡
施肥：堆肥4kg/㎡、鶏糞400g/㎡、化成肥料150～200g/㎡

野菜づくり Q&A

Q 茎を白く、軟らかい状態で収穫したいのですが。

A 収穫したセロリは外側の茎を取り除けば、白く、軟らかい部分が出てきます。サラダなどには内側のこの部分を使い、外側はスープなどの香りづけとして利用しましょう。

3 追肥

植えつけ2週間後から、2～3週間ごとに2～3回、1株1握りの化成肥料を追肥して土寄せします。生長点には土がかからないようにします。マルチングしてある場合は、マルチの奥に押し込むように、化成肥料を株からやや離れた位置に施します。

マルチングしていないとき

葉の広がりの下にドーナッツ状に化成肥料を施し、軽く土と混ぜて土寄せします。

4 収穫

①植えつけから90～100日後、草丈が30～40cmになったら収穫の適期です。
②株を押さえ、株元に包丁を入れます。
③地ぎわから切り取って収穫します。

夏の風物詩の超大もの果菜

スイカ

［英］*watermelon*　ウォータメロン

ウリ科
熱帯〜南アフリカ原産

栽培可能地域：
青森県〜沖縄県

スイカはつるが広い範囲に伸びるので、ある程度の栽培面積が必要となりますが、ぜひ挑戦してみたい果菜です。

難　易　度：

必要な資材：寒冷紗、ポリマルチまたは敷きわら
日　　　照：日なた
株　　　間：150㎝
発 芽 温 度：25〜30℃
連 作 障 害：あり（4〜5年）
pH：5〜7
コンテナ栽培：×

●栽培カレンダー

月	1	2	3	4	5	6	7	8	9	10	11	12
種まき			■									
植えつけ				■								
追　肥					■							
収　穫							■	■				

1 植えつけ

❶ポリポットで育てた苗を、根鉢を崩さないように植え穴に入れます。
❷掘りあげた土を戻し、株元を押さえて根鉢と土を密着させます。植えつけ後、たっぷりと水やりをします。
❸植えつけたら7〜10日ほど、保温のために寒冷紗《かんれいしゃ》を被せます。

2 摘心

スイカは基本的に子づるにつく果実を収穫します。
❶❷3〜6節目の生育のよい子づるを2〜3本ほど残し、親づるを5〜6節目で摘心します。

親づるの摘心と整枝

生育のよい子づるを2〜3本残して、残りの子づるは早めに摘み取ります。親づるの先端は摘心します。

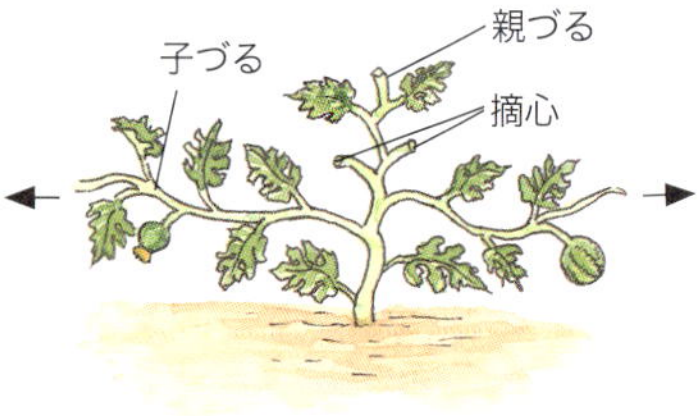

親づるを摘心して子づるに結実させる

種まき 4号ポリポットに培養土を入れ、3～4粒の種を等間隔にまきます。8㎜ほど土を被せます。

間引き 本葉が出てきたら、生育のよい苗を残して間引きます。

畑の準備 種まきの2週間前に、1㎡あたり100gほどの苦土石灰《くどせっかい》をまいてよく耕します。1週間前には、直径30cm、深さ40cmの穴を150cm間隔で掘り、堆肥《たいひ》3kg、化成肥料100gを入れて穴の底の土と混ぜます。掘りあげた土を戻し、マルチングします。

植えつけ 本葉が5～6枚になったら肥料を施した上に植えつけます。市販の接ぎ木苗でもかまいません。

敷きわら マルチングしていないときは、敷きわらを敷きます。

摘心・整枝 3～6節目の生育のよい子づるを3本ほど残し、その先で親づるを摘心《てきしん》します。残した子づるに1果ずつ実をつけさせます。

人工受粉 確実に実をつけるため、雄花の花粉を雌花につけます。

追肥 植えつけから1カ月後と結実した実が卵くらいの大きさになった頃に追肥します。

玉直し 果実が肥大してきたら、形を整え、色むらをなくすために、果実を裏返して置き直す「玉直し」をします。

収穫 受粉後40～50日で収穫できます。

畝《うね》づくり

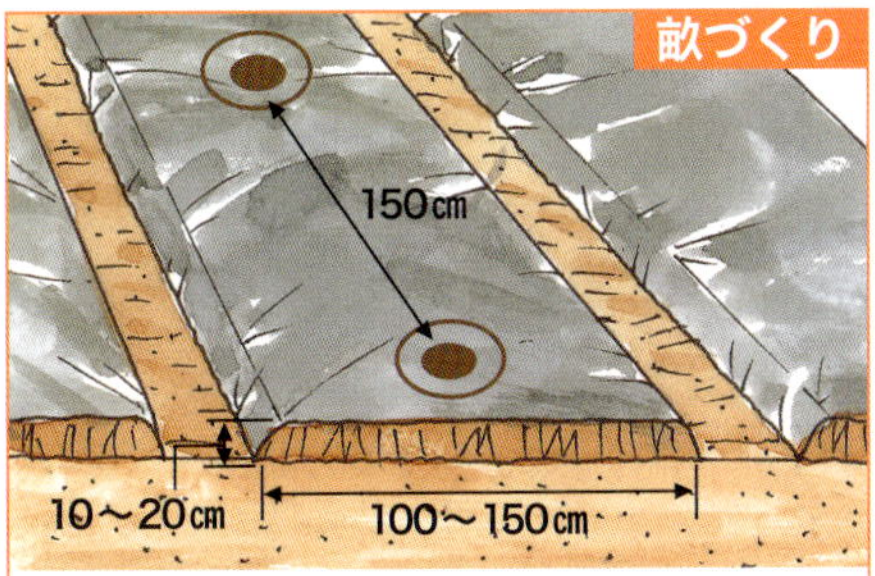

土づくり：苦土石灰100g/㎡
施肥：堆肥3kg/㎡、化成肥料100g/㎡

野菜づくりQ&A

Q 茎葉ばかり茂って花がつかず、実がなりません。

A 「つるぼけ」と呼ばれる症状で、窒素肥料が多いと現れます。とくに追肥するときに窒素分が多くならないように注意しましょう。

3 整枝

❶栽培面積が限られている場合、つるをらせん状に育てれば、比較的コンパクトに栽培することができます。
❷子づるの節から発生した孫づるは、ハサミを使ってまめに切り取ります。

4 人工受粉

❶スイカの雄花。
❷スイカの雌花。花の下部が膨らんでいるのが雌花です。雄花を摘み、花の中央にある雄しべを、雌花の雌しべにつけて受粉させます。

人工受粉

雄花の花びらを取り、雄しべを雌しべにつけます。近くのつるに受粉させた日付のラベルをつけておくと、収穫の目安になります。

5 追肥

❶植えつけから1カ月後に1回目の追肥をします。リン酸分の多い化成肥料を1株あたり軽く1握り施します。

❷マルチングがある場合は、マルチを持ち上げるようにして株から少し離れた場所に肥料を施し、指先で軽く土と混ぜ合わせます。

6 収穫

受粉から40～50日で収穫できるようになります。十分に肥大し、果実の表面を軽く叩いて、濁った音がしなければ収穫できます。

玉直し

開花後35～45日で果実が肥大してきます。収穫の前に、形を整えたり色むらをなくすため、果実を裏返すように置き直します。これを「玉直し」と呼びます。

野菜を楽しむ

水分豊富で利尿作用も

夏の果菜の代表であるスイカは、熱帯アフリカの原産で、なんとエジプトではすでに4000年以前に栽培されていたことが、壁画から明らかになっています。日本でも南北朝の時代にはすでに栽培されていたようです。

スイカの魅力は糖度たっぷりの水分。実際に90%以上が水分ですが、それ以外にビタミン、ミネラルなどがバランスよく含まれています。とくに利尿作用があるカリウムが含まれ、昔から腎臓によいといわれています。

スイカの成分は90%以上が水分で、ビタミンミネラルがバランスよく含まれます。

ネット栽培

比較的狭い土地で栽培するときにはネットを利用します。支柱を立ててネットを張り、まず親づるを上に誘引します（写真左上）。子づるが出てきたらこれを地面に向かって誘引し、地上で結実させます（写真右上）。

ネット栽培

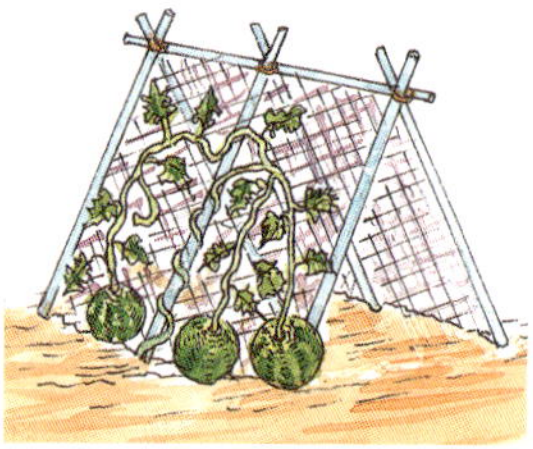

支柱を立ててネットを張れば、狭いスペースでも栽培することができます。

大地から引き抜く楽しみ

ダイコン

［英］*radish*　ラディッシュ

アブラナ科
地中海沿岸、西南～東南アジア

栽培可能地域：
北海道～沖縄県

春の七草で「スズシロ」とも呼ばれるダイコン。日本では100以上の品種がつくられているほど、なじみ深い野菜です。

難易度：

必要な資材：とくになし
日照：日なた
株間：30㎝
発芽温度：15～30℃
連作障害：あり（1～2年）
pH：5.0～6.8
コンテナ栽培：×

●栽培カレンダー

月	1	2	3	4	5	6	7	8	9	10	11	12
種まき									■			
間引き									■	■		
追肥										■	■	
収穫											■	■

元肥はまき穴とまき穴の間に施す

畑の準備 植えつけの2週間前に1㎡あたり100gの苦土石灰《くどせっかい》をまいて、40～50㎝ほどの深さまでよく耕します。このとき、石や固い土の塊などを取り除いておきます。耕し終わったら幅60～70㎝の畝《うね》をつくります。畝の中央に幅15㎝、深さ20㎝の溝を掘り、化成肥料1握りを元肥《もとごえ》として施し、土を戻して平にならします。

種まき 30㎝間隔で深さ1㎝ほどのくぼみをつくります。各くぼみに種を5粒ほどまいて土を被せ、上から押さえて土と種をよく密着させます。

間引き 間引きは2～3回に分けて行います。発芽から4～5日で1回目の間引きを行います。本葉が出たら1カ所に3株残して、生育の悪いもの、葉が傷んだものなどを間引きます。本葉が6～7枚で1カ所1本にします。

追肥 2回目以降の間引きの後に追肥をします。株の周囲の土をほぐして株元に土寄せしてから、1つまみの化成肥料を株から少し離れた場所に施し、土と混ぜます。追肥後の土寄せは行いません。

収穫 生長とともに根が肥大して、地上に肩をのぞかせるようになります。収穫の早い品種では種まきから90～100日で収穫できます。

畝づくり

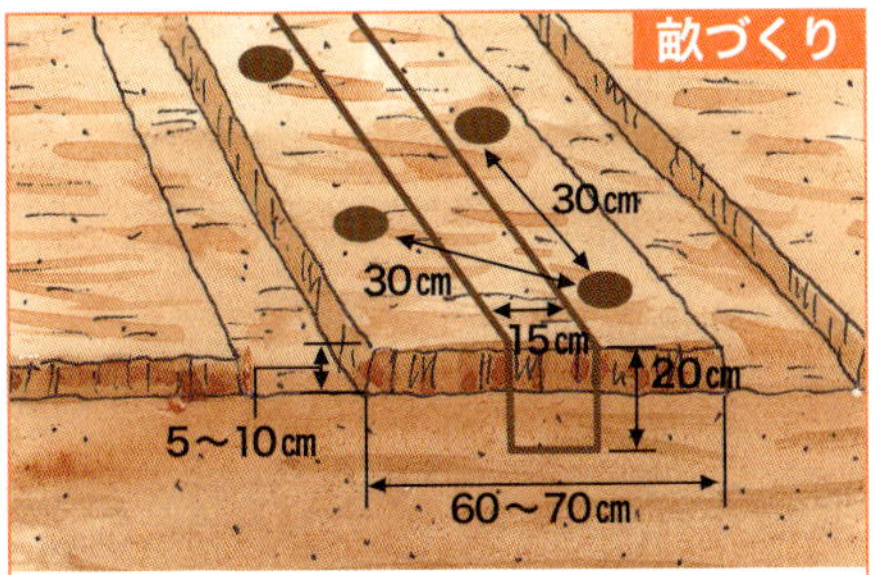

土づくり：苦土石灰100g/㎡
施肥：化成肥料50g/㎡

野菜づくり Q&A

Q 発芽がまばらになってしまいました。

A 種まき後に雨が降ったことが考えられます。雨が降ると種が流れたり、土に潜ったりしてしまいます。発芽がそろわないと、その後の生育もあまりよくありません。種をまくときは天気予報を調べ、雨の降った翌日に行うようにしましょう。

1 種まき

❶乾燥が続いている場合は、前日に水やりして畝を湿らせておきます。畝にビンの底などでまき穴をつくります。
❷1カ所のまき穴に5粒程度の種を、等間隔にまき、薄く土を被せて、手のひらで土を押さえ、種と土を密着させます。

元肥の施し方

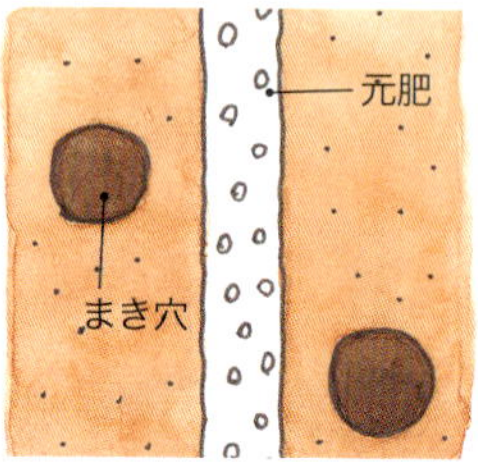

元肥が種や根に直接あたらないように、まき穴とまき穴の間に元肥を施します。

2 間引き1回目

❶発芽がそろい、本葉が1〜2枚になったら最初の間引きをします。5芽全部が発芽しなかった場合は、この1回目の間引きは行いません。
❷生育の悪いもの、葉の形が悪いものなどを間引きます。
❸周囲の土を寄せます。このとき、倒れた株は無理に起こさないようにします。

3 間引き2〜3回目

❶本葉が出たら1カ所に3本ずつ、本葉が6〜7枚で1本ずつに間引きます。虫食いがなく、できるだけまっすぐに生え、胚《はい》軸《じく》がしっかりとしたものを残し、他を間引きます。
❷❸残す株を抜いてしまったり根を傷めたりないように、株の周囲を押さえながら抜きます。

4 土寄せ

❶2〜3回目の間引きの後、株の周囲の土を指先で耕すようにほぐします。
❷ほぐした土を株元に寄せて、土から飛び出した胚軸が土で覆われるようにします。
❸土から飛び出した胚軸。

5 追肥

❶根に直接肥料が触れないように、株から少し離れた場所に1つまみの化成肥料をドーナツ状に施します。
❷指先を使って土をほぐしながら、肥料と土をよく混ぜ合わせます。
❸土を軽く固めるように上から押さえます。

6 収穫

❶土から出た根の肩の部分の直径が、8㎝ほど（品種によって異なります）に育ったら収穫の適期です。
❷葉と土から出た根の部分をしっかり持ちます。
❸そのまままっすぐに引き抜いて収穫します。収穫が遅れると割れたり“す”が入ったりするので、収穫が遅れないようにしましょう。

股根

根が分かれて伸びていることを股根《またね》といいます（写真上）。根が生長するときに、直根の先端にある生長点が障害物にあたったり、肥料に直接触れると、股根となってしまいます。股根の株は葉のつきかたなどにも変化があります（写真右）。畑を耕すときには深くまでよく耕し、石などの障害物を取り除いて股根になるのを防ぎます。

野菜を楽しむ

保存は葉と根を切り分けて

ダイコンおろしやサラダなど生のまま利用したり、漬け物や煮物にしたりなど、たくさんの料理に使われます。丸のままであれば常温でも2〜3日は大丈夫ですが、もう少し保存したい場合は、葉と根を切り分けてビニール袋に密閉して、冷蔵保存します。切り分けるのは、葉が根の水分を奪ってしまうのを防ぐためです。

なお、収穫したままの泥つきダイコンなら、土の中に埋めておけば1カ月以上保存できます。

保存する場合は、切り分けてビニール袋に密閉して保存します。

加熱するほど甘みが出る野菜

タマネギ

［英］*onion*　オニオン

ユリ科
中央アジア原産

栽培可能地域：
北海道〜沖縄県

紀元前のエジプトですでに栽培されていた歴史ある作物です。強い辛みは加熱すると減少し、本来もつ甘みが表に出てきます。

難易度	：
必要な資材	：ポリマルチ
日照	：日なた
株間	：10〜15㎝
発芽温度	：15〜20℃
連作障害	：あり（2〜3年）
pH	：6.3〜7.8
コンテナ栽培	：○（深さ30㎝以上）

●栽培カレンダー

月	1	2	3	4	5	6	7	8	9	10	11	12
種まき									■			
植えつけ										■	■	
追肥			■									■
収穫			■	■								

酸性の土を嫌うので土づくりからていねいに

畑の準備 種まきの2週間前に1㎡あたり200gの苦土石灰《くどせっかい》をまいてよく耕します。酸性の土を嫌うため、しっかりと土の酸度を調整しましょう。植えつけ1週間前に1㎡あたり堆肥《たいひ》3kg、化成肥料300gをすき込んで、50〜60cm幅の畝《うね》をつくります。

種まき 15cm間隔でまき溝をつくり、1cmほどの間隔で種を均一にまきます。

間引き 本葉が2枚になったら、混み合った部分の生育の悪い苗を間引き、株間を1〜2cmほどにします。さらに本葉3〜4枚で株間3〜4cmほどに間引きます。間引き後、列の長さ15〜20cmあたり1つまみの化成肥料をばらまき、耕すように土と肥料を混ぜ合わせます。種まきした畑でそのまま育てる場合は、3回目の間引きを行い、株間を15cmにします。

植えつけ 種まき用の畑と同じようにして畝を準備します。種まきからおよそ2カ月前後、本葉が4〜5枚、草丈が20cmを越えたら10〜15cm間隔で植えつけます。

追肥 植えつけ後、3〜4週間たった頃と3月上旬に追肥します。

収穫 葉がしおれはじめたら収穫の適期。収穫後は風通しのよい場所につるして乾燥させ、自然に枯れてきたら葉を落とします。

野菜づくり Q&A

Q とう立ちしてしまいました。

A タマネギがとう立ちするには、春になる前に、一定以上育った状態で一定期間寒さにあたることが条件です。とう立ちさせないためには、冬前にあまり大きくしないこと、すなわち種を適期にまくことが大切です。

畝づくり

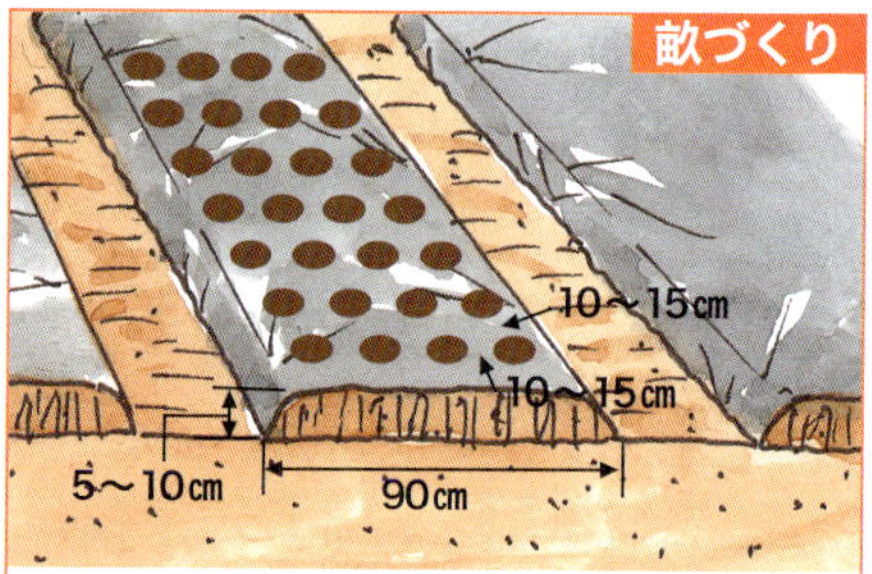

土づくり：苦土石灰200g/㎡
施肥：堆肥3kg/㎡、化成肥料300g/㎡

タマネギの生育過程

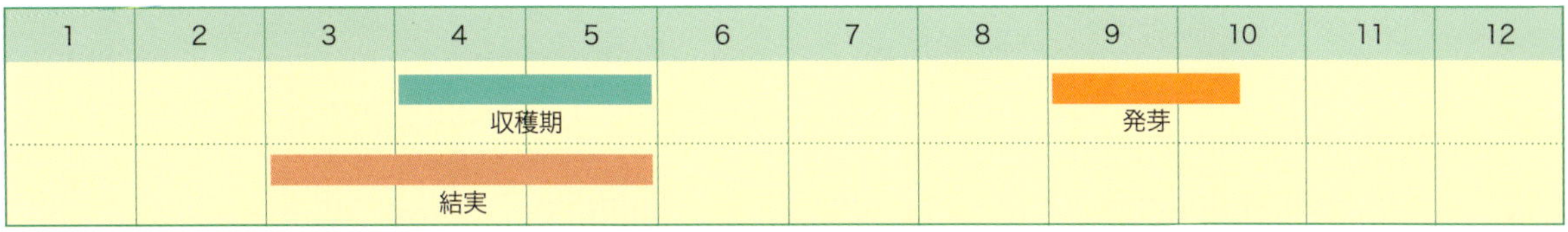

発芽 ▶
種まきからおよそ10～20日後。本葉が２枚になったら、込み合った部分を間引きます。

植えつけ ▶
発芽から60日後。株が20㎝くらいの高さに育ったら、畝に植えつけます。

収穫期
植えつけから半年後。葉が枯れて倒れてきたら収穫できます。

1 種まき

❶支柱などを使って、15㎝ほどの間隔で畝にまき溝をつくります。
❷できるだけ重なり合わず、1㎝ほどの間隔で均一になるよう種をまきます。
❸溝の両脇の土を薄く被せ、表面を手で軽く押して種と土を密着させます。最後に種が流れないように、はす口をつけたじょうろでやさしく水やりします。

2 間引き

❶本葉が２枚ほどになったら、１回目の間引きを行います。１～２㎝間隔（指先第一関節くらいの間隔）に間引きます。
❷生育の悪い苗やヒョロヒョロと間延びした苗などを引き抜きます。
❸間引き後の間隔。その後、本葉３～４枚になったら２回目の間引きを行い、株間３～４㎝ほどにします。

3 苗の追肥

❶1回目、2回目の間引き後、列の長さ15～20㎝あたり1つまみの化成肥料を、列にそって株から少し離れたところに施します。

❷移植ゴテで土と肥料を混ぜ合わせ、軽く土寄せします。このとき、根を傷めるので深く耕さないようにします。

❸生長点（ハサミの先）を土で埋めないように注意しましょう。

4 植えつけ準備

❶苗が鉛筆ほどの太さになったら植え替え（定植）の時期です。

❷苗を傷つけないように、移植ゴテを株から少し離れた場所に垂直にさし、てこのようにして土ごと掘り起こします。

❸根を切らないように注意して株を取り上げます。

植え替えずに育てる場合

種まきから収穫まで同じ場所で育てる場合は、3回目の間引きを行います。3回目の間引きでは、株間を15㎝ほど（人差し指と親指を広げたくらい）にします（写真上）。込み合った部分の生育の悪い株を抜き取ります（写真右）。

5 植えつけ

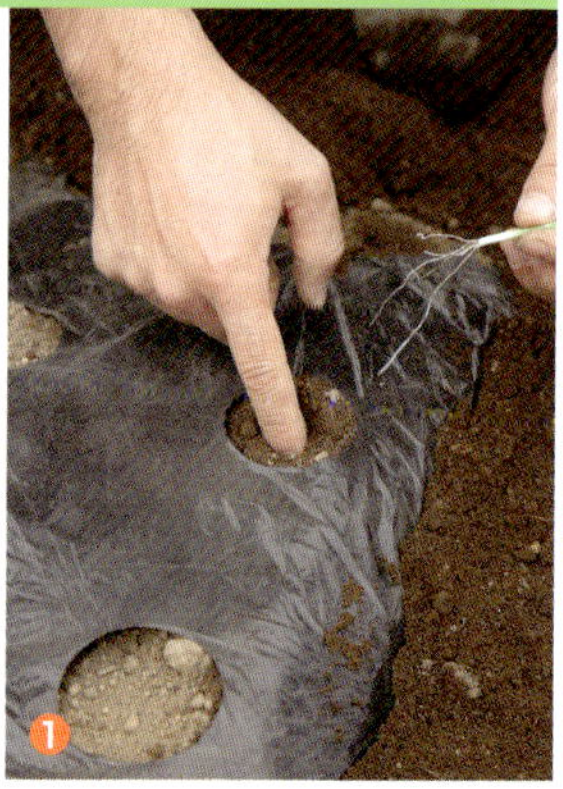

雑草防止のため、畝にマルチングを敷いておくとよいでしょう。

❶10～15㎝間隔で指先で植え穴をあけます。マルチングしているときはマルチングの穴に合わせます。

❷苗を穴に入れるように浅めに植えつけます。

❸土を寄せ、株元をしっかりと押さえて根を土と密着させます。

6 追肥

❶❷定植後3〜4週間後と3月上旬の2回、1㎡あたり1つまみの化成肥料を畝全体にばらまくように施します。マルチングしてある場合は、肥料の流亡が少ないので、3月上旬に1回だけマルチの上から追肥します。

7 収穫

❶葉がしおれたように倒れてきたら収穫の適期です。
❷❸株元をしっかりと持ち、引き抜いて収穫します。収穫後は洗わずに風通しのよい場所に干して、葉の部分が自然に枯れてきたら葉を取り除きます。

野菜を楽しむ 本当は甘いタマネギ

タマネギは炒め物や煮物、生食などさまざまな料理に使える食材です。タマネギは本来十分な糖分を含んでいるのですが、辛み成分が強いために加工しないと辛みばかりが舌に残ります。加熱すると辛み成分が分解されて、隠れていたタマネギ本来の甘みが表に出てくるので、カレーやスープの甘みづけには最適です。また、生で使う際には薄くスライスして水にさらすと辛みがほどよく抜けます。

タマネギを保存するときは、ネットに入れて、風通しのよい軒下などにつるして保存します。湿度の高い冷蔵庫での保存はできるだけ避けましょう。

春先に出回る辛みの少ない新タマネギは、新タマネギ用の品種を栽培したもので、ふつうのタマネギとは違います。

保存はネットに入れて風通しのよい軒下などにつるしておきます。

雑草対策

ネギの仲間は寒さや害虫に強いのですが、雑草には弱いので、こまめに雑草を取る必要があります。タマネギは、秋に植えつけて冬を越し、晩春〜初夏に収穫します。春になって暖かくなってくると、畝に一気に雑草が生えてきます（写真右）。植えつけ時にあらかじめマルチングを敷いておくと、雑草があまり生えないので、春以降の管理が楽になります（写真上）。

取れたての甘さは格別

トウモロコシ

［英］*corn*　コーン、*maize*　メイズ　ほか

イネ科
中央アメリカ原産

栽培可能地域：
北海道〜沖縄県

高温と強い陽射しを好む夏の野菜です。草丈が高くなるので、他の野菜が日かげにならないように作付けを工夫しましょう。

難易度：

必要な資材：寒冷紗、ポリマルチ
日照：日なた
株間：30㎝以上（列間45㎝）
発芽温度：30〜35℃
連作障害：あり（1年）
pH：5.0〜8.0
コンテナ栽培：×

●栽培カレンダー

月	1	2	3	4	5	6	7	8	9	10	11	12
種まき				■	■							
間引き					■	■						
追肥					■	■						
収穫							■	■				

土寄せして不定根を伸ばす

畑の準備 日あたりのよい場所を選び、種まきの2週間前に1㎡あたり200gの苦土石灰をまいて深めによく耕します。1週間前には1㎡あたり堆肥《たいひ》3kgと化成肥料150gを施して、幅90㎝ほどの畝《うね》をつくります。雑草対策にマルチングをしてもよいでしょう。

種まき 深さ1㎝ほどのまき穴に種を3粒ずつ入れて土を被せ、たっぷりと水をやります。種が鳥などに食べられないように、半分に切ったペットボトルを被せるか畝全体を寒冷紗《かんれいしゃ》などで覆います。

間引き 本葉が3〜4枚になったら、生育の悪い株を間引いて1本立ちにします。

追肥 草丈が40〜50㎝のときと70〜80㎝のときに追肥を行います。畝の肩に化成肥料を施して軽く耕し、土寄せします。

芽かき 生長の途中で株元からわき芽が発生します。わき芽はそのまま伸ばしますが、わき芽につく雌穂は必ずかき取ります。

受粉 雄穂の下を軽く叩いたり、雄穂を摘んで雌穂の先につけたりして受粉させます。2条植えであれば受粉の作業は必要ありません。

除房・収穫 雌穂は1株1本残して若いうちに摘み取ります。若い雌穂はヤングコーンとして利用できます。ヒゲが茶色くなり、先が十分膨らんだら収穫の適期です。

畝づくり

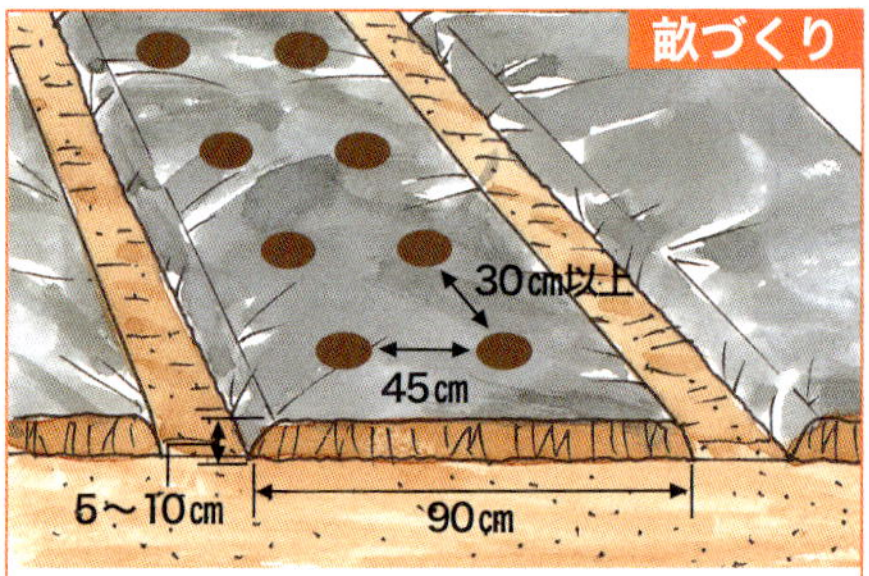

土づくり：苦土石灰200g/㎡
施肥：堆肥3kg/㎡、化成肥料150g㎡

野菜づくりQ&A

Q 風で苗が倒れてしまいました。

A 草丈が高くなるので風などで倒れやすくなります。土寄せして不定根を多く発生させ、株元をしっかり支えられるようにします。

トウモロコシの生育過程

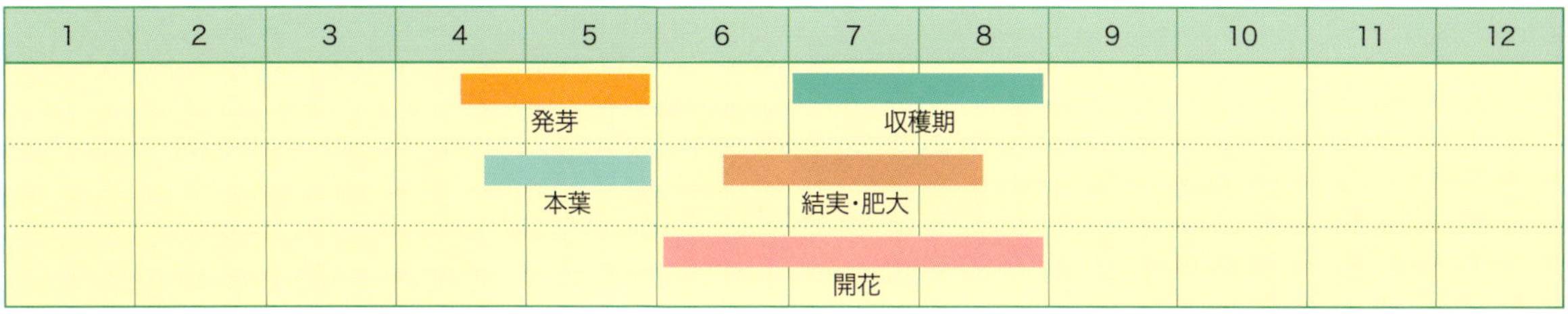

発芽 ▶
種まきから15日くらい。本葉が3～4枚になったら間引きをします。

開花 ▶
発芽から30～40日後。雄花は株の先端につき、雌花は葉腋につきます。

収穫
開花からおよそ60日後。雌穂のヒゲが茶色になり、実が充実したら収穫します。

1 種まき

❶直径6～8㎝、深さ1㎝ほどのくぼみを株間30㎝、列間45㎝でつくり、種をまきます。ポリマルチを敷いた場合も同じです。各まき穴には種を3粒ずつ入れます。
❷周囲の土を被せて、埋めた表面を押さえ、種と土を密着させます。
❸鳥よけに半分に切ったペットボトルを被せます。

2 間引き

❶発芽後、本葉が3～4枚ほどになったら、生育のよいものを1本残して間引きます。
❷❸間引くときはハサミで地ぎわから切り取ります。引き抜いて間引くときは、残す株を抜いてしまわないように、片手で残す株の根元を押さえながら、間引く苗を引き抜きます。

3 追肥

草丈が40～50㎝のときと70～80㎝のときの2回、追肥を行います。2回目の追肥のときはマルチをはずします。

マルチングしてあるときの追肥（1回目）

株と株の間に移植ごてを半分ほど差し込み、1カ所につき軽く1握りの化成肥料を、差し込んだ移植ゴテの上を滑らせるように施します。

4 マルチングがないときの追肥

❶畝の肩に1株につき軽く1握りの化成肥料を施します。
❷軽く耕しながら土と肥料を混ぜ合わせ、株元に土寄せします。

5 土寄せ

不定根を伸ばすため、追肥のときにやや多めに土寄せします。
❶わき芽の発生しているところから白い不定根が伸びます。
❷株の根元を埋めるように、小高く土寄せします。

不定根と土寄せ

株元を埋めることで不定根がたくさん発生し、株をしっかりと支え、養水分の吸収もよくなります。

6 受粉

❶トウモロコシの雄穂。株が少ないときは雄穂の下を叩き、まわりの株の雌穂のヒゲに花粉を落として受粉させます。
❷トウモロコシの雌穂。

人工受粉

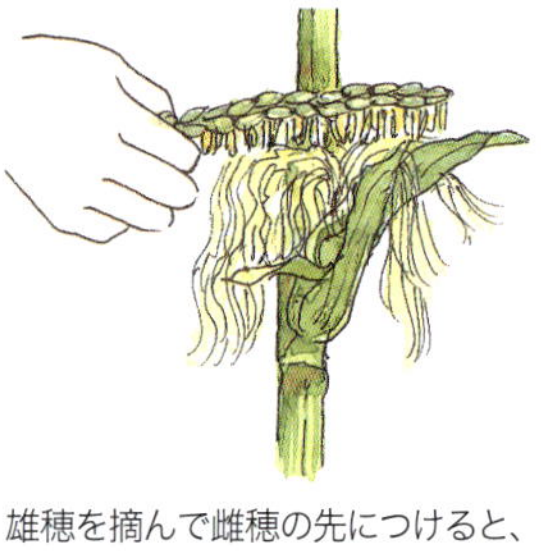

雄穂を摘んで雌穂の先につけると、より確実に受粉させることができます。

7 雌穂の数の調整

❶トウモロコシはふつう、1株に1本の雌穂を残して生育させ、収穫します。他の雌穂は小さなうちに取り除きます。
❷主茎を折らないように注意しながら、不要な雌穂を折り取ります。
❸取り除いた小さな雌穂がヤングコーンで、ゆでてサラダなどに利用できます。

8 収穫

❶雌穂のヒゲが茶色くなったら、収穫の時期です。
❷雌穂の先端を握ってみて、先が鉛筆の先のように細ければ、まだ収穫に適していません。先まで十分に太くなったら収穫します。
❸雌穂をもぐようにして折り取ります。

野菜を楽しむ

収穫直後がおいしさも栄養も一番

トウモロコシのおいしさは収穫直後が最高。収穫後そのままにしておくと鮮度がどんどん落ちてしまい、収穫後24時間たつと、甘さも栄養素も半減してしまいます。収穫したらすぐに調理して食べるのが一番。すぐに食べない場合でも、収穫したらすぐにゆでたり蒸したりして、おいしさを逃さないようにするのがポイントです。「トウモロコシはなべのお湯を火にかけてから採りにいけ」といわれるゆえんです。

収穫したトウモロコシはできるだけ早く調理しましょう。

病気・害虫対策

アワノメイガの幼虫（写真左上）による被害が多く出ます。葉腋や葉の上などの茶色の糞（写真右上）があることでわかります。栽培適期よりも、早めに種をまいて栽培したほうが被害を抑えることができます。鳥による被害（写真右下）の発生にも注意が必要です。

手間がかかる分、収穫の喜びは大きい

ネギ

［英］*spring onion*　スプリング・オニオン、
welsh onion　ウェルシュ・オニオン

ユリ科
中国中央部〜西部原産

緑の葉を利用する葉ネギがおもに関西で好まれるのに対して、色白の根深ネギ（長ネギ）はおもに関東から北で好まれる野菜です。

難易度	：
必要な資材	：とくになし
日照	：日なた
株間	：10〜15㎝
発芽温度	：15〜25℃
連作障害	：あり（1〜2年）
pH	：6.0〜6.5
コンテナ栽培	：×

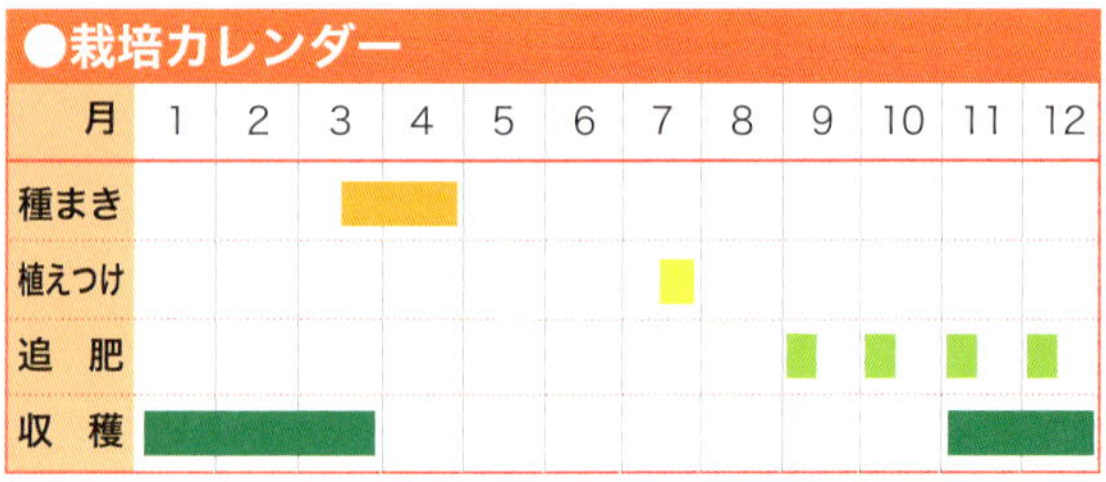

土寄せしながら長期間育てる

苗床の準備　種まきの2週間前に1㎡あたり150gの苦土石灰《くどせっかい》をまいてよく耕します。1週間前には1㎡あたり堆肥《たいひ》3kg、化成肥料100gをすき込み、幅60㎝、高さ10㎝ほどの畝《うね》をつくり、苗床にします。

種まき　苗床にまきすじをつくり、種をできるだけ均一にまき、ごく薄く土を被せます。

間引き　本葉が2〜3枚になったら間引いて2㎝間隔にします。育苗中に1〜2回程度を目安に、少量の化成肥料を追肥します。

畑の準備　植えつけの2週間前に1㎡あたり150gの苦土石灰と、元肥として堆肥3kgをまいてよく耕します。とくに畝をつくる必要ありません。

植えつけ　草丈30㎝ほどで、太さが鉛筆程度になったら定植します

追肥・土寄せ　植えつけから1カ月たったら、植え溝を掘ったときに出た土に1㎡あたり50gの化成肥料を混ぜて生長点の下まで埋め戻します。3〜4週間ごとに計4回ほど同様に行いますが、植え溝が埋まったら、畝の肩に追肥して土と混ぜ、その土を掘って株元に盛るように土寄せします。

収穫　ある程度生長すればいつでも収穫できます。春にとう立ちする前に収穫を終えましょう。

野菜づくり Q&A

Q　葉に、白いすじ状のかすり模様があります。

A　ネギハモグリバエやネギコガが発生しています。これらの幼虫は葉の内部に潜り込んで食害します。ネギハモグリバエが苗に多発すると、全滅するほどの被害を出すことがあるので、早期の防除が大切です。

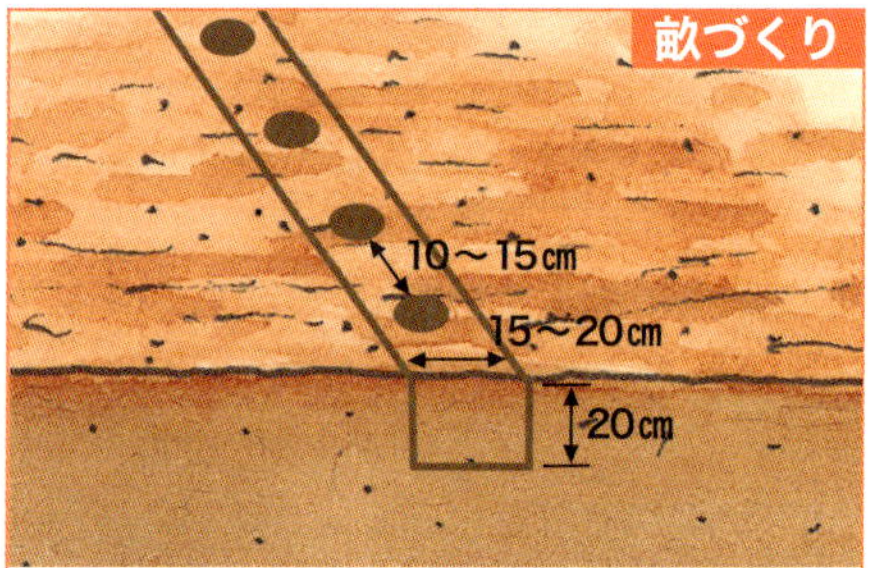

土づくり：苦土石灰150g/㎡
施肥：堆肥3kg/㎡

ネギの生育過程

1	2	3	4	5	6	7	8	9	10	11	12
			発芽	発芽						収穫期	収穫期
						肥大化・軟白化	肥大化・軟白化	肥大化・軟白化	肥大化・軟白化	肥大化・軟白化	肥大化・軟白化

発芽 ▶
種まきから7～15日後。本葉が2～3枚になったら間引きます。

植えつけのころ ▶
発芽から40～50日後。鉛筆くらいの太さになったら植えつけます。

収穫期
最後の土寄せから20～30日後。とう立ちする前にすべて収穫します。

1 種まき・間引き

①支柱などで畝に浅いまき溝をつくり、できるだけ均一になるように種をまきます。
②まき溝の両脇からごく薄く土を被せ、種と土が密着するように軽く表面を押します。
③ネギの発芽。葉が2～3枚になったら2㎝間隔に間引き、育苗中に1～2回程度、少量の化成肥料を条間に施しながら育てます。

2 苗の掘り上げ

①苗の草丈が30㎝、鉛筆の太さほどになったら植えつけの適期です。市販の苗を利用してもよいでしょう。
②苗の根を切らないように、株から少し離れたところに移植ゴテを垂直に入れます。
③移植ゴテをてこのようにして、下側から持ち上げるように苗を掘り上げます。

3 植えつけ準備

枯れ葉は病気の発生原因になりやすいので、植えつけ前にきれいに取っておきます。

植えつけの方向

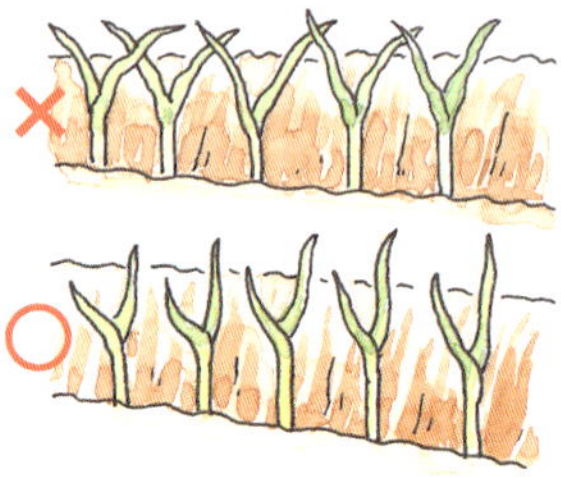

植え溝は畝と同じ方向に掘り、植え溝と交差する方向（畝の短い方向）に、苗の葉が分かれる方向を合わせて植えつけます（図下）。これは、生長したときに、隣同士の株の葉が触れ合わないようにするためです。

4 植えつけ

❶深さ20㎝ほどの植え溝に、立てかけるように苗を置いて、株を固定する程度に根に土を被せます。
❷苗と苗の間隔は10〜15㎝にします。株を太く大きく育てたいときは、やや広めに握り拳大くらいの間隔で植えつけ、植え溝の底にわらを敷きます。

植えつけ

根に土を被せて、その上にわらを敷きます。株間は10〜15cmほどあけます。

5 初期の追肥・土寄せ

植えつけ1カ月後から3〜4週間ごとに追肥と土寄せを行います。最初の数回は植え溝を掘るときに出た土に肥料を施して、土寄せします。
❶枯れている葉などを取り除きます。
❷生長点の位置。
❸追肥した土を植え溝に戻すように、生長点の真下まで埋めます。

6 追肥

植え溝が埋まったら、畝の肩に追肥して、混ぜ合わせた土を掘り出して土寄せします。
❶畝の肩に1㎡あたり50gほどの化成肥料を追肥として施します。
❷ネギの根を傷つけないように注意しながら、肥料と肩の土を混ぜ合わせます。

追肥と土寄せ

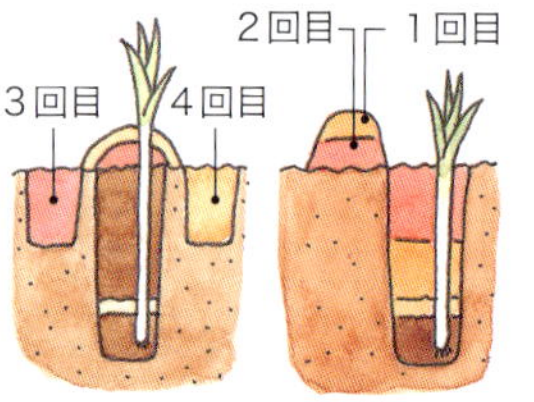

最初の数回は植え溝を掘ったときの土に追肥して溝を埋めるようにし（図右）、植え溝が埋まったら畝の肩の土に追肥して盛り土にします（図左）。

8 収穫

収穫は、土が乾いているときに行います。

❶❷できるだけ葉の地ぎわに近い部分を持って、ネギが折れないようにまっすぐ上に引き抜きます。ゴボウのように土を少し掘ってから抜くと確実です。(p115参照)

❸ネギの花。春先にとう立ちするので、その前に収穫します。

7 土寄せ

❶生長にともなって、生長点（指先）が土から上に出ます。

❷手順6で追肥した畝の肩の土を掘り、盛るように土寄せします。

❸生長点の真下まで土寄せをして、生長点は土に埋まらないようにします。

野菜を楽しむ

根深ネギと葉ネギの栄養価の違い

ひと口にネギの栄養分といっても、根深ネギと葉ネギとでは食用部分が異なり、栄養成分の量が異なっています。栄養的にすぐれているのは緑色の部分を食べる葉ネギで、カロテンやビタミンCなどのビタミン類、カルシウムやカリウムなどのミネラル分も含まれています。葉ネギに含まれるカロテンの量はグリーンアスパラよりも多く、ビタミンCはアボガドを上回っています。一方根深ネギは、殺菌作用や抗菌作用、血液をサラサラにする効果があるとされる硫化アリルという成分が多く含まれています。

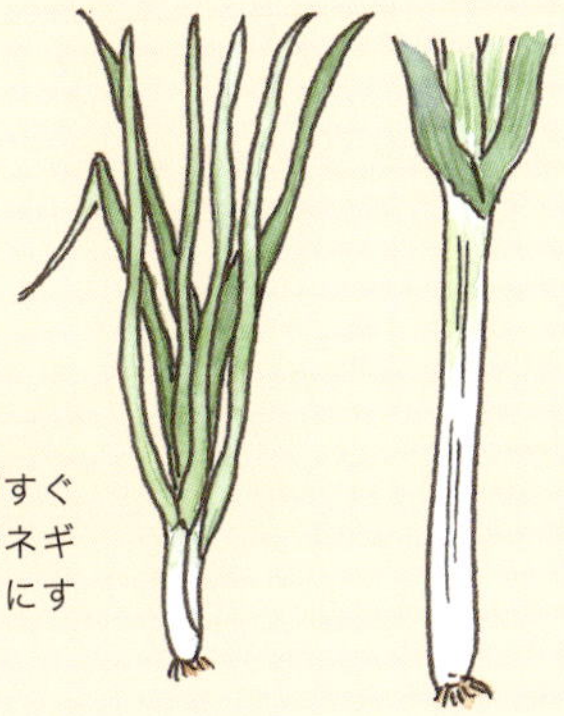

栄養成分は葉ネギがすぐれていますが、根深ネギには血液をサラサラにする効果があります。

病気・害虫対策

ネギに多く見られる病気に、初夏と秋口に多発するさび病（写真上）があります。さび病は葉にさびのような褐色の斑点ができる病気で、見た目が悪くなるだけでなく、激しく発生すると生育が衰えます。発生した葉は取り除いて焼却し、雑菌剤を1週間おきに散布します。害虫ではネギハモグリバエやネギコガ（写真右）の幼虫、アブラムシなどの被害が見られます。

大地の滋養に満ちあふれる

ヤマイモ

[英] *Chinese yam*　チャイニーズ・ヤム（ナガイモ）

ヤマノイモ科
中国原産（ナガイモ）

栽培可能地域：
北海道～沖縄県

ヤマイモはイモの形からナガイモ、イチョウイモ、ツクネイモに区別されます。このうちツクネイモのつくり方を紹介します。

難易度：（2）

必要な資材：支柱（ナガイモ）、敷きわら（イチョウイモ、ツクネイモ）
日照：日なた
株間：30㎝
発芽温度：20～25℃
連作障害：あり（3～4年）
pH：6.0～6.5
コンテナ栽培：×

●栽培カレンダー

月	1	2	3	4	5	6	7	8	9	10	11	12
植えつけ				■	■							
追肥						■	■	■				
収穫	■	■	■	■						■	■	■

1 種イモの切り分け

❶ツクネイモやイチョウイモは、芽がそれぞれにつくよう縦に60g前後に切り分けます。
❷発芽がそろいやすいように頂端部を削ります。

ナガイモの準備

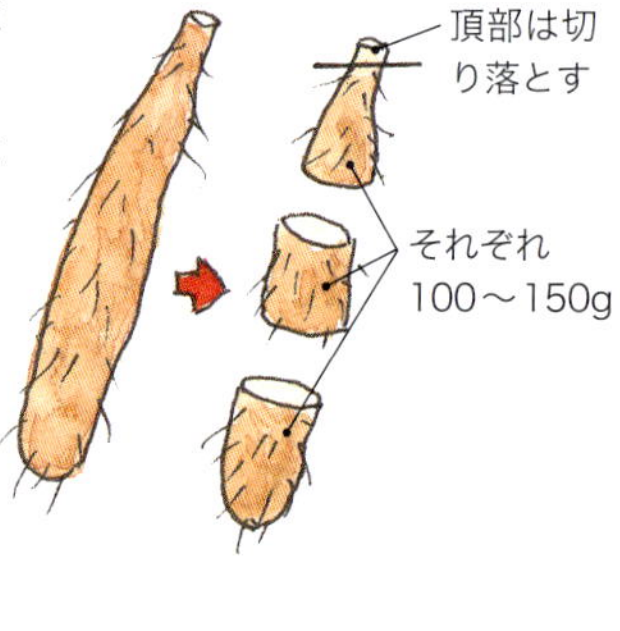

ナガイモでは頂部を落として、残りを100～150g前後に横に切り分けます。

2 植えつけ準備

❶種イモを切り分けたら、切り口に草木灰をつけて乾燥させます。
❷切り口を下にしてポリポットに植えつけて育苗し、写真のように芽が出て暖かくなってから畑に植えつけてもよいでしょう。

畑は深く耕す

畑の準備 植えつけの2週間前に、1㎡あたり200gの苦土石灰《くどせっかい》を施します。1週間前に1㎡あたり3kgの堆肥《たいひ》と100gの化成肥料を施してよく耕します。ナガイモを植える場合は30cm、イチョウイモやツクネイモを植える場合は15cmほどの深さまで耕し、幅100cmの畝《うね》をつくります。ナガイモは畝の高さは中央が30cmほどのかまぼこ形にします。

植えつけ ナガイモは頂部を切り取り、100〜150g前後に3分割します。イチョウイモやツクネイモは頂部を中心にそれぞれ60g前後に縦に分割し、頂端部の芽を削ります。切り口には草木灰などをつけて乾燥させます。種イモを畝の中央に、深さ15cm、株間30cmで植えつけます。

支柱立て ナガイモでは長さ2mほどの支柱を立てます。イチョウイモとツクネイモは地面に這わせるため支柱は立てず、敷きわらなどでマルチングします。

追肥 つるが伸びはじめたら、3週間に1回を目安に8月上旬までに3〜4回、1株あたり1つまみのカリ分の多い化成肥料を株間に施します。

収穫 夏には水やりをして乾燥させないように育て、秋になって葉が枯れたら収穫適期です。株のわきを深く掘り、収穫します。

野菜づくり Q&A

Q 葉のつけ根に小さないものようなものができてしまいました。

A 葉のつけ根にできる小さないものようなものは「むかご」です。むかごはつるが下垂するとできやすくなります。むかごが多いとイモの肥大が悪くなるので、つるが下垂しないよう上に伸ばすように育てます。

畝づくり

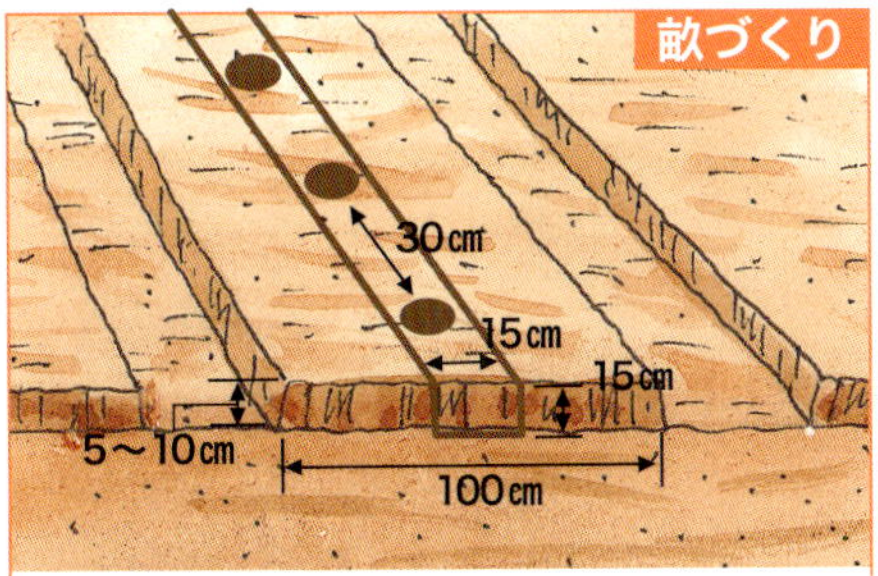

土づくり：苦土石灰200g/㎡
施肥：堆肥3kg/㎡、化成肥料100g/㎡

3 植えつけ

❶畝の中央に、深さ15cmほどの溝を掘ります。
❷溝に30cm間隔で種イモを置き、掘りあげた土を溝に戻し、種イモを埋めます。

ヤマイモの畝づくり

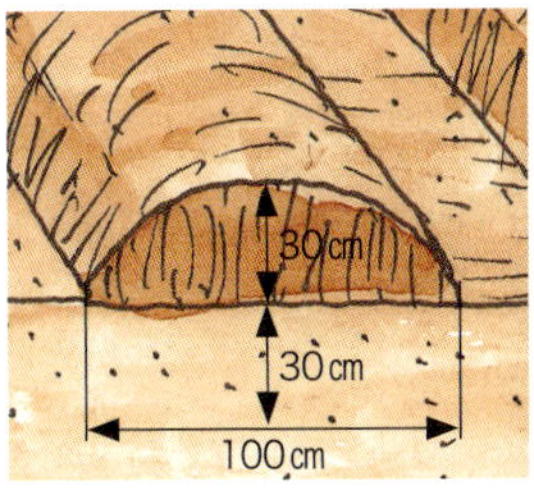

ナガイモでは深さ30cmほどまで耕し、中央が30cmほどになるかまぼこ形の畝をつくります。

4 追肥・収穫

❶つるが伸びはじめたら、3週間に1回を目安に8月上旬までに、1つまみの化成肥料をドーナツ状に施し、肥料と土を軽く混ぜて土寄せします。
❷秋になって葉が枯れたら、イモを傷つけないよう、株のわきを深く掘って収穫します。

ナガイモの収穫

ナガイモ群は地下深くまでイモが伸びるので、スコップの刃があたっていもを傷つけないようにしながら、わきを掘って収穫します。

栽培しやすいサラダの定番

レタス

［英］*lettuce*　レタス

キク科
ヨーロッパ原産

栽培可能地域：
北海道〜沖縄県

サラダに欠かせない定番野菜です。日本では生食中心ですが、加熱調理するとさりげない甘みあり、おいしく食べられます。

難易度：

必要な資材：マルチング
日照：日なた
株間：30㎝
発芽温度：15〜20℃
連作障害：あり（1〜2年）
pH：6.0〜7.0
コンテナ栽培：○（深さ20㎝以上）

●栽培カレンダー

月	1	2	3	4	5	6	7	8	9	10	11	12
種まき								■				
植えつけ									■			
追肥										■		
収穫											■	■

1 種まき

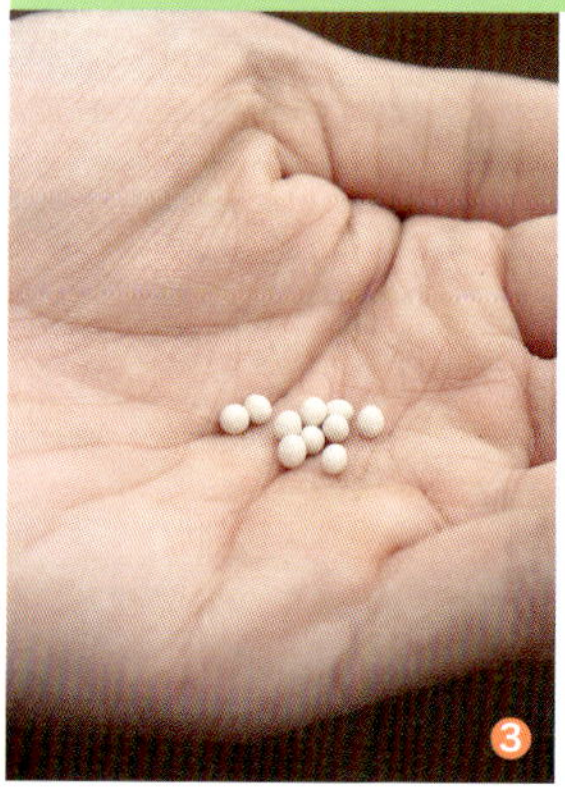

❶ポリポットに培養土を入れ、表面を平らにならして十分に水やりしておきます。
❷水がひいたら、できるだけ均一に種をばらまきにします。土はふるいでごく薄く被せるか、覆土しなくても大丈夫です。水やりの際には種が流れないように注意しましょう。
❸発芽率のよいペレットシードは1粒まいて土を被せます。

2 植えつけ

❶間引いて1本にした苗の本葉が4〜5枚になったら苗を取り出し、根鉢を崩さないように植えつけます。
❷根鉢の肩が地面よりやや高くなるように植え穴に置き、株元をしっかりと押さえ、根鉢の肩が地面と同じ高さになるようにします。
❸植えつけ後、たっぷりと水やりします。

植えつけ時に生長点を埋めないように注意

種まき ポリポットに培養土を入れ、種をできるだけ均一にばらまきします。レタスの発芽には光が必要なので、土はふるいなどでごく薄く被せる程度か、あるいは覆土しません。

間引き 発芽したら、生長に従って順次間引きし、本葉が2~3枚になる頃1本にします。

畑の準備 植えつけの2週間前に1㎡あたり150gの苦土石灰《くどせっかい》をまいてよく耕します。1週間前には1㎡あたり堆肥《たいひ》3kgと化成肥料100gを施してよく耕し、幅70cmの畝《うね》をつくります。マルチングすると保温効果があります。

植えつけ 本葉が4~5枚になったら植えつけます。株間、列間とも30cmで植え穴を掘り、生長点を埋めないよう植えつけます。

追肥 植えつけ2~3週間後から、2週間に1回を目安に、1株半握りほどの化成肥料を、株の周囲に施します。追肥後は除草を兼ねて、土と肥料を混ぜ合わせ、胚軸《はいじく》を埋めるように土寄せします。

収穫 結球部分を手で押さえてみて、巻きがしっかりしたものから、結球の下に包丁を入れて切り取り、収穫します。リーフレタスでは葉が15枚以上になったら、株元からハサミを入れて株ごと収穫するか1枚ずつ葉をかき取ります。

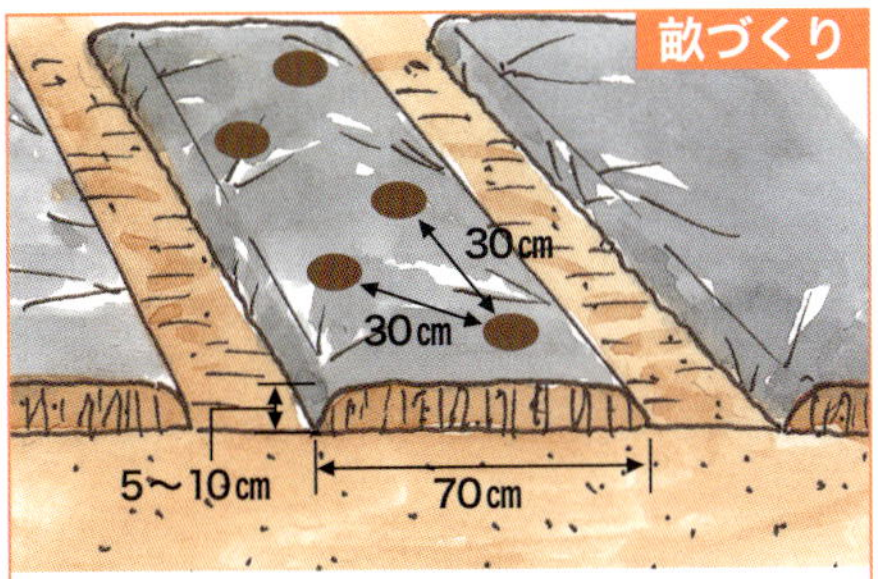

土づくり：苦土石灰150g/㎡
施肥：堆肥3kg/㎡、化成肥料100g/㎡

野菜づくり Q&A

Q 下葉が黄色く変色して、生長が思わしくありません。

A 窒素不足が原因です。少しずつ肥料をやって様子を見ましょう。また葉の先の方が黄変するのはカリ不足が考えられます。このような場合にはカリ成分の多い肥料を施して様子を見ます。

3 追肥

追肥は植えつけ2～3週間後から、2週間に1回を目安に行います。
①1株につき半握り～軽く1握りほどの化成肥料を追肥します。
②株の周囲、葉の外周の下にドーナツ状に施します。
③指先で土をほぐすようにしながら、肥料と土を混ぜ合わせます。胚軸《はいじく》が土から出ていたら、ここで土寄せします。

4 収穫

①結球したものを手で軽く押さえて、巻きの様子を確認します。
②しっかりと結球していたら、結球の下に包丁を入れて収穫します。
③リーフレタスでは葉が15枚以上になったら収穫適期です。株元からハサミを入れて株ごと収穫するか、1枚ずつ葉をかき取るように収穫します。

鍋料理に欠かせない冬野菜の代表

ハクサイ

［英］*Chinese cabbage*　チャイニーズ・キャベジ

アブラナ科
中国原産

栽培可能地域：
北海道〜沖縄県

春まきと秋まきができますが、冷涼な気候を好み暑さに弱いので、家庭菜園では秋まきで育てるのがよいでしょう。

難　易　度：

必要な資材：とくになし
日　　　照：日なた
株　　　間：30〜45㎝
発 芽 温 度：18〜20℃
連 作 障 害：あり（2〜3年）
pH：6.5〜7.0
コンテナ栽培：×

●栽培カレンダー

月	1	2	3	4	5	6	7	8	9	10	11	12
種まき								■	■			
植えつけ									■			
追　肥										■		
収　穫	■										■	■

1 種まき

❶ポリポットに培養土を入れ、5〜6粒の種を等間隔にまきます。
❷まいた種の上から薄く土を被せます。
❸指先で軽く土の表面を押して、土と種を密着させます。種まきの後はやさしく水やりをします。

2 間引き

発芽後は間引きをしながら苗を育てます。
❶子葉の大きさが不ぞろいのもの、虫食いのあるもの、生育の悪いものなどを間引きます。
❷引き抜くと残る苗の根を傷めることがあるので、ハサミで株元を切って間引きます。
❸本葉4〜5枚で1本立ちにします。

生育前半に十分外葉を育てる

種まき ポリポットに種まき用の培養土を入れ、表面を平らにならしたら5〜6粒の種を等間隔にまきます。

間引き 芽が出たら、葉の形の悪いものや生育の悪いものなどを間引きながら育て、本葉4〜5枚で1本立ちにします。手で引き抜くと残った苗を傷めることがあるので、ハサミで株元を切って間引きます。

畑の準備 植えつけ2週間前に1㎡あたり150gの苦土石灰《くどせっかい》をまいてよく耕します。1週間前には1㎡あたり3kgの堆肥《たいひ》と200gの化成肥料を施してすき込み、幅60cmの畝《うね》をつくります。畝は高くする必要はなく、周囲を踏み込むだけでも大丈夫です。

植えつけ 本葉が5〜6枚になったら畑に植えつけます。秋まき早生の品種で年内に収穫できる場合には、株間は30〜35cm、晩生の品種で年を越して育てる場合は、株が大きくなるので株間をやや広めの40〜45cmにとります。直径8〜10cmほどの植え穴を掘り、根鉢の肩が地面よりやや高くなるように植え穴に置きます。掘り出した土を戻し、株元の土をしっかりと押さえて、根鉢が地面と同じ高さになるようにします。植えつけ後はたっぷりと水やりします。

追肥・土寄せ 植えつけ後2週間たったら、1回目の追肥を行います。1つまみの化成肥料を葉の広がりの外周の下に施します。施した肥料が土とよく混ざるように軽く耕し、土から出ている胚軸《はいじく》を土に埋めるように土寄せします。結球しはじめたら、2回目の追肥と土寄せを行います。このときは株が大きくなっているので、追肥は

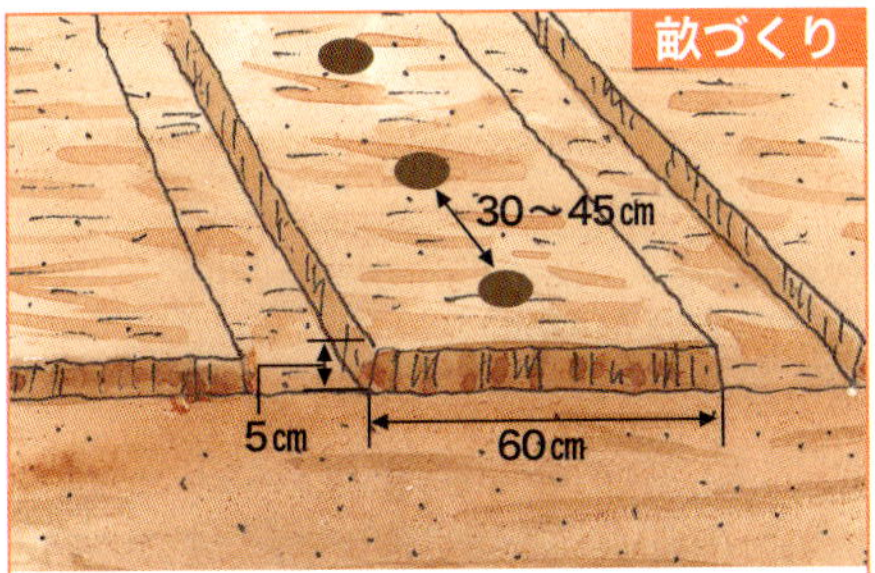

土づくり：苦土石灰150g/㎡

施肥：堆肥3kg/㎡、化成肥料200g/㎡

3 植えつけ

苗の本葉が5〜6枚になったら畑に植えつけます。

❶ポリポットから根鉢を崩さないように取り出します。

❷直径8〜10㎝ほどの植え穴に、根鉢の肩がやや地面より高くなるように苗を置きます。

❸掘り上げた土を戻し、株元の土を押さえて根鉢と土が密着するようにします。

4 追肥(2回目)

❶軽く1握りの化成肥料を追肥します。株が小さなうちは株の周囲に追肥しますが、株が大きくなると追肥しにくくなるので、株間や畝の肩に追肥します。

❷施肥後、土と肥料をよく混ぜ合わせます。

❸畝の肩に追肥する場合は、片側ずつ2回に分けて追肥します。施肥後、軽く耕しながら肥料と土を混ぜて土寄せします。

株間や畝の肩に施し、土と混ぜて土寄せします。

防寒対策 収穫前に霜が降りるようになる地域では、外葉を折らないように持ち上げ、ひもで縛って結球を包み、寒さを防ぎます。

収穫 順調に生長すると結球がはじまり、どんどん大きくなります。葉が十分に大きく育ち、枚数も増えないとよい結球をしません。害虫の被害を防ぐことも含め、外葉を大切にしましょう。十分に大きくなり、結球の頂部を触ってみて、かたく締まっていたら収穫します。

野菜づくり Q&A

Q うまく結球しません。

A ハクサイだけでなく、結球する野菜は、外葉の働きで結球します。葉の枚数が一定に達しないと結球しませんし、外葉の大きさに比例して結球の大きさも決まってしまいます。つまり、生育の前半に外葉を十分な大きさと枚数に育てておかなければなりません。品種にもよりますが、種まきの時期が遅かったり、日照や肥料不足が原因で外葉が十分に育たなかった場合にはうまく結球しないことがあります。

野菜を楽しむ　外葉と芯葉に多くの栄養が含まれる

鍋物や漬け物に欠かせないハクサイですが、栄養も豊富で、とくに外側の緑の葉と中心の葉の部分の栄養価が高く、ビタミンCや鉄分、カルシウム、カリウムなどが多く含まれます。収穫したハクサイは、1株ずつ新聞紙に包んで根元を下にして冷暗所に貯蔵すれば、1カ月近く保存できます。カットしたものや使い残したものは、ラップに包んで冷蔵庫の野菜室に入れ、できるだけ早く使い切ります。

保存の際は新聞紙に包んで根元を下にして、冷暗所で保存します。

5 霜よけ

❶外葉を折らないように持ち上げて結球の上で束ねます。すべての外葉を持ち上げる必要はありません。
❷内部に霜が入らないように、上部をひもで軽く縛ります。
❸風などでゆるまないように、上過ぎず下過ぎず、適度な位置で縛りましょう。

6 収穫

❶結球した部分の上部を手で軽く押さえ、かたく締まっていたら収穫適期です。
❷外葉を下に押し下げ、株元が見えるようにします。
❸地ぎわに包丁を入れ、切り取って収穫します。

人気の
ハーブ・香辛野菜

薫り高い日本のハーブ

シソ

［英］*perilla*　パリラ

シソ科
中国中南部〜
ヒマラヤ地方原産

栽培可能地域：
北海道〜沖縄県

中国大陸が原産ですが日本には縄文時代以前に渡来しており、日本の代表的なハーブの1つと言ってよいでしょう。

難易度	
必要な資材	とくになし
日照	日なた〜明るい日かげ
株間	10〜15㎝
発芽温度	20〜22℃
連作障害	少ない
pH	5.5〜7.0
コンテナ栽培	○（深さ15㎝以上）

●栽培カレンダー

月	1	2	3	4	5	6	7	8	9	10	11	12
種まき				■								
植えつけ				■								
追肥				■			■					
収穫						■	■	■	■			

1 種まき

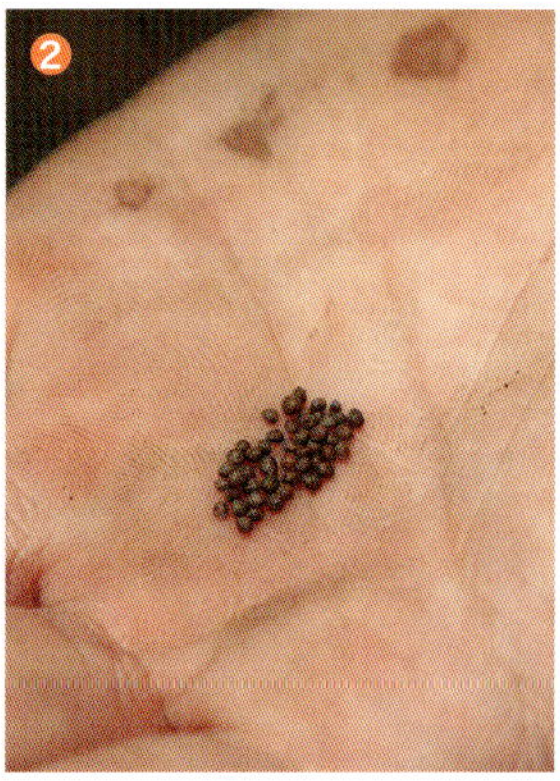

❶ポットに種まき用の培養土を入れ、種をまく前に十分に水やりをして、土を湿らせておきます。
❷シソの種は発芽率がよいので、まきすぎないように注意しましょう。
❸できるだけ等間隔に10粒ほどの種をまきます。シソの種は好光性なので、ふるいなどを使ってごく薄く土を被せます。

2 植えつけ

間引き後、本葉が4〜5枚になったら植えつけます。
❶ポットから根鉢を崩さないように取り出します。
❷できるだけ土を落とさないように、根を傷つけないようにしながら株分けをします。
❸植え穴に植え、株元を手で軽く押さえて土と根を密着させます。

土はごく薄く被せる

種まき ポリポットに種まき用の土を入れ、ハス口をつけたじょうろでやさしく水やりをします。できるだけ等間隔に10～12粒の種をまき、ごく薄く土を被せます。このときふるいを使うと便利です。

間引き 発芽したら、葉と葉が触れ合わない程度に順次間引いていき、本葉が4～5枚で3～4株になるようにします。

畑の準備 植えつけの2週間前に1㎡あたり100gの苦土《くど》石灰《せっかい》をまいてよく耕します。1週間前に1㎡あたり2kgの堆《たい》肥《ひ》と100gの化成肥料を施し、よく土と混ぜ合わせ、幅60㎝の畝《うね》をつくります。

植えつけ 本葉が4～5枚になったら、苗をポリポットから抜いて根を傷めないように株分けし、10～15㎝間隔で植えつけます。植えつけ後はたっぷりと水やりをします。4月中旬に、畑に直まきする場合は、種をすじまきにして間引きながら育て、最終的に株間が10～15㎝になるようにします。

追肥 基本的に生育がよければ追肥の必要はありません。

摘心 茎の先端を摘み取るとわき芽（側芽）がたくさん発生し、収量が増えます。

収穫 草丈が40～50㎝ほどになったら、手やハサミで下葉から摘み取って収穫します。

畝づくり

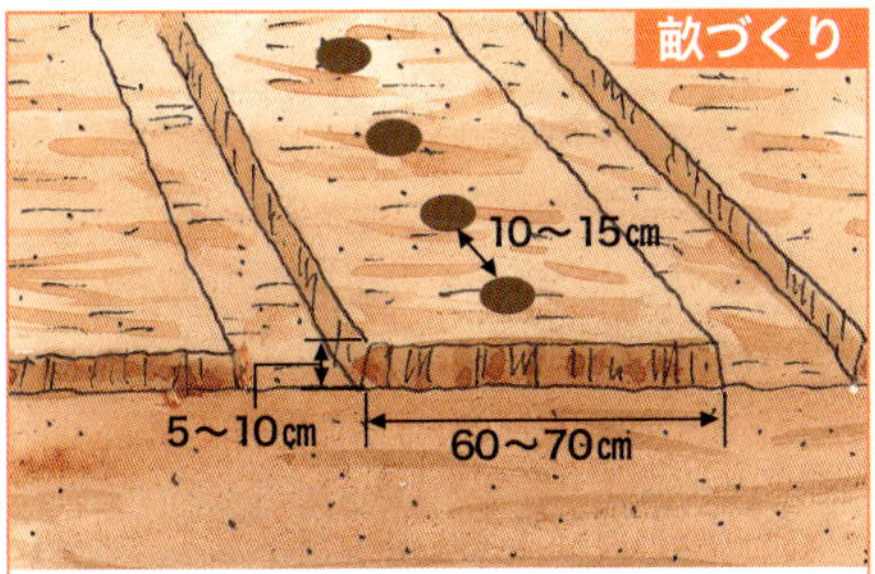

土づくり：苦土石灰100g/㎡
施肥：堆肥2kg/㎡、化成肥料100g/㎡

野菜づくり Q&A

Q 種をまきましたが、芽が出ません。

A シソは繁殖力が旺盛な植物です。春に種をまいても発芽しない場合は、遅霜の時期に種をまいたか、被せた土が厚すぎたなどが考えられます。シソの種は光を好む性質があり、覆土を厚くしすぎると発芽しにくくなります。

3 追肥

追肥は基本的に不要ですが、生育の悪い場合には以下のように行います。
①1株あたり軽く1つまみの化成肥料を追肥します。
②葉の外周の下にドーナツ状に施します。
③施肥後、指先で土をほぐすようにしながら、土と肥料を混ぜ合わせます。

4 収穫

①草丈が40～50㎝ほどになったら収穫できます。
②下葉から指先で摘み取って収穫します。
③花穂は、長さが5㎝ほどになったら収穫します。刺身のつまや天ぷらなどに利用できます。

収穫したての爽やかな香り

ショウガ

［英］*ginger*　ジンジャー

ショウガ科
熱帯アジア原産

栽培可能地域：
山形県・宮城県～
沖縄県

乾燥に注意すれば病害虫も少なく、栽培しやすい野菜です。収穫したての風味豊かなショウガは、家庭菜園ならではの楽しみです。

難　易　度：

必要な資材：敷きわら
日　　　照：日なた～日かげ
株　　　間：30㎝
発 芽 温 度：25～30℃
連 作 障 害：あり（3～4年）
pH：5.5～6.0
コンテナ栽培：○（深さ20㎝以上）

●栽培カレンダー

月	1	2	3	4	5	6	7	8	9	10	11	12
植えつけ				■	■							
追　肥					■	■	■					
収　穫				葉ショウガ			■	■		■ 根ショウガ	■	

1 植えつけ

❶種ショウガは傷がないものを選びます。大きなものは約50gに切り分けますが、このときどれにも芽がつくようにして、切り口が乾いてから植えつけます。
❷芽を上にして、芽の伸びる方向を畝の向き（長い方向）と垂直に植えつけます。
❸深さ5㎝ほどに植えつけて、土を被せます。

2 追肥

❶新芽が伸び始めたら、3週間に1回の割合で追肥します。株の周囲に軽く1握りの化成肥料を施します。
❷追肥後、移植ゴテで軽く土の表面を耕すようにすき込みます。

夏は葉ショウガ 秋は根ショウガを収穫

畑の準備 植えつけの2週間前に、苦《く》土石灰《どせっかい》を1㎡あたり50〜100g散布し、よく耕して畝《うね》をつくります。1週間前には幅15cm、深さ20cmの溝を掘り、1㎡あたり堆肥《たいひ》3kg、化成肥料100gを入れ、10cmほど土を戻しておきます。

植えつけ 芽の伸びる方向に株が生長するので、芽が伸び出る方向と畝の方向（長い側）が垂直になるように植えつけます。株間は30cmほどとります。

追肥 新芽が伸びはじめた頃から3週間に1回の割合で、生育期間中に2〜3回追肥を行います。株から15cmほど離れた場所に、1株あたり軽く1握りの化成肥料を施します。追肥後、土に軽くすき込んで土寄せをします。

水やり 乾燥に弱いため、まめに水やりをしましょう。

マルチング 乾燥に弱いので、梅雨が明けて乾燥が強い時期になったら敷きわらなどをして乾燥を防ぐと、生育がよくなります。

収穫 夏、株もとの茎の太さが1cmほどになったら葉ショウガが収穫できます。秋、根ショウガの収穫は、葉が黄色くなりはじめたら、霜が降りる前に収穫します。すぐに使わない分は新聞紙で包み冷暗所で貯蔵します。

野菜づくり Q&A

Q 毎年同じ場所でショウガをつくることはできますか？

A ショウガは連作障害の出やすい作物です。続けて同じ場所で栽培することは難しく、生育が悪くなってしまいます。このため一度植えたら、3〜4年は別の野菜を育てる「輪作」を行ってからもう一度チャレンジしてみましょう。

畝づくり

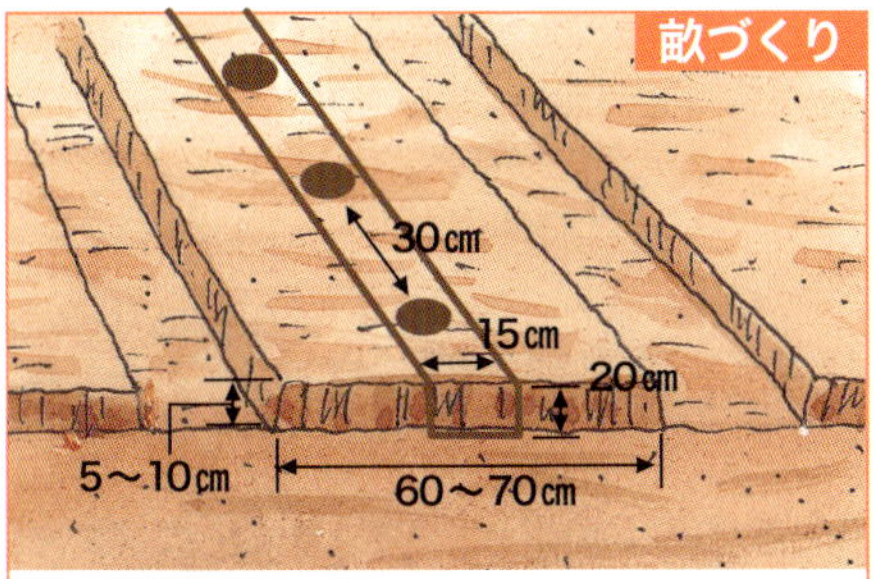

土づくり：苦土石灰50〜100g/㎡
施肥：堆肥3kg/㎡、化成肥料100g/㎡

3 土寄せ

1追肥して耕した土を株元に土寄せします。
2根を傷つけないように、優しく寄せ上げましょう。

4 収穫

7〜8月になったら葉ショウガ、10月頃、葉が黄色くなりはじめたら根ショウガの収穫ができます。
1株元をしっかり握ります。
3途中で折れないように、まっすぐ株ごと引き抜きます。株が大きく広がって抜きにくいときは、株の周囲を掘り下げて収穫します。

育てやすくよく実り、彩りも美しい

トウガラシ

［英］*chili pepper*　チリペッパー、
red pepper　レッドペッパー

ナス科
中南米原産

栽培可能地域：
北海道〜沖縄県

ピーマンの仲間で、育て方もピーマンと同じですが、トウガラシのほうが丈夫で病害虫も少なく、初心者向きといえます。

難易度	
必要な資材	ポリマルチ、支柱
日照	日なた
株間	50㎝
発芽温度	25〜30℃
連作障害	あり（3〜4年）
pH	6.0〜6.5
コンテナ栽培	○（深さ20㎝以上）

●栽培カレンダー

月	1	2	3	4	5	6	7	8	9	10	11	12
植えつけ					■							
追肥						■	■	■	■			
収穫								■	■	■		

1 植えつけ

❶50㎝間隔でポリマルチに穴を開けて植え穴を掘り、根鉢を崩さず根鉢の肩が少々地面より高くなるように植えつけます。
❷しっかりと根づくまでの間、仮支柱を立てて支えます。
❸植えつけ後はたっぷりと水やりします。

2 追肥

植えつけ1カ月後から、2週間に1回を目安に追肥します。
❶1株につき1握り程度の化成肥料を、株の広がりの下にドーナツ状に施します。
❷軽く土と混ぜ合わせて土寄せします。

植えつけは十分に気温が上がってから

畑の準備 植えつけの2週間前に1㎡あたり200gの苦土石灰《くどせっかい》をまいてよく耕します。1週間前には1㎡あたり堆肥《たいひ》3kg、鶏糞《けいふん》500g化成肥料100gをすき込んで畝《うね》をつくり、ポリマルチを敷きます。

植えつけ トウガラシの育苗は温度管理が難しいため、市販の苗を購入して植えつけましょう。気温が低いと生育が悪くなるので、十分暖かくなってから植えつけます。

追肥 肥料切れを起こさないように、植えつけ1カ月後から、2週間に1回を目安に追肥します。株の広がりの下に1握りの化成肥料を施して軽く土と混ぜて、土寄せします。窒素分が多すぎると葉ばかり茂って花つきが悪くなるので、生育がよい場合は追肥を控えるか、量を減らします。

支柱立て 最初の花が咲いたら本支柱を立て、ひもで茎を結びつけます。茎は生育に伴って太くなるので、きつく結ばないように注意しましょう。

わき芽かき 一番花がついた枝分かれ部分より下のわき芽（側芽）はすべて摘み取ります。

収穫 実が真っ赤に熟したら収穫します。熟した実を1つずつ切り取って収穫してもよいですし、秋に株ごと抜き取って収穫してもよいでしょう。

畝づくり

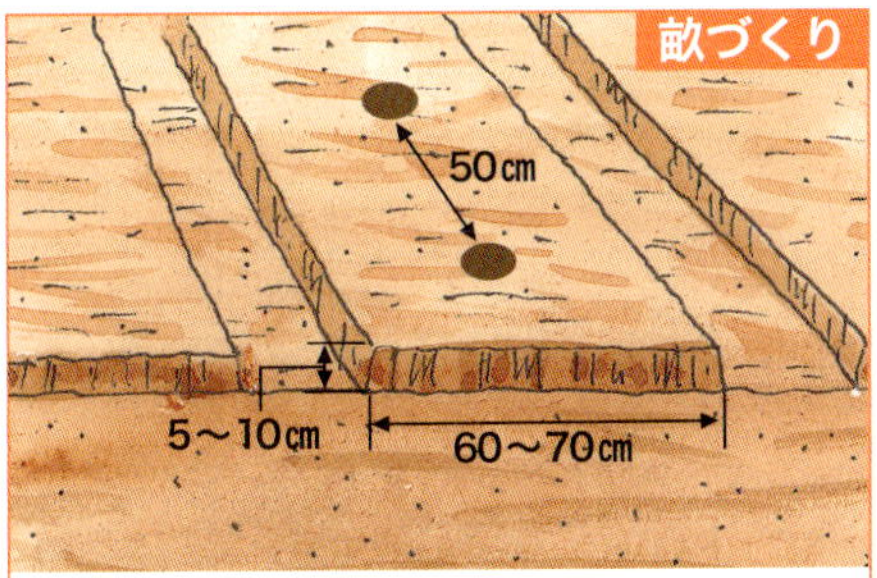

土づくり：苦土石灰200g
施肥：堆肥3kg/㎡、鶏糞500g/㎡、化成肥料100g/㎡

野菜づくり Q&A

Q 鉢植えにできますか？

A 鉢植えにする場合は、7〜8号鉢に苗を1本ずつ植えつけます。植えつけ直後は日陰に2〜3日置き、その後日あたりのよい場所で、肥料切れにならないよう注意しながら育てます。

3 わき芽かき

❶一番花の部分で主茎が枝分かれします。
❷その枝分かれより下のわき芽をすべて摘み取ります。残しておくと養分が分散されて実つきが悪くなると同時に、株元の風通しも悪くなって、病害虫の発生が増えます。

一番花とわき芽

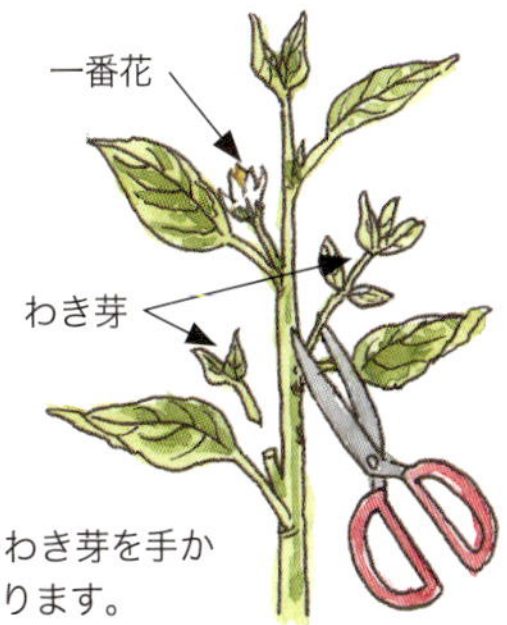

一番花より下のわき芽を手かハサミで摘み取ります。

4 収穫

❶実が真っ赤に熟したら収穫適期です。
❷果実の先をつまみ、ハサミで果柄《かへい》から切り取ります。秋までそのまま置いて、株全体を引き抜いて収穫することもできます。
❸色づく前の未熟な果実は青トウガラシとして利用できます。

栄養豊富で1年に何度も収穫できる

ニラ

［英］*Chinese chive*
チャイニーズ・チャイヴ

ユリ科
東アジア原産

栽培可能地域：
北海道～沖縄県

収穫までは1年ほどかかりますが、一度植えると4～5年収穫できます。また害虫を寄せつけない効果もあります。

難易度	
必要な資材	とくになし
日照	日なた
株間	6～8㎝
発芽温度	15～25℃
連作障害	少ない
pH	6.0～7.0
コンテナ栽培	○（深さ20㎝以上）

●栽培カレンダー

月	1	2	3	4	5	6	7	8	9	10	11	12
種まき												
植えつけ			秋まき				春まき					
追肥		翌年から								翌年から		
収穫	春・秋まき（翌年）											

1 種まき

①ニラの種。
②③支柱などを使って苗床にまき溝をつくり、できるだけ均一になるようにすじまきします。土を軽く被せて水をやります。

2 植えつけ準備

①苗の草丈が20㎝ほどになったら畝に移植します。
②③株を掘りあげるときは、根を傷つけないように株から少し離れたところに移植ゴテを垂直に深く入れ、てこの応用で株を掘り起こします。

1年間株を充実させ2年目から収穫

苗床の準備 酸性土を嫌うため、種まきの2週間前に1㎡あたり150gの苦土石灰《くどせっかい》をまいて耕し、土を中和します。1週間前には1㎡あたり堆肥《たいひ》3kg、化成肥料100gをすき込んで畝《うね》をつくります。

種まき 畝の表面に15cm間隔のまき溝をつけ、すじまきします。

間引き 種まきから2週間ほどで発芽します。発芽後間引きし、株間が1cmになるようにします。

畑の準備 苗床と同じように、あらかじめ畑に苦土石灰をまいて、元肥《もとごえ》を施しておきます。

植えつけ 苗が草丈20cmほどになったら、3本ずつ植えつけます。

追肥 植えつけ3週間後とその2週間後に、1㎡あたり50～60gの化成肥料を畝の肩に施し、土寄せします。2年目からは4月と9月の2回追肥をします。

収穫 植えつけ後1年間は収穫せずに育て、植えつけ2年目以降、新葉が20cmになったら地ぎわから2～3cm残して収穫します。

摘花 花が咲くと株が弱るので、早めに摘み取ります。花ニラは、つぼみに薄皮がついている間に花茎を5cmほど残して収穫します。

株の更新 3～4年後、株が弱って収量が減ってきたら、9月に掘り上げて、数本ずつに株分けして植え直します。

畝づくり

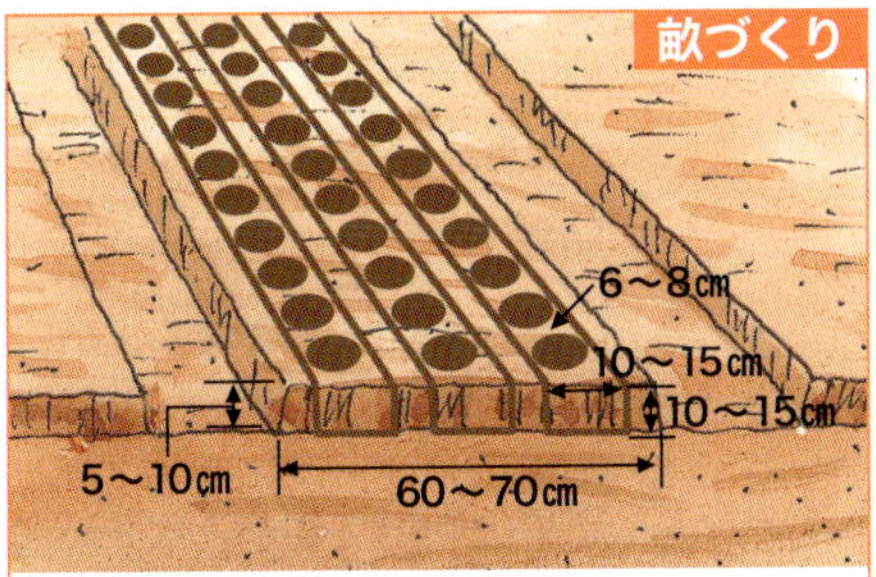

土づくり：苦土石灰150g/㎡
施肥：堆肥3kg/㎡、化成肥料100g/㎡

野菜づくり Q&A

Q 植えつけた苗の生長がよくありません。

A ニラは多湿な環境を嫌い、水はけの悪い土地では生育が衰えて、腐ってしまうこともあります。水はけの悪い土地では、土に堆肥を多くすき込み、畝を高くして乾燥気味になるようにします。

3 植えつけ

❶掘り出した苗の土を落とし、1本ずつに分けます。
❷深さ10～15cmの植え穴を掘り、1カ所に3本ずつ、根を土の上に置くようにして植えつけます。
❸やや深植えになるように土を被せます。

4 収穫

1年目は収穫せずに株を大きく育てます。
❶2年目以降、春先から伸びる若い葉が20～30cmになったら収穫できます。
❷❸地ぎわから2～3cm残して収穫します。切り残したところから再び新芽が伸びるので、収穫可能な長さになったらまた刈り取ります。

便利に使える和風香味野菜

ミツバ

［英］*japanese hornwort*
ジャパニーズ・ホーンワート

セリ科
日本原産

栽培可能地域：
北海道～沖縄県

スーパーなどで売られているミツバは水耕栽培したものが多いです。家庭菜園では青々と葉を茂らせた青ミツバをつくります。

難易度：

必要な資材：とくになし
日照：明るい日かげ
株間：15～20㎝（条間15～20㎝）
発芽温度：10～20℃
連作障害：あり（3～4年）
pH：5.5～7.0
コンテナ栽培：○（深さ15㎝以上）

●栽培カレンダー

1 種まき

❶支柱や板などで深さ5mmほどの浅いまき溝をつくり、すじまきにします。
❷ミツバの種。ミツバは発芽があまりよくないため、多少重なるくらいに多めにまきます。

2 追肥

元肥《もとごえ》が十分に施してあれば、とくに追肥の必要はありませんが、2～3週間に1回を目安に化成肥料を施すと、株が大きく育ちます。
❶条間に軽く1握りの化成肥料を施します。
❷表面を耕すようにしながら肥料を土に混和します。
❸最後に株元に土寄せします。

基本的に間引きをしないで育てる

畑の準備 種まきの2週間前に1㎡あたり100g程度の苦土石灰《くどせっかい》をまいてよく耕し、1週間前に1㎡あたり堆肥《たいひ》3kg、化成肥料100gを施して畝《うね》をつくります。

種まき 畝に支柱などで浅いまき溝をつくって種をまきます。発芽率があまりよくないので、種が重なるくらい多少多めにまいてもよいでしょう。ふるいなどを使って、種が見えるか見えないかといった程度にごく薄く土を被せます。上から手で軽く押さえて種と土を密着させ、乾燥させないように管理します。

追肥 発芽後は、よほど込み合っている場合以外は、間引きをせずに育てます。追肥もとくに必要ありませんが、2～3週間に1回を目安に化成肥料や液肥を施すと、株を大きく育てることができます。土が乾燥していたらたっぷりと水やりをします。

摘花 株を弱らせないために、花芽は早めに摘み取ります。

収穫 草丈が15cm以上に育ったら収穫できます。

軟化栽培 スーパなどで売られているような白く長いミツバを露地栽培でつくるには、栽培1年目は収穫せず冬越しさせ、地上部が枯れたら15cmほど盛り土をします。翌年、葉が出そろったら収穫します。

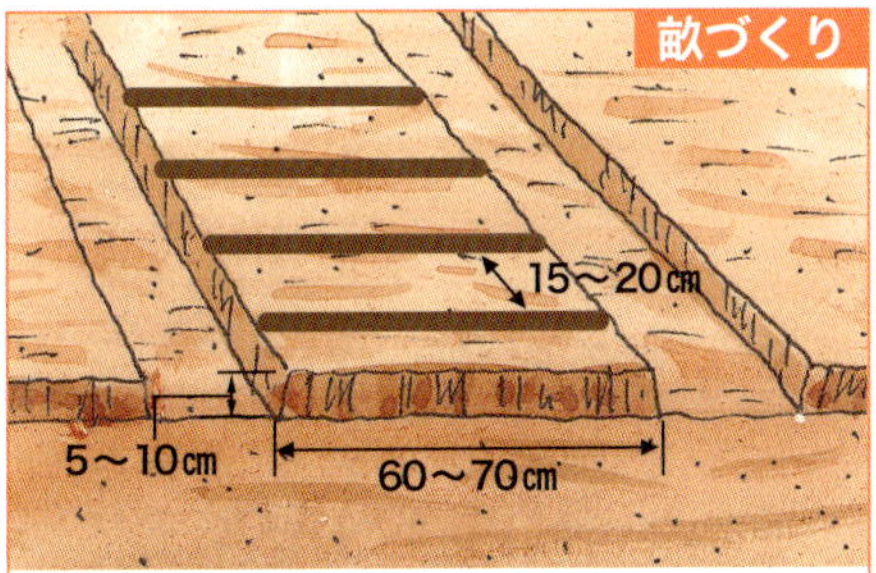

土づくり：苦土石灰100g/㎡

施肥：堆肥3kg/㎡、化成肥料100g/㎡

野菜づくり Q&A

Q 発芽が不ぞろいになってしまいます。

A 発芽が不ぞろいになると生長もまばらで、ミツバのように密植して育てるものは、遅れて育ったものが収穫できなくなります。種を1～2時間水に浸してまくと発芽がそろいやすくなります。また好光性の種子のため、土は薄く被せます。

3 摘花

❶花が咲いて結実すると株が衰弱してしまいます。

❷花芽が発生したら、早めに摘み取ります。

4 収穫

❶草丈が15cmを越えたら収穫適期です。

❷❸外葉から必要な分だけ摘み取って収穫します。冬前には株元から2cmほどのところで株ごと刈り取って収穫すると、翌年新しい芽が出て生長し、再び収穫することができます。

何年にもわたって収穫できる

ミョウガ

［英］*mioga*　ミォガ

ショウガ科
日本原産

栽培可能地域：
北海道〜沖縄県

やや湿り気のある、半日かげの場所を好みます。地下茎を伸ばして増えるため、一度植えると何年にもわたって収穫できます。

難易度：

必要な資材：敷きわら
日照：半日かげ
株間：20〜30㎝
発芽温度：20〜30℃
連作障害：少ない
pH：広域（酸性土壌でも可）
コンテナ栽培：○（深さ20㎝以上）

●栽培カレンダー

月	1	2	3	4	5	6	7	8	9	10	11	12
植えつけ			■	■								
追肥						■					■	
収穫						翌年	■	■	■	■		

1 植えつけ

❶ミョウガの地下茎は春に出回ります。別に育てていたミョウガの地下茎を切って利用することもできます。
❷畝に植え溝を掘り、20〜30㎝間隔で芽を上にして植えつけます。
❸地下茎の上に土を10㎝ほど被せます。

2 追肥

❶5〜7月の間、3〜4週間に1回程度、株から少し離れたところに1株あたり軽く1つまみの化成肥料を施します。
❷軽く耕すように土とよく混ぜ合わせ、株元に土寄せします。

つぼみを食用にする

畑の準備 半日かげと湿り気を好むので、木かげや建物のかげなどに植えるとよいでしょう。植えつけの2週間前に、1㎡あたり100gの苦土石灰《くどせっかい》をまいて土の酸度を調整し、1週間前に1㎡あたり堆肥《たいひ》1kgを施してよく耕します。

植えつけ 春に園芸店に出回るミョウガの地下茎を購入して植えつけます。地下茎が大きな場合は、2~3芽ずつに切り分けます。

追肥 5~7月の生育期間中は3~4週間に1回を目安に、化成肥料を施します。

敷きわら 乾燥を嫌うので、土が乾くようなら、敷きわらを敷きます。

収穫 収穫は植えつけから2年目以降になります。春に伸びた新芽の根元からつぼみ（花芽）が出てきたら、収穫します。花が開いてからでは味が落ちるので、時期になったらまめに確認し、取り遅れないようにします。

株の更新 植えつけから4~5年たつと地下茎が込み合って収量が減ってきます。そこで、3~4年に一度、晩秋になって地上部が枯れたら適当な間隔で穴をあけ、地下茎を切って掘り出し、土だけ埋め戻します。地下に残した部分からは新しい地下茎が伸びます。数年ごとに場所を変えて同じように更新します。

畝づくり

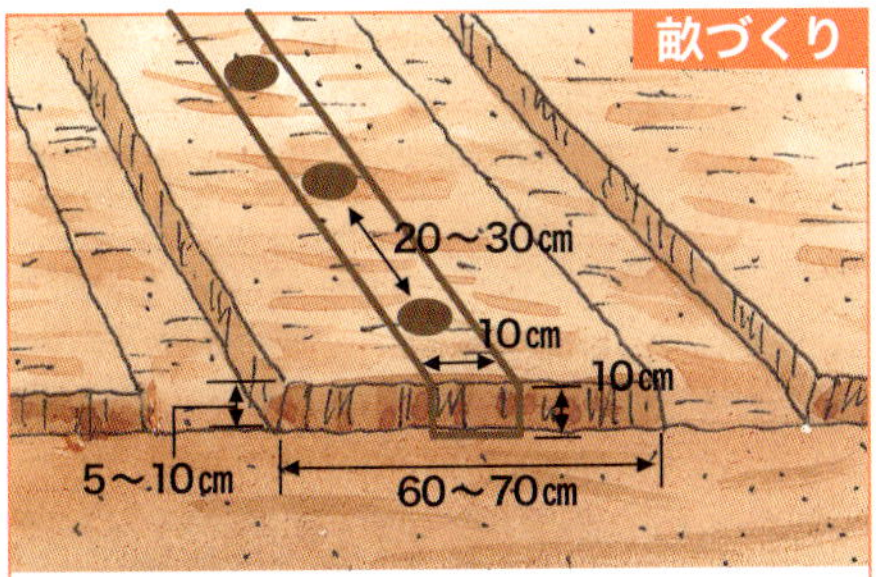

土づくり：苦土石灰100g/㎡
施肥：堆肥1kg/㎡

野菜づくり Q&A

Q ミョウガタケはどうやって育てるのですか？

A 3月中旬~下旬の発芽を始める頃に、根株の上に高さ60cmほどの段ボール箱などを被せて暗くしておきます。新芽が生長を始めたら、長さが15cmほどと20cmほどになったときの2回、箱の下を1日あけて採光と通風をはかります。新芽が40cmほどに育ったら収穫します。

3 敷きわら

❶ミョウガは乾燥を嫌うので、土が乾くようなら敷きわらを施します。
❷株元を覆うようにわらを敷きますが、わらを交互に置いて井型に編むようにすると、風で飛ばされにくくなります。

4 収穫・株の更新

収穫は植えつけから2年目以降になります。
❶春に出た新芽が生長し、その株元からつぼみ（花芽）が出ます。
❷開花する前のかたく締まったつぼみを地ぎわから折り取るように収穫します。このとき、ハサミで切り取ってもかまいません。

株の更新

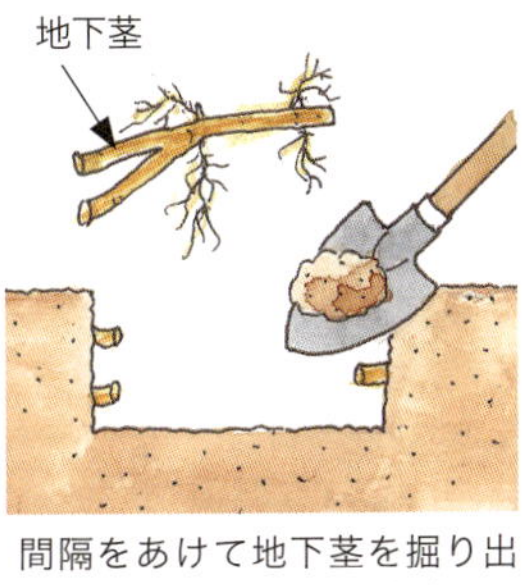

間隔をあけて地下茎を掘り出し、土のみを埋め戻します。

1株で長い間収穫を続けられる

イタリアンパセリ

［英］*(Italian) Parsley*　（イタリアン）パースリィ

セリ科
地中海地方原産

栽培可能地域：
北海道～鹿児島県

イタリアンパセリは葉が柔らかで縮れません。ふつうのパセリと同じように、サラダなどの料理に彩りを添えます。

難易度	：
必要な資材	：ポリマルチ
日照	：日なた～明るい日陰
株間	：15㎝
発芽温度	：15～25℃
連作障害	：あり（1～2年）
pH	：6.0～7.0
コンテナ栽培	：○（深さ15㎝以上）

●栽培カレンダー

月	1	2	3	4	5	6	7	8	9	10	11	12
種まき			■	■	■							
間引き			■	■	■							
植えつけ					■							
収穫						■	■	■	■	■	■	

根を傷めないようにていねいに植えつける

畑の準備 種まきまたは植えつけの2週間前に1㎡あたり100gの苦《く》土石灰《どせっかい》をまいてよく耕します。1週間前には3kgの堆肥《たいひ》と100gの化成肥料をすき込んで、畝《うね》をつくります。雑草対策にポリマルチ（黒）で覆うのもよいでしょう。

種まき 畑に直まきするか、ポリポットにばらまきして育苗します。

間引き 10日ほどで発芽します。子葉が開いたら込み合った株を間引き、本葉が3～4枚で1本立ちにします。

植えつけ 植えつけのときに根を傷めると株全体が弱ってしまうので、根鉢を壊さないように注意しながら、ていねいに植えつけます。

収穫 本葉が12～13枚程度になったら外側の葉から収穫します。

1 間引き

2 植えつけ

❶子葉が開いたら間引きをはじめ、本葉が3～4枚になった頃1株になるようにします。
❷根鉢を崩さず植えつけます。また、生長点が土に埋まらないように注意します。

畝づくり

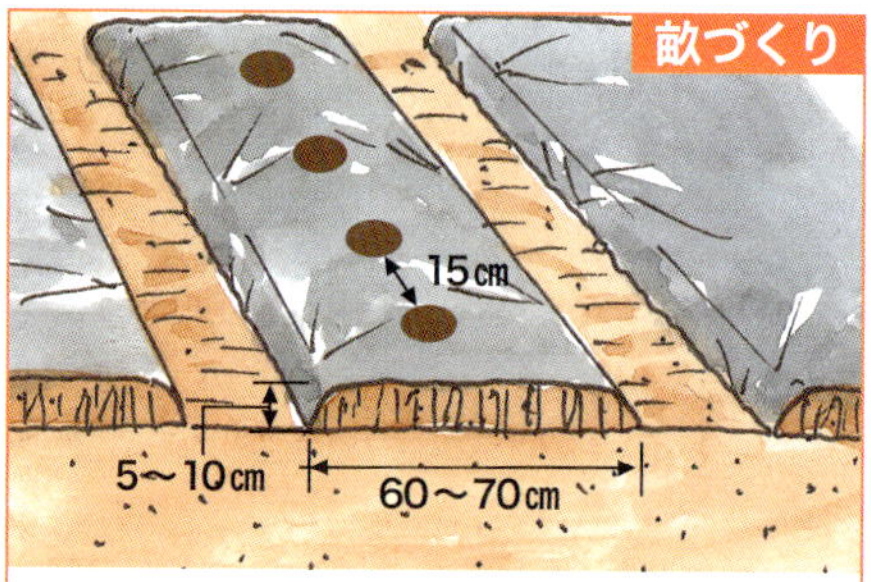

土づくり：苦土石灰100g/㎡
施肥：堆肥3kg/㎡、化成肥料100g/㎡

料理のわきで際だつ辛み

クレソン

［英］*watercress*　ウォータークレス

アブラナ科
ヨーロッパ原産

栽培可能地域：北海道〜沖縄県

難易度：

必要な資材：とくになし
日照：日なた
株間：10〜15㎝
発芽温度：20〜25℃
連作障害：あり（1〜2年）
pH：広域（酸性土壌でも可）
コンテナ栽培：○（深さ15㎝以上）

クレソンには水栽培するウォータークレスと畑で育てるガーデンクレスがあります。ふつうクレソンと呼ぶ場合は前者を指します。

●栽培カレンダー

月	1	2	3	4	5	6	7	8	9	10	11	12
種まき				■								
間引き					■							
植えつけ					■							
収穫							■	■	■	■		

乾燥に注意する

種まき ポリポットに種をばらまきし、ごく薄く土を被せて水やりします。クレソンは収穫まで乾燥させないように注意します。

間引き 込み合った部分を間引きながら育て、本葉が5～6枚ほどで2～3株が残るようにします。

畑の準備 乾燥しにくい場所を選び、植えつけ2週間前に1㎡あたり150gの苦土石灰《くどせっかい》を、1週間前に1㎡あたり4kgの堆肥《たいひ》と150gの化成肥料を施します。

植えつけ 土をできるだけ落とさないように株分けし、10～15㎝間隔でやや浅植え気味にします。

追肥 4～6月と9～10月、2週間に1回を目安に追肥します。土寄せは必要ありません。

収穫 どんどん生育するのでハサミで切り取って収穫します。

1 間引き

2 収穫

❶発芽後、込み合った部分の、生育の悪いものや葉の形が悪いものをピンセットで間引きます。
❷必要量をハサミで切り取って収穫します。株元の節を残し、その先から収穫すれば、残した節からわき芽が発生して生長します。

畝づくり

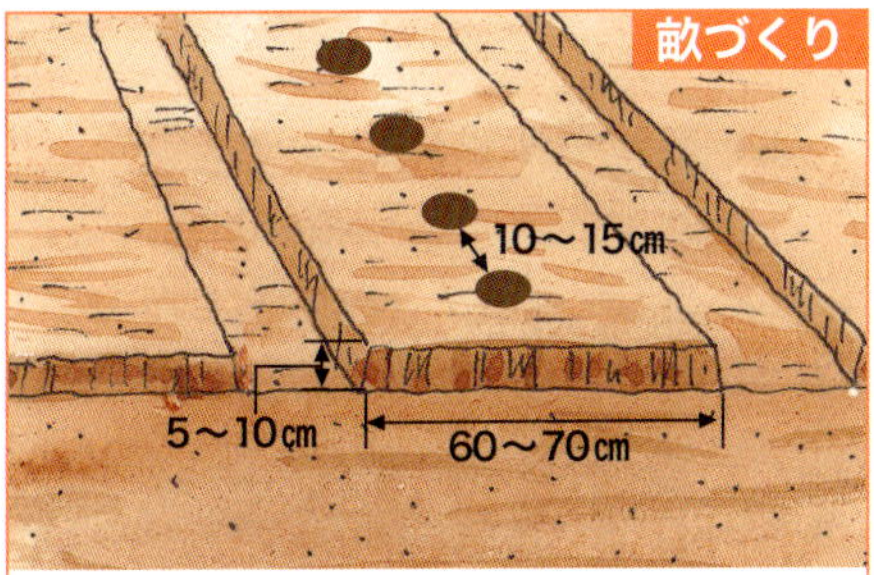

土づくり：苦土石灰150g/㎡
施肥：堆肥4kg/㎡、化成肥料150g/㎡

独特な香りのエスニック・ハーブ

コリアンダー

［英］*coriander*　コリアンダー

セリ科
地中海地方原産

栽培可能地域：
北海道～沖縄県

果実はカレーの香辛料として有名ですが、葉や茎は中華料理ではシャンツァイ、タイ料理ではパクチーと呼ばれる香辛野菜です。

難　易　度：（1）

必要な資材：ポリマルチ
日　　　照：日なた
株　　　間：15cm
発 芽 温 度：17～20℃
連 作 障 害：少ない
pH：5.5～7.0
コンテナ栽培：○（深さ15cm以上）

●栽培カレンダー

月	1	2	3	4	5	6	7	8	9	10	11	12
種まき			■	■					■			
植えつけ				■	■				■	■		
収　穫					春まき	■	■	■	■	■		
収　穫	秋まき		■	■	■	■	■	■	■	■		

収穫期間の長い秋まきがおすすめ

畑の準備　直まきでは、種まきの2週間前1㎡あたり200gの苦《く》土《ど》石灰《せっかい》をまいて土を中和して深めによく耕します。1週間前に1㎡あたり堆肥《たいひ》3kg、化成肥料100gをすき込みます。市販苗あるいは育苗した苗を植えつける場合は、植えつけ前に畑の準備を行います。雑草対策にポリマルチ（黒）で覆うのもよいでしょう。

種まき　移植を嫌うため、畑に直まきにするか、ポリポットで育苗して根鉢ごと植えつけます。

植えつけ　ポリポットで育苗した場合、本葉が4～5枚に生長したら畑に植えつけます。

収　穫　次々と枝分かれしながら株が大きくなっていくので、下の芽を残して枝先を摘み取るようにすると、収量が増えます。

1 植えつけ

2 追肥

❶ポリポットから根を傷めないように取り出し、根鉢を崩さないように植えつけます。
❷植えつけ後、1～2回、生育の様子を見ながら、1株につき軽く1握りの化成肥料を、株の周囲に施します。

畝づくり

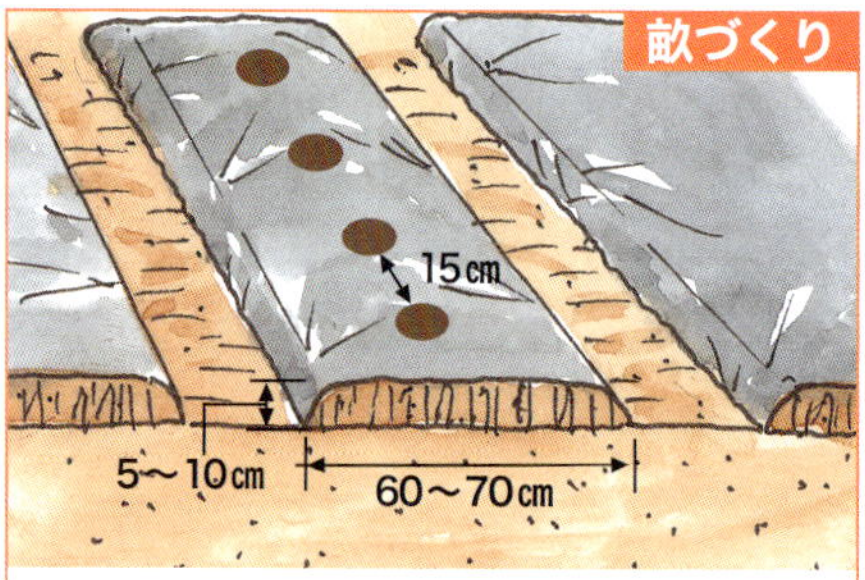

土づくり：苦土石灰200g/㎡
施肥：堆肥3kg/㎡、化成肥料100g/㎡

強い香りは元気の印

ニンニク

[英] *garlic*　ガーリック

ユリ科
中央アジア原産

栽培可能地域：
北海道〜沖縄県

難　易　度	
必要な資材	とくになし
日　　照	日なた
株　　間	10〜15㎝
発芽温度	15〜20℃
連作障害	少ない
pH	6.0〜6.5
コンテナ栽培	○（深さ20㎝以上）

冷涼な気候を好み、暑さや寒さにあまり強くありません。暖地向き、寒地向きの品種があるので、栽培地によって選びましょう。

●栽培カレンダー

月	1	2	3	4	5	6	7	8	9	10	11	12
植えつけ									■			
追　肥	■										■	
芽かき				■	■							
収　穫					■							

勢いのある1芽を育てる

畑の準備 酸性土を嫌います。植えつけの2週間前に1㎡あたり100gの苦土石灰《くどせっかい》をまいてよく耕します。1週間前に1㎡あたり3kgの堆肥《たいひ》と100gの化成肥料を施してすき込み、幅30〜40㎝程度の畝《うね》をつくります。

植えつけ 種球《たねきゅう》をていねいに鱗片《りんぺん》（分球）に分けて、10〜15㎝間隔で芽のほうを上にして植えつけます。

追　肥 越冬前と春先の2回、1㎡あたり50gの化成肥料を追肥して土と混ぜ合わせます。

芽かき 草丈15㎝になった頃、1つの分球から2本以上の芽が出ていたら、元気のよい1本を残してほかを取り除きます。発生するわき芽も切り取ります。

収　穫 5〜6月、葉先の3分の2程度が枯れてきたら収穫します。

1 植えつけ

2 収穫

❶種球をていねいに鱗片（分球）に分け、芽が出る部分を上向きにして、深さ5〜6㎝の穴に植えつけます。
❷葉先から3分の2ほどが枯れたら収穫します。晴れた日に掘りあげて根を切り、風通しよい場所で3〜5日乾燥させます。

畝づくり

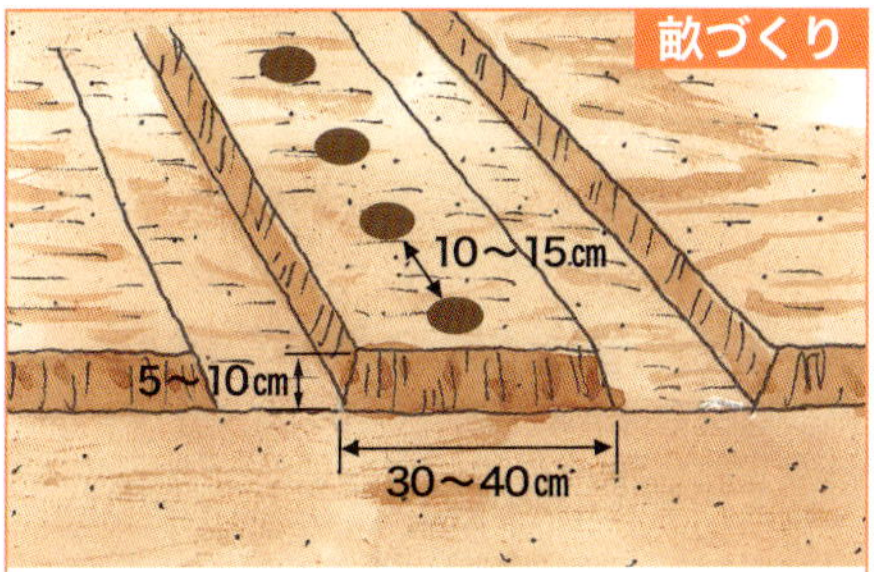

土づくり：苦土石灰100g/㎡
施肥：堆肥3kg/㎡、化成肥料100g/㎡

イタリア料理には欠かせない

バジル

［英］*basil*　バジル

シソ科
熱帯アジア～アフリカ、
太平洋諸島原産

栽培可能地域：
北海道～沖縄県

爽やかな香りで、イタリア料理などによく使われます。摘心するとわき芽が伸びるので、摘心を兼ねながら収穫できます。

難易度：

必要な資材：ポリマルチ
日照：日なた
株間：20～30㎝
発芽温度：25～30℃
連作障害：あり（1～2年）
pH：5.5～6.5
コンテナ栽培：○（深さ15㎝以上）

●栽培カレンダー

月	1	2	3	4	5	6	7	8	9	10	11	12
種まき				■	■	■						
植えつけ					■	■						
追肥					■	■	■	■	■			
収穫						■	■	■	■	■		

肥料切れに注意

種まき ポリポットに培養土を入れ、種が重ならないように均一にまきます。ごく薄く土を被せて上から軽く押さえ、水をやります。

間引き 本葉が見えはじめたら間引き、1ポット4～6株にします。

畑の準備 植えつけの2週間前に1㎡あたり、100gの苦土石灰《くどせっかい》をまいて耕し、1週間前に1㎡あたり3kgの堆肥《たいひ》と100gの化成肥料を施し、雑草対策にポリマルチ（黒）で覆うのもよいでしょう。

植えつけ 本葉が6～8枚になったら1株ずつに分け、株間20～30cmでやや深めに植えつけます。

追肥 ひと月に1回、軽く半握りの化成肥料を施します。

収穫 草丈が15cmほどに伸びたら、収穫も兼ねて茎先を2～3節の長さで摘み取ります。

1 植えつけ

2 収穫

❶苗は根を傷めないように株分けして、植えつけます。
❷枝先を摘むようにして収穫すると、わき芽が伸びて長期間収穫できます。

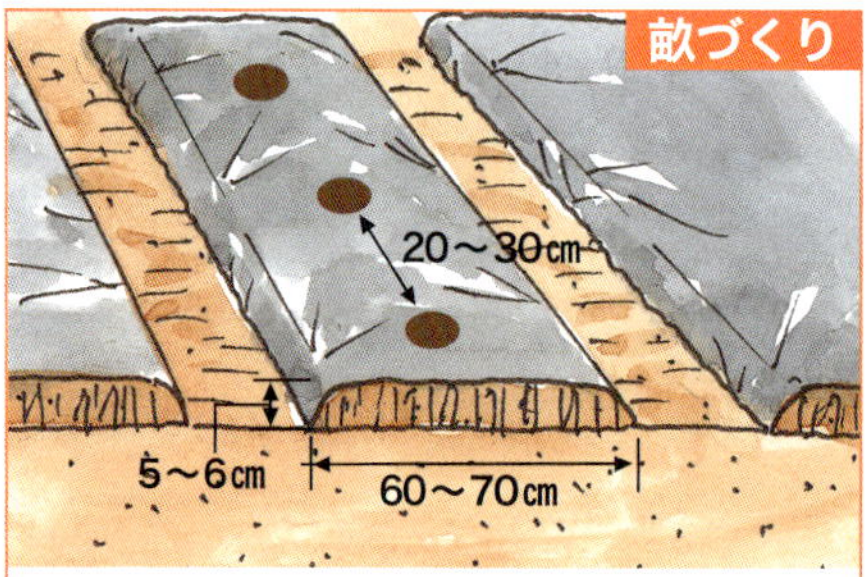

土づくり：苦土石灰100g/㎡
施肥：堆肥3kg/㎡、化成肥料100g/㎡

料理に彩りを添える名脇役

パセリ

[英] *Parsley*　パースリィ

セリ科
地中海地方原産

栽培可能地域：
北海道〜鹿児島県

料理のつけ合わせに使うだけならば、1〜2株あれば十分役に立ちます。一度植えるとほぼ一年中収穫できます。

難易度	：
必要な資材	：とくになし
日照	：日なた〜明るい日かげ
株間	：15㎝
発芽温度	：15〜25℃
連作障害	：あり（1〜2年）
pH	：6.0〜7.0
コンテナ栽培	：○（深さ15㎝以上）

●栽培カレンダー

月	1	2	3	4	5	6	7	8	9	10	11	12
種まき			●	●	●							
間引き			●	●	●							
植えつけ					●							
収　穫					●	●	●	●				

育苗には時間がかかる

種まき ポリポットに培養土を入れ、多少多めに種をばらまきにします。発芽まで乾燥させないように管理します。

間引き 発芽後、本葉が出るまでは時間がかかります。1週間に1回液肥、あるいは月に1回化成肥料を追肥して育て、本葉が3〜4枚になったら1本立ちにします。

畑の準備 植えつけの2週間前に1㎡あたり100gの苦土石灰《くどせっかい》をまいて耕し、1週間前に1㎡あたり堆肥《ひ》3kg、化成肥料100gをすき込み、畝《うね》をつくります。

植えつけ 根鉢を崩さないように、そのまま植えつけます。

収穫 本葉が12〜13枚程度に生長したら収穫できます。わき芽を伸ばさないので、育った外葉から摘み取って収穫します。

1 種まき

2 収穫

❶ポリポットに培養土を入れ、多少多めに種をばらまきします。種まき後、ごく薄く土を被せて水をやります。
❷本葉が12〜13枚になったら外葉から摘み取って収穫します。8枚以上葉を残しておけば、長い間収穫を続けることができます。

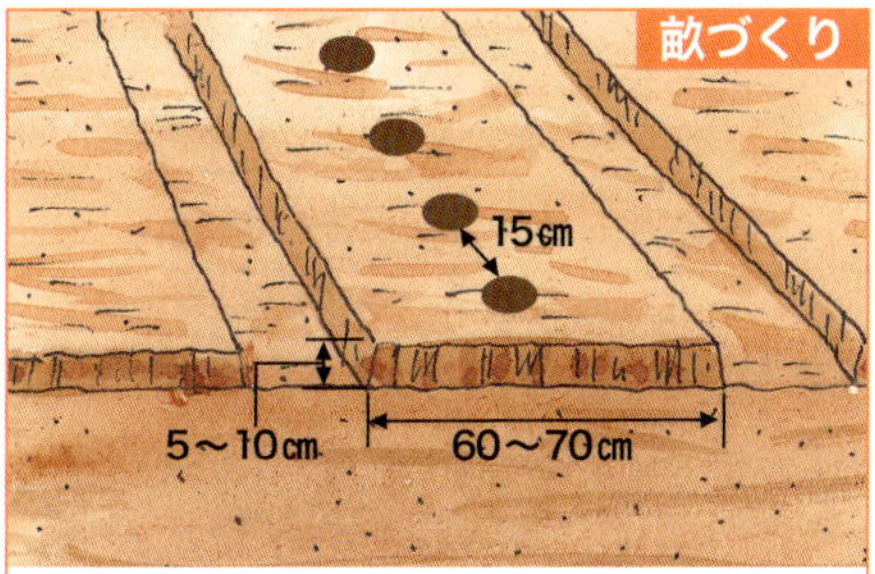

土づくり：苦土石灰100g/㎡
施肥：堆肥3kg/㎡、化成肥料100g/㎡

さわやかな香りが広がる

ペパーミント

［英］*peppermint*　ペパーミント

シソ科
地中海地方原産

メントールを含み清涼感のあるペパーミント。その仲間には甘い香りの種類があるスペアミント系や日本のハッカなどがあります。

難易度	（1）
必要な資材	ポリマルチ
日照	日なた
株間	30㎝
発芽温度	15〜25℃
連作障害	少ない
pH	5.5〜7.0
コンテナ栽培	○（深さ15㎝以上）

●栽培カレンダー

月	1	2	3	4	5	6	7	8	9	10	11	12
種まき			■	■	■							
間引き			■	■	■							
植えつけ				■	■	■						
収穫					■	■	■	■	■	■		

茎の先端から収穫する

種まき ポリポットに培養土を入れ、種をばらまきにします。薄く土を被せて表面を軽く手でならし、たっぷりと水やりをします。

間引き 込み合った部分を順次間引きながら育て、本葉3〜4枚ほどで1本立ちにします。

畑の準備 植えつけの2週間前に1㎡あたり100gほどの苦土石灰《くどせっかい》を施し、1週間前には1㎡あたり堆《たい》肥《ひ》1〜2kgをすき込み、よく耕しておきます。雑草対策にポリマルチ（黒）で覆うのもよいでしょう。

植えつけ 本葉5〜6枚になったらポリポットから取り出し、株間30㎝で植え穴を掘り、根鉢を崩さないように植えつけます。

収穫 株が大きくなり、本葉が増えてきたら収穫と摘心《てきしん》を兼ねて茎の先端を摘み取ります。

1 植えつけ

2 収穫

❶本葉が5〜6枚ほどになったら植えつけます。株間30㎝で植え穴を掘り、根鉢を崩さないように植えつけます。
❷茎先を摘み取るようにするとわき芽が発生して茎葉が増え、株がこんもりと茂って収量が増えます。

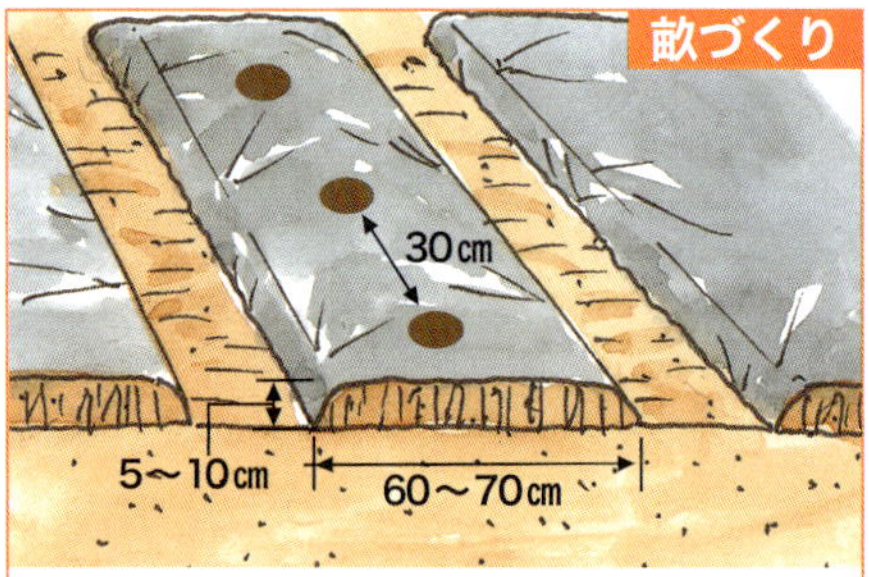

土づくり：苦土石灰100g/㎡
施肥：堆肥1〜2kg/㎡

レモンのような清々しい香り

レモンバーム

［英］*lemon balm*　レモンバーム

シソ科
地中海地方原産

栽培可能地域：
北海道～鹿児島県

その名のとおりレモンの香りがするハーブで、ハーブティにしたり、生葉をサラダ、フルーツゼリーなどに利用したりします。

難　易　度：
必要な資材：ポリマルチ
日　　　照：日なた
株　　　間：30㎝
発 芽 温 度：15～25℃
連 作 障 害：少ない
pH：5.5～7.0
コンテナ栽培：○（深さ15㎝以上）

●栽培カレンダー

月	1	2	3	4	5	6	7	8	9	10	11	12
種まき			■	■	■							
間引き			■	■	■							
植えつけ				■	■	■						
収　穫					■	■	■	■	■	■		

わき芽を摘んで株を茂らせる

種まき ポリポットに培養土を入れ、できるだけ均一に種をばらまきします。ふるいなどでごく薄く土を被せ、やさしく水やりをします。

間引き 葉と葉が重なる部分から間引きながら育て、本葉4～5枚で1本立ちにします。

畑の準備 植えつけの2週間前に苦土《くど》石灰《せっかい》100gを施し、1週間前に1㎡あたり堆肥1～2kgを施して、よく耕しておきます。雑草対策にポリマルチ（黒）で覆うのもよいでしょう。

植えつけ ポリポットの底穴から白い根が出てきたら、植えつけます。

収　穫 草丈が8cmほどになったら茎先を摘んでわき芽を伸ばします。株がこんもりと茂り、葉のわきに小さな白い花がついたら株元から刈り取って乾燥、保存します。

1 間引き

2 植えつけ

❶発芽したら、ピンセットを使って込み合った部分を間引きます。数度に分けて間引き、本葉が4～5枚になる頃1本にします。

❷根がよく張って、ポリポットの底穴から白い根が見えるようになったら、株間を30㎝ほどとって根鉢を崩さないように畑に植えつけます。

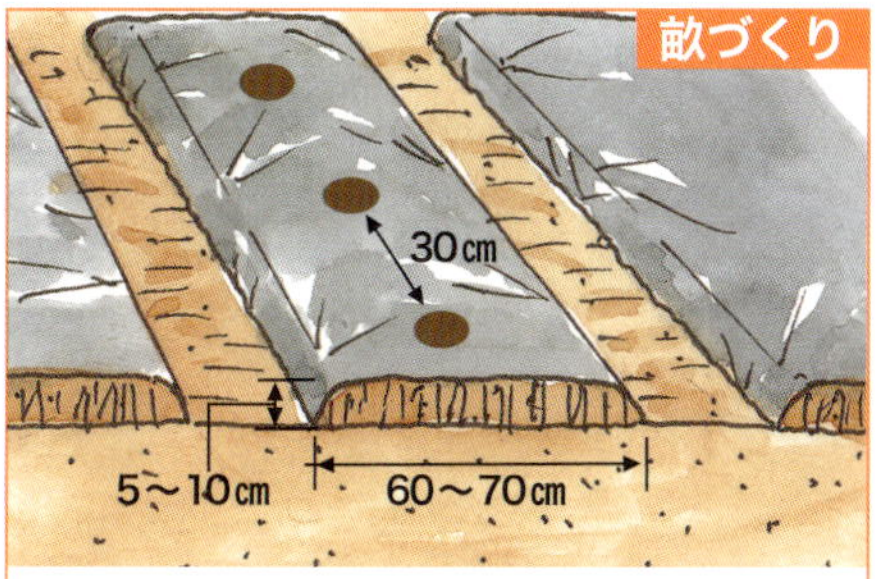

土づくり：苦土石灰100g/㎡
施肥：堆肥1～2kg/㎡

丈夫で初心者向けのハーブ

ローズマリー

［英］*rosemary*　ローズマリー

シソ科
地中海地方原産

栽培可能地域：
北海道〜沖縄県

地中海地方原産の常緑低木です。生長はゆっくりで、育苗にも時間がかかるので、市販苗を購入して植えつけてもよいでしょう。

●栽培カレンダー

月	1	2	3	4	5	6	7	8	9	10	11	12
種まき				●	●	●			●	●		
植えつけ				●	●	●	●		●	●	●	
収穫					●	●	●	●	●	●	●	●

難易度：
必要な資材：とくになし
日照：日なた
株間：15〜30㎝
発芽温度：15〜20℃
連作障害：少ない
pH：5.5〜7.0
コンテナ栽培：○（深さ20㎝以上）

水はけのよい高めの畝をつくる

種まき ポリポットに培養土を入れ、種をばらまきして、ごく薄く土を被せます。種を流さないようにていねいに水やりをします。

仮植え 発芽後、間引きをしながら育て、草丈3〜4㎝になったら鉢に仮植えします。

畑の準備 植えつけ2週間前に1㎡あたり150gの苦土《くど》石灰《せっかい》をまいてよく耕しておきます。1週間前には1㎡あたり堆肥《たいひ》2kg、化成肥料50gをすき込み、高めの畝《うね》をつくります。

植えつけ 種まきの翌年の春、草丈が10㎝ほどになったら植えつけます。

剪定 梅雨前に枝葉を剪定《せんてい》して、風通しをよくします。

収穫 混み合った部分の剪定を兼ねて、切った枝葉を収穫します。

1 仮植え

2 収穫

❶草丈が3〜4㎝になったら株分けして、ひとまわり大きな鉢に仮植えします。種まきの翌年の春、草丈が10㎝ほどになったら畑に植えつけます。
❷込み合った部分の間引と収穫を兼ねて、枝葉を指先で摘み取ります。

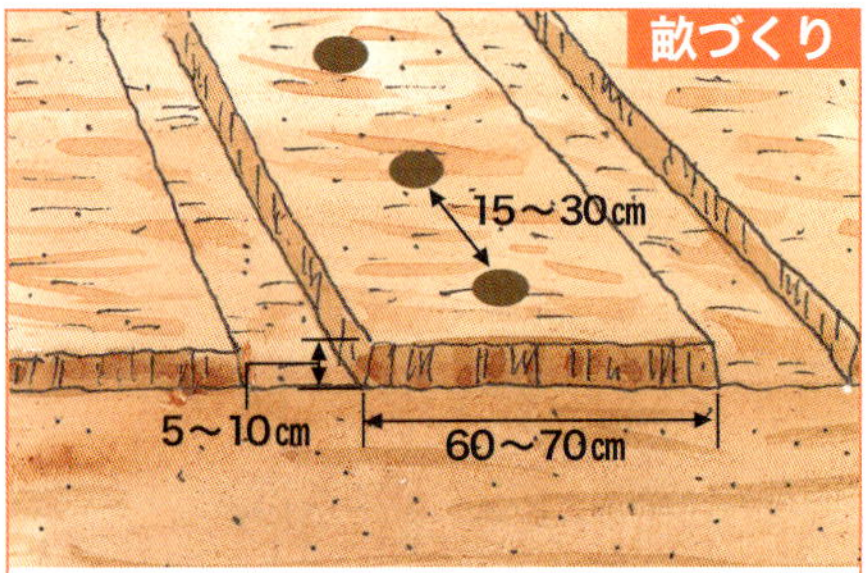

土づくり：苦土石灰150g/㎡
施肥：堆肥2kg/㎡、化成肥料50g/㎡

こんな野菜も
つくってみたい

花を咲かせて観賞もできる

アーティチョーク

［英］*artichoke*　アーティチョーク

キク科
地中海地方～
カナリア諸島原産

栽培可能地域：
青森県～鹿児島県

チョウセンアザミとも呼ばれるアーティチョークはつぼみをゆでて内側のやわらかい部分を食べます。花は観賞用としても植えられます。

難易度：

必要な資材：ポリマルチ
日照：日なた
株間：80㎝
発芽温度：15～20℃
連作障害：少ない
pH：6.0～6.5
コンテナ栽培：×

●栽培カレンダー

月	1	2	3	4	5	6	7	8	9	10	11	12
種まき				■								
植えつけ					■							
追肥			翌年	■			植えつけた年・翌年			■		
収穫					翌年	■	■	■				

1 種まき

①アーティチョークの種。
②3号ポリポットに培養土を入れ、指先で1㎝ほどのくぼみをつけて、種を1粒ずつまきます。
③種をまいたら土を寄せて、1㎝ほどの覆土をします。たっぷり水やりをして、乾燥させないように管理しましょう。

2 植えつけ

①ポリポットから根鉢を崩さないように抜き取り、植え穴に植えつけます。
②植えつけ後、たっぷりと水やりをします。

植え穴の準備

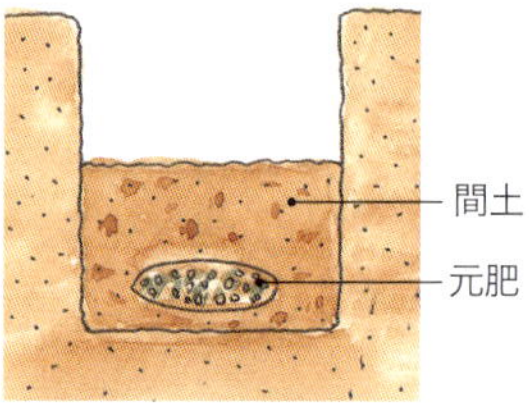

植え穴にはあらかじめ元肥《もとごえ》として堆肥と化成肥料を施し、根が直接肥料に触れないように間土をしておきます。

丈夫で育てやすく 2年目から収穫できる

種まき ポリポットに培養土を入れ、指先で1cmほどの深さの穴を開けます。1穴に1粒ずつ種をまき、軽く土を被せます。

畑の準備 植えつけの2週間前に1㎡あたり100gの苦土石灰《くどせっかい》をまいてよく耕しておきます。1週間前になったら60cmほどの幅の畝《うね》をつくり、80cm程度の間隔で深さ30cm、直径50cmの植え穴を掘り、堆肥《たいひ》2kg、化成肥料50gを入れ、15cmほど土を埋め戻しておきます。雑草対策にポリマルチ（黒）で覆うのもよいでしょう。

植えつけ 本葉が4〜5枚になったら畑に植えつけます。

追肥 植えつけをした年はつぼみ（花芽）を収穫しません。株を大きく育てるために、植えつけした年の秋と翌年の春と秋に、1株につき軽く1握りの化成肥料を株元に施します。マルチングしてある場合はマルチの植え穴に肥料を施すか、株間にコテを入れて施します。

病害虫 あまり病害虫の被害はありませんが、アブラムシが発生することがあります。

収穫 植えつけ翌年の初夏に、つぼみが直径15cmほどになったら、開花前につぼみの下から切り取って収穫します。しっかり管理しながら育てれば、毎年収穫できます。

畝づくり

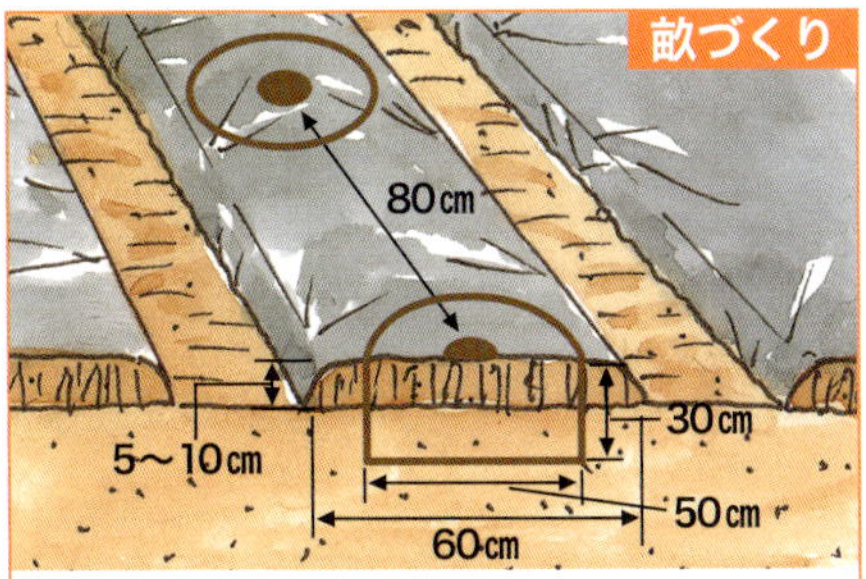

土づくり：苦土石灰100g/㎡
施肥：堆肥2kg/㎡、化成肥料50g/㎡

野菜づくりQ&A

Q せっかくできたつぼみが落ちてしまいました。

A いくつかの原因が考えられますが、ほとんどの場合が水切れが原因です。こまめに水やりをし、土の乾燥を防ぐために、株元に敷きわらをするとよいでしょう。

3 追肥・害虫駆除

❶植えつけした秋と翌年の春と秋に追肥をします。1株につき軽く1握りの化成肥料を株元に施します。
❷葉裏にアブラムシが発生したら、下に紙を敷いて筆などで払い落とします。

4 収穫

❶植えつけ翌年の初夏、つぼみが直径15cmほどになったら収穫できます。
❷❸開花する前につぼみの下部で切り取り、収穫します。収穫せずにそのままにしておけば花を観賞することができます。

自然に増えて手間いらず

エゴマ

［英］*perilla*　パリラ

シソ科
東南アジア原産

栽培可能地域：
北海道〜沖縄県

エゴマは病害虫に強く栽培は容易です。葉は生食、キムチなどに利用します。実は炒って味噌とあえてエゴマ味噌にします。

難易度	
必要な資材	ポリマルチ
日照	日かげ
株間	50〜70㎝
発芽温度	23℃
連作障害	少ない
pH	5.5〜7.0
コンテナ栽培	○（深さ15cm以上）

●栽培カレンダー

月	1	2	3	4	5	6	7	8	9	10	11	12
種まき			■	■	■	■						
間引き				■	■	■						
植えつけ				■	■	■						
収穫							■	■	■	■	■	

1 種まき

❶エゴマの種は発芽温度が高いため、あまり早くまきすぎると発芽が遅れます。
❷ポリポットに種まき用の培養土を八分目ほど入れます。
❸できるだけ均一に種をばらまきします。

2 間引き

❶発芽後、本葉が出たら最初の間引きを行います。、生長の悪い苗などを間引き、葉と葉が重ならない程度の密度にします。
❷数回の間引きを経て、本葉が４〜５枚になったら最後の間引きをして１株にします。

葉が茂りすぎないように肥料を控えて育てる

種まき 適期は3月下旬～6月上旬です。

間引き 本葉が発生したら最初の間引きを行い、数回の間引きの後、本葉が4～5枚のとき1株になるようにします。

畑の準備 植えつけの2週間前に1㎡あたり100gの苦土石灰を施します。1週間前に1㎡あたり堆肥《たいひ》2kgと化成肥料を100gほど施し土とよく混ぜ合わせます。雑草対策にポリマルチ（黒）で覆うのもよいでしょう。

植えつけ ポリポットから根を傷めないように取り出し、根鉢のまま植えつけます。大きく茂るので、株間は50～70㎝とります。

追肥 基本的に追肥は必要ありません。逆に肥料をやりすぎると、徒長したり葉が茂りすぎて風通しが悪くなったりし、病害虫が発生しやすくなります。

中耕・除草 植えつけ後2～3週間すると、雑草が目立つようになるので、大きくなる前に除草します。

摘心 植えつけから1カ月ほど後、4節目に本葉が出たら下3節の本葉（6枚）を残して茎先を摘心《てきしん》します。その後、それぞれのわき芽の3節目の葉が出たら、下2節の葉を残して先を摘みます。

収穫 6月頃から葉を摘んで収穫します。

畝づくり

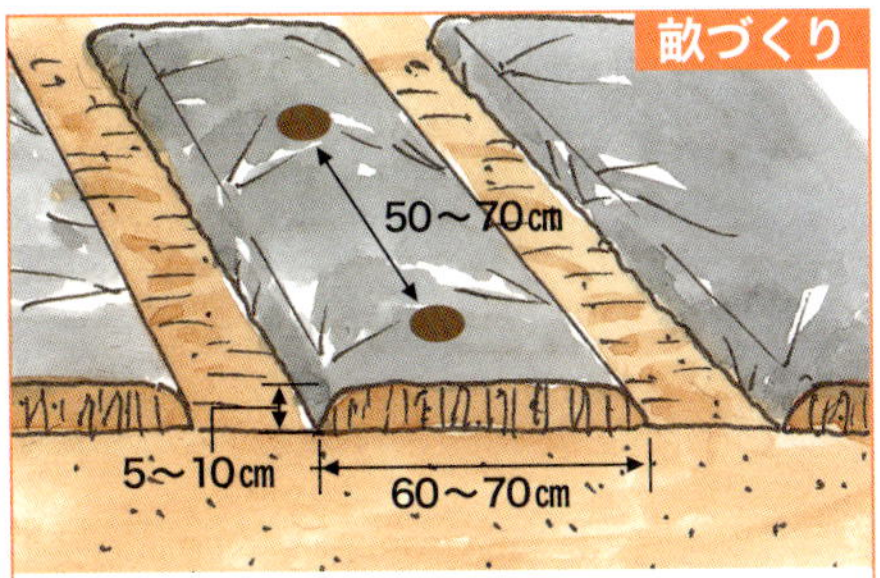

土づくり：苦土石灰100g/㎡
施肥：堆肥2kg/㎡

野菜づくりQ&A

Q コンテナでの栽培を教えてください。

A 深さ15㎝以上のコンテナに腐葉土を混ぜた用土を入れ、20～30粒の種をできるだけ均一にまきます。発芽したら間引いて、最終的に1つのプランターに3～4本仕立てにします。とくに追肥の必要はありません。

3 植えつけ

❶直径8㎝ほどの植えつけ穴を掘り、根鉢を崩さないようにやや浅めに植えつけます。
❷掘り出した土を戻して、鉢と土が密着するように株元を押さえ、根鉢の肩が土と同じ高さになるくらいにします。ハス口をつけたじょうろで、たっぷりと水やりをします。

摘心

3節の本葉（6枚）を残して摘心します。その後、わき芽の2節の葉を残して摘心していきます。

4 収穫

収穫は6月頃からはじめられます。
❶葉を指先で摘み取るようにして収穫します。
❷種を収穫する場合は、株が枯れるまで植えたままにしておき、茎葉の3分の1ほどが黄変したら、株ごと刈り取って、種子を収穫します。

日あたりがよければどこでも栽培できる

エンサイ(クウシンサイ)

[英] *water spinach*
ウォーター・スピナッチ、
swamp cabbage
スワンプ・キャベジなど

ヒルガオ科
中国南方〜熱帯アジア原産

栽培可能地域：
北海道〜沖縄県

熱帯性の葉菜で、サツマイモのように地面を這うように生育します。ヨウサイ、クウシンサイ、アサガオナなどとも呼ばれます。

難易度：

必要な資材：とくになし
日照：日なた
株間：30㎝
発芽温度：15〜25℃
連作障害：少ない
pH：5.5〜7.0
コンテナ栽培：×

●栽培カレンダー

月	1	2	3	4	5	6	7	8	9	10	11	12
種まき					■	■	■	■				
間引き						■	■	■				
追肥						■	■	■				
収穫						■	■	■	■	■	■	

1 種まき

❶瓶の底などを使って、深さ1㎝、直径6㎝ほどのくぼみを30㎝間隔でつくります。
❷ひとつのくぼみに3粒の種をまきます。
❸1㎝ほど土を被せて押さえます。種まき後はたっぷりと水をやります。

2 間引き

❶本葉が4〜5枚になったら間引きをして、1カ所につき1株にします。
❷間引き前の状態（マルチングして育てたとき）。

芽先を摘んで わき芽を伸ばす

畑の準備 種まきの2週間前に1㎡あたり100gの苦土石灰《くどせっかい》をまいてよく耕します。1週間前には1㎡あたり堆肥《たいひ》1kgと化成肥料150gを施して耕し、畝《うね》をつくります。

種まき 種まきの1～2時間前、発芽しやすいように種を水に浸けておきます。畝の表面を平らにならし、瓶の底などを使って、30cm間隔で直径6～8cmほどのくぼみをつくります。各くぼみに種を3粒ずつまき、薄く1cmほど土を被せて水をやります。

間引き 発芽後本葉が4～5枚ほどになったら、間引きをします。

追肥 間引き後、1カ月に2～3回、1株につき1つまみほどの化成肥料を株元に施します。

水やり 乾燥するとよい葉が収穫できないので、まめに水やりをします。

摘心 草丈が15cmを越えたら芽先を摘み、わき芽（側枝）を発生させます。

収穫 草丈が30～40cmになったら、わき芽を20cmくらい摘み取るように収穫します。あまり大きく育てすぎると硬くなるので、早めに収穫しましょう。

畝づくり

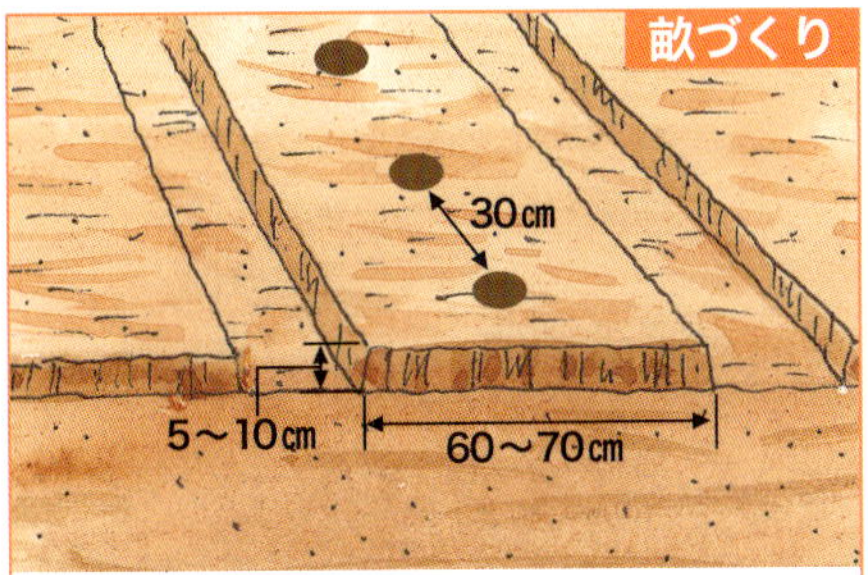

土づくり：苦土石灰100g/㎡
施肥：堆肥1kg/㎡、化成肥料150g/㎡

野菜づくりQ&A

Q 水耕栽培もできると聞きましたが、どのようにするのでしょうか。

A 水耕栽培としての方法のうち、かんたんにできるものをご紹介します。目の細かいザルに細かい砂利を入れて栽培床とし、種をまきます。別のポリ容器などに水を入れて、種をまいたザルをつけます。種が水中に沈まないように注意してください。発根したら液肥を加えた養液で育てることができます。

3 追肥

間引きが終わったら、1カ月に2～3回の割合で追肥をします。
❶1株に1つまみほどの化成肥料を株元に施します。
❷土と軽く混ぜ合わせて土寄せをします。

4 収穫

❶草丈が30～40cmになったら収穫を開始します。
❷❸ハサミで若い茎葉を切って収穫します。株全体を収穫せずに、下葉2～3枚を残して、その先を収穫すれば、次々とわき芽が発生して、比較的長い間収穫することができます。

京野菜の伝統をいまに伝える

九条ネギ

ユリ科
日本原産

栽培可能地域：
北海道～沖縄県

伝統的な京野菜で、関西で多くつくられる葉ネギです。病害虫に強い、収量が多い、おいしいと3拍子そろっています。

難易度：

必要な資材：とくになし
日照：日なた
株間：6～8㎝（条間10㎝）
発芽温度：15～20℃
連作障害：あり（1～2年）
pH：6.0～7.4
コンテナ栽培：○（深さ15㎝以上）

●栽培カレンダー

月	1	2	3	4	5	6	7	8	9	10	11	12
種まき				■	■							
間引き					■						■	
追肥					■	■	■	■	■			
収穫								■	■			

1 種まき・間引き

❶支柱などで細いまき溝をつくり、溝の中に種をまきます。
❷やや密に、できるだけ均等になるようにします。溝の両端から土を寄せ、薄く土を被せます。
❸本葉2～3枚になったら2㎝間隔に間引き、土寄せします。

2 追肥

❶条の長さ60㎝あたり軽く1握りの化成肥料を施します。
❷条間に均一に肥料をまきます。
❸移植ごてを使って、軽く土の表面をほぐし、土と肥料を混ぜ合わせます。ネギの根は浅いので、株から離れたところをごく浅く耕す程度にします。

土寄せは軽く

畑の準備 種まきの2週間前に1㎡あたり150gの苦土石灰《くどせっかい》をまいてよく施します。1週間前に1㎡あたり3kgの堆肥《たいひ》と100gの化成肥料を施してよくすき込み、幅60cmほどの畝《うね》をつくります。

種まき 支柱などで、細いまき溝を10cm間隔でつくります。やや密にできるだけ均一に種をまき、薄く土を被せて、じょうろでやさしく水やりします。

間引き 本葉2〜3枚になったら2cm間隔に間引き、倒れないように株元に土寄せします。この後、何回かに分けて間引きを行い、最終的に株間が6〜8cmになるようにします。

追肥 間引き後、夏前、秋口になって涼しくなった頃の合計3回、追肥をします。条間に、軽く1握りの化成肥料をばらまきにし、移植ゴテを使って土の表面を耕すように土と肥料を混ぜ合わせ、軽く土寄せします。軟白化しない九条ネギなどの場合、根深ネギのようにしっかりと土寄せする必要はありません。列の反対側も同じように中耕、土寄せします。株近くを耕すと根を傷めてしまうので、株から少し離れた場所を耕すようにします。

収穫 株元を1・5cmほど残して切り取って収穫するか、株ごと抜きとって収穫します。

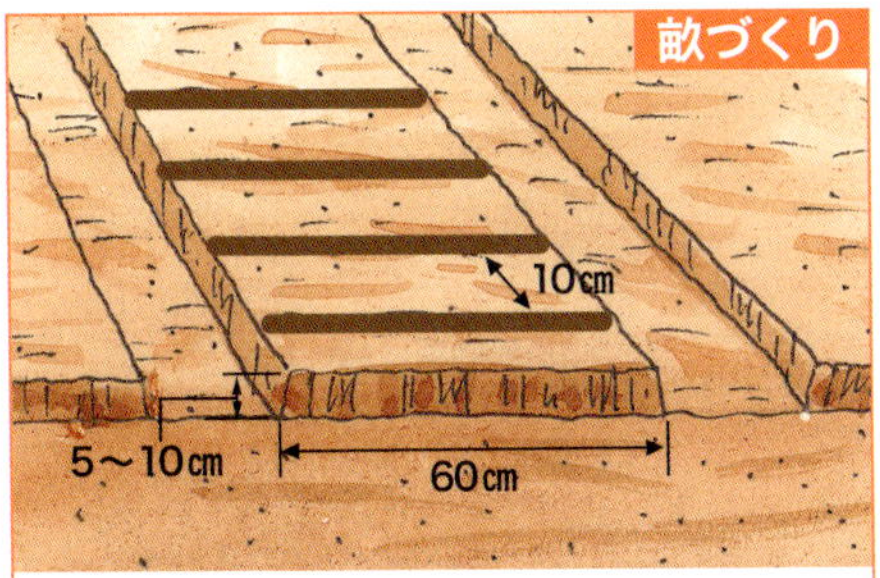

土づくり：苦土石灰150g/㎡
施肥：堆肥3kg/㎡、化成肥料100g/㎡

野菜づくり Q&A

Q 土寄せは根深ネギと同じように何度もするのですか？

A 軟白化させない九条ネギのような葉ネギは、根深ネギのように土寄せを何回も行う必要はありません。1回目の土寄せで、株が倒れないように土寄せしたら、あとは株元に軽く土を寄せるだけでよいでしょう。

3 土寄せ

❶追肥して軽く耕した土を株元に寄せます。
❷反対側も同じように土を寄せます。
❸このとき、生長点を土に埋めてしまわないように注意しましょう。

4 収穫

❶株元を1.5cmほど残し、ハサミで切って収穫します。
❷株元を持って、株全体を引き抜いて収穫してもかまいません。

茎が膨らむユニークな野菜

コールラビ

［英］*kohlrabi*　コールラビ

アブラナ科
地中海地方原産

栽培可能地域：
北海道〜沖縄県

一見カブのような姿をしていますが、肥大しているのは根ではなく茎の一部です。キャベツの仲間で、味もキャベツに似ています。

難易度：

必要な資材：とくになし
日照：日なた
株間：15〜20㎝
発芽温度：20℃前後
連作障害：あり（1〜2年）
pH：6.0〜7.0
コンテナ栽培：○（深さ20cm以上）

●栽培カレンダー

月	1	2	3	4	5	6	7	8	9	10	11	12
種まき			■					■				
植えつけ				■					■			
追肥					■					■		
収穫						■				■	■	

1 種まき

❶ポリポットに種まき用の培養土を入れ、3〜5粒の種を等間隔にまきます。
❷土を指先でこするように落としたり、ふるいを使ったりして、種の上に薄く土を被せます。
❸土の表面を軽く押して、種と土を密着させます。その後、はす口をつけたじょうろで、種が流れないようにやさしく水やりします。

2 植えつけ

本葉が4〜5枚になったら植えつけ適期です。
❶土をできるだけ落とさず、根を傷つけないように株分けします。育苗の段階で間引きして1本にしてあるときは、根鉢を崩さずに植えつけます。
❷植え穴に浅めに入れ、周囲の土を戻します。
❸株元を軽く押さえて、根鉢が土の高さになるようにします。

胚軸を埋め込むように
やや深めに植えつける

種まき 3号のポリポットに種まき用の培養土を入れ、等間隔に3～5粒の種をまきます。薄く土を被せて、ハス口をつけたじょうろで、種が流れないようにやさしくたっぷりと水やりします。

畑の準備 植えつけの2週間前に1㎡あたり100gの苦土石灰《くどせっかい》をまいてよく耕します。1週間前には1㎡あたり堆肥《たいひ》3kg、化成肥料120gを施してよくすき込み、50cm幅の畝《うね》をつくります。

植えつけ 本葉が4～5枚になったら畑に植えつけます。ポットから取り出し、根をできるだけ傷めないように株分けをします。直径8cmほどの植え穴を15～20cm間隔で掘り、株分けした苗を植えつけます。胚軸《はいじく》は弱いので、胚軸を土に埋め込むように植えつけて、土を軽く押さえます。植えつけ後たっぷりと水やりします。

追　肥 茎の株元が肥大しはじめたら、収穫まで月1回程度追肥します。株から少し離れた部分に1つまみの化成肥料をドーナツ状に施し、軽く土をほぐしながら土と肥料を混ぜ、株元に土寄せします。

収　穫 肥大部が直径7～8cmほどになったら、収穫します。大きくなりすぎると堅くなっておいしくなくなるので、収穫が遅れないようにしましょう。

野菜づくり Q&A

Q コンテナ栽培の方法を教えてください。

A 深さ20cm以上のコンテナで栽培できます。コンテナに市販の野菜用培養土を入れ、15cm間隔で3～4粒ずつ点まきします。発芽後、間引きながら育て、本葉4～5枚で1カ所1本にします。1週間に1回程度、液肥をやりながら育てます。

畝づくり

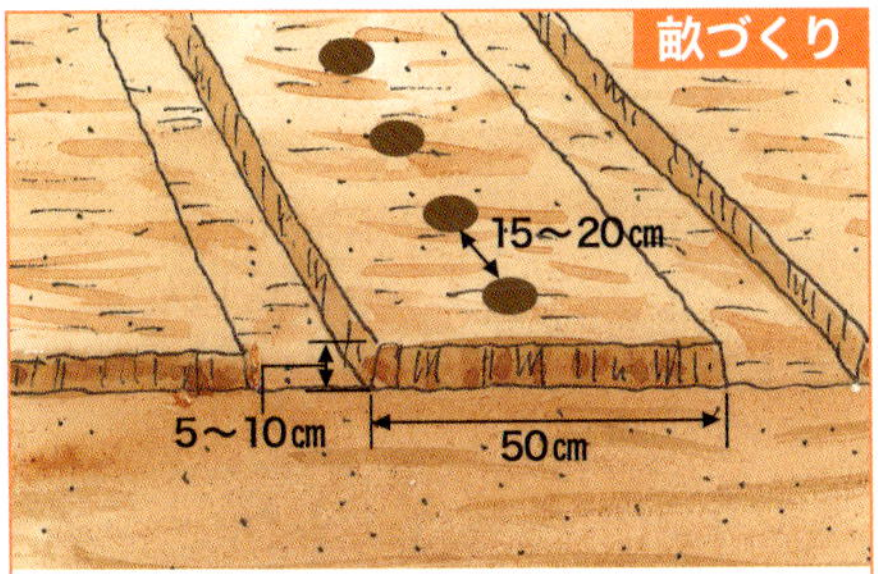

土づくり：苦土石灰100g/㎡

施肥：堆肥3kg/㎡、化成肥料120g/㎡

3 追肥・土寄せ

茎が肥大しはじめたら、月1回程度を目安に追肥します。

①軽く1つまみの化成肥料を、葉の広がりの外周の下に、ドーナツ状に施します。

②③土の表面をほぐしながら、肥料と土を混ぜ合わせ、胚軸《はいじく》に被せるように土寄せします。

4 収穫

①茎の肥大部が直径7～8cmほどになったら収穫適期です。

②軽く土を掘って根ごと引き抜くか、株元にハサミを入れて、切って収穫します。

③不要な根や葉を切ります。

煮物には欠かせない冬の京野菜

聖《しょう》護《ご》院《いん》ダイコン

アブラナ科
日本原産

栽培可能地域：
関東地方～沖縄県

球形のダイコンで、やわらかいのに煮くずれしにくいため、おでんやふろふき大根など煮物に多く用いられます。

難易度	
必要な資材	とくになし
日照	日なた
株間	30㎝
発芽温度	15～30℃
連作障害	あり（1～2年）
pH	5.5～6.8
コンテナ栽培	×

●栽培カレンダー

月	1	2	3	4	5	6	7	8	9	10	11	12
種まき								■	■			
間引き									■	■		
追肥									■	■		
収穫											■	■

1 種まき

❶ビンの底などを押し当て、畝にまき穴をつくります。
❷1つのまき穴に5粒ほどの種を等間隔にまきます。
❸周囲から土を寄せて薄く土をかぶせ、手のひらで軽く土の表面を押して、種と土を密着させます。

2 間引き

❶本葉が1～2枚になったら1回目の、6～7枚になったら2回目の間引きを行います。生育が遅れているものや葉が傷んでいるものなどを間引きます。
❷残す株を傷めないように、株の周囲をしっかりと押さえて、間引く株を引き抜きます。
❸2回目の間引きで、1カ所1本の株にします。

よく耕した畑に種を直まきする

畑の準備 植えつけ2週間前に1㎡あたり100gほどの苦土石灰《くどせっかい》をまいて、やや深めによく耕します。1週間前に1㎡あたり200gの化成肥料を施して土とよく混ぜ合わせ、小石などの異物や土のかたまりを取り除き、幅60～70cmほどの畝《うね》をつくります。

種まき 瓶の底などで、畝に深さ1cmほどのくぼみを30cm間隔でつくります。1つのくぼみに5粒ほどの種を等間隔にまき、周囲から土を寄せて薄く土を被せ、土と種が密着するように表面を手で押さえます。ハス口をつけたじょうろでやさしくたっぷりと水やりをします。

間引き 本葉が1～2枚になったら1回目の間引きをして1カ所3本にします。株が横を向いたり、胚《はい》軸《じく》がひょろりと長くなっているものなどを間引きます。本葉が6～7枚で2回目の間引きを行い、1カ所1本にします。

追肥 1回目、2回目の間引き後それぞれに、株から少し離れた場所に1つまみの化成肥料をドーナツ状に施します。

収穫 株の周囲を耕したり、雑草をとるなどして管理します。根が十分に太って、ハンドボール～バレーボール大(直径約20cm)になったら、引き抜きます。

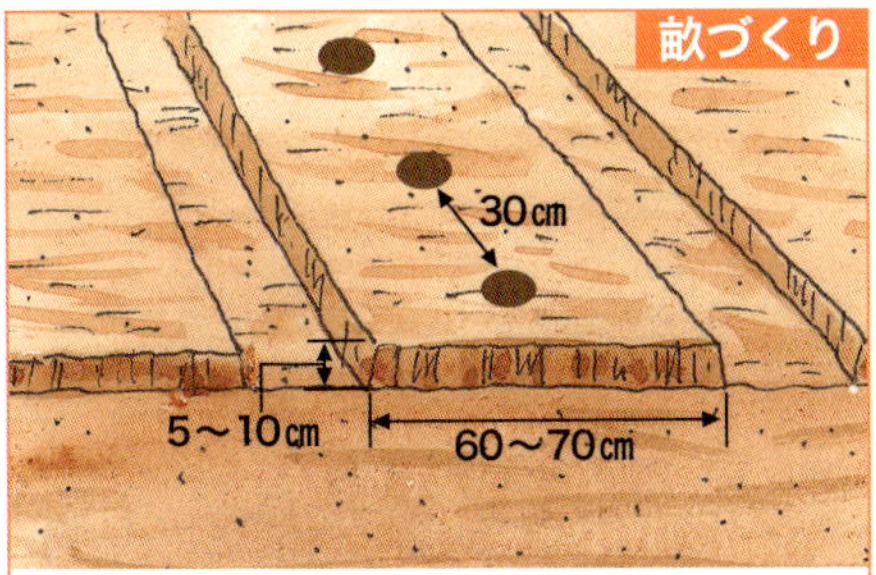

土づくり：苦土石灰100g/㎡
施肥：化成肥料200g/㎡

野菜づくり Q&A

Q ポリポットなどで苗を育てることはできますか？

A ダイコンの仲間は根がまっすぐ下に伸びる直根なので、植え替えのときに根を傷めやすく、ポットでの育苗はできません。

3 追肥

❶1回目と2回目の間引きの後、1株あたり軽く1つまみの化成肥料を、葉の外周の下にドーナツ状に施します。
❷指先で土をほぐすように、土と肥料を混ぜ合わせます。
❸周囲の土を株元に寄せます。このとき、土から出た胚軸を寄せた土で覆うようにします。生長点は埋めないように注意します。

4 収穫

❶根が肥大し、ハンドボール～バレーボール大になったら収穫の適期です。
❷❸葉のつけ根を持ち、引き抜いて収穫します。

次々と収穫できるポピュラーな西洋野菜

ズッキーニ

［英］*zucchini*　ズーキーニ、
courgette　クアジェット

ウリ科
中央アメリカ原産

栽培可能地域：
山形県・宮城県～
沖縄県

原産地は中央アメリカですが、ヨーロッパに渡ってから西洋野菜として世界に広まったカボチャの仲間です。

難易度：

必要な資材：支柱
日照：日なた
株間：100㎝
発芽温度：25℃前後
連作障害：少ない
pH：5.0～8.0
コンテナ栽培：○（深さ30cm以上）

●栽培カレンダー

月	1	2	3	4	5	6	7	8	9	10	11	12
種まき				■	■							
追肥					■	■	■					
収穫							■	■	■			

1 種まき

❶ポリポットに培養土を入れ、指の第一関節の深さのまき穴をあけます。
❷まき穴に種を横向きに入ます。
❸周囲の土を寄せ、土を被せてしっかりと押さえ、種と土とを密着させます。種まき後にはたっぷりと水やりをします。

2 支柱立て

❶畑に植えつけた後、株が大きくなってきたら、支柱を1本立てます。
❷❸ひもで縛り、主茎を誘引します。

株間を広くあける

種まき ポリポットに培養土を入れ、指でまき穴を開けます。まき穴に種を横向きに入れ、土を被せます。

畑の準備 植えつけの2週間前に1㎡あたり150gの苦土石灰《くどせっかい》を施します。1週間前には1㎡あたり堆《たい》肥《ひ》3kgと化成肥料100gをすき込んで、畝《うね》をつくります。雑草対策にポリマルチ（黒）で覆うのもよいでしょう。

植えつけ 十分気温が上がり、苗の本葉が4～5枚になったら畑に浅めに植えつけます。根鉢の大きさの植え穴を掘り、根鉢を崩さないように植えつけます。株元に土寄せて軽く押さえて、水やりをします。

支柱立て 株が大きくなったら中央に支柱を立てて誘引します。

人工受粉 開花のタイミングを見て人工受粉をします。ただし、1株では雄花と雌花の開花の時期が合わないことがあるので、何株か育てるとよいでしょう。天気のよい日に開花した雄花を取り、花弁を取り除いて、開花した雌花の中央に雄しべの先端をつけます。

収穫 開花後の生長は早いので、遅れないように注意しましょう。収穫は切り口から病原菌が入りにくいように晴れた日に行います。

追肥 収穫がはじまると次々と結実します。肥料切れにならないように、収穫がはじまったら月に1回、化成肥料を1握り施します。

畝づくり

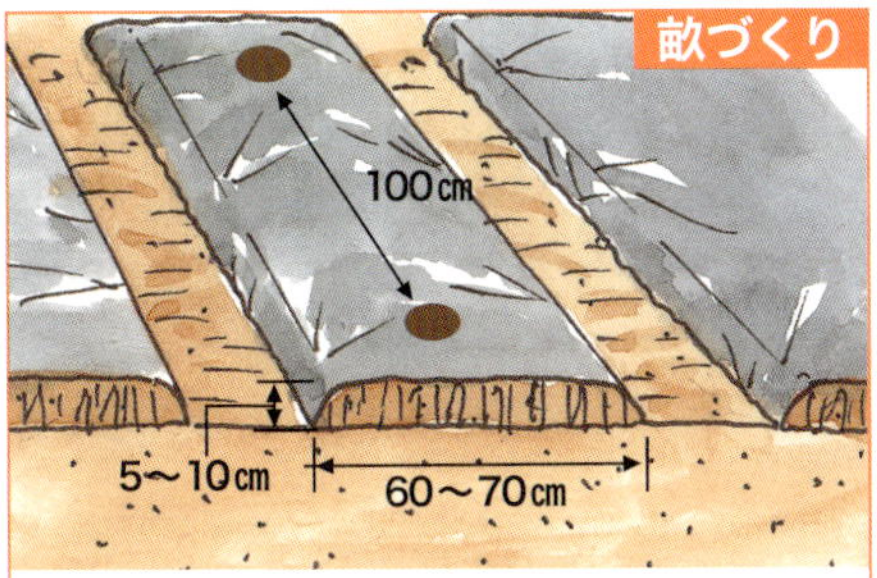

土づくり：苦土石灰150g/㎡

施肥：堆肥3kg/㎡、化成肥料100g/㎡kg

野菜づくり Q&A

Q 葉にモザイク状の白っぽい斑点が発生しました。病気でしょうか？

A ズッキーニの葉には白い模様があります。葉脈に沿った斑点であれば葉の模様なので問題はありません。不規則に発生する場合はうどんこ病の可能性があります。

3 人工受粉

開花のタイミングを見て人工受粉をします。

①雄花。

②雌花（開花前）。

人工受粉

開花した雄花を摘み、花びらを取り除いて、開花した雌花の中央に雄しべの先端をつけます。

4 収穫～追肥

開花後7日ほどで、未熟な緑色の果実を収穫します。

①花ズッキーニとして利用する場合は、開花直前のつぼみをつけたまま収穫します。実の根元からハサミを使って切り取ります。

②収穫がはじまったら、肥料切れを起こさないように、月に1回、1株につき軽く1握りの化成肥料を施します。

真冬でも収穫できる

タアサイ

［英］*ta cai*　ターツァイ

アブラナ科
中国原産

栽培可能地域：
北海道～沖縄県

栄養豊富な中国野菜で、シャクナ（杓子菜）とも呼ばれます。アクが少なく、湯通しせずに調理しても緑色があせないのも特徴です。

難　易　度：

必要な資材：とくになし
日　　　照：日なた
株　　　間：30㎝
発 芽 温 度：10～15℃
連 作 障 害：あり（1～2年）
pH：5.5～6.5
コンテナ栽培：○（深さ30㎝以上）

●栽培カレンダー

月	1	2	3	4	5	6	7	8	9	10	11	12
種まき			■	■				■	■	■		
植えつけ				■	■				■	■	■	
追　肥					■	■				■	■	
収　穫	■	■ 秋まき			■	■ 春まき			秋まき	■	■	■

1 種まき

①ポットに培養土を入れ、5～6粒の種をできるだけ等間隔にまきます。
②ごく薄く土を被せ、表面を軽く押しつけたら、ハス口をつけたじょうろで種を流さないようにやさしく水やりします。
③間引きは、本葉が1枚、2～3枚、5～6枚のときに行います。

2 追肥

①本葉6～7枚で植えつけ、生育の様子を見ながら、1株あたり軽く1つまみの化成肥料を施します。
②株の周囲、葉の外周の下にドーナツ状に肥料をまきます。
③指先で土をほぐしながら土と肥料を混ぜ合わせます。収穫までに1～2回の追肥を行います。

秋まきでは株間は広めにとる

種まき ポリポットに培養土を入れ、5〜6粒の種を等間隔にまき、ごく薄く土を被せ、ハス口のついたじょうろで種を流さないようにやさしく水やりします。

間引き 発芽後、本葉が1枚のときに1回目、本葉2〜3枚で2回目の間引きを行い、最終的に本葉5〜6枚で1本にします。ハサミで株元から切り取ると、残す株を傷めません。

畑の準備 植えつけの2週間前に1㎡あたり150gの苦土石灰《くどせっかい》をまいてよく耕します。1週間前に1㎡あたり2kgの堆肥《たいひ》と100gの化成肥料を施して、幅60cmの畝《うね》をつくります。

植えつけ 本葉6〜7枚になったら植えつけます。株が大きく広がるので、株間は30cmほどとります。植えつけ後、たっぷりと水やりします。秋から冬の栽培では、マルチングして植えつけると、寒さや乾燥を防ぐことができます。

追肥 生育の様子を見ながら、収穫までの間に1〜2回、1株につき軽く1つまみの化成肥料を施します。このとき胚軸《はいじく》が土から伸び出ていたら、胚軸を覆うように土寄せします。

収穫 葉を折らないように注意しながら株を倒し、株元に包丁を入れて切り取ります。

野菜づくり Q&A

Q 直まきでも育てられますか？

A 直まきで育てる場合は、30cm間隔にビンの底でまき穴をつくり、そこに5粒ほど種をまきます。間引き、追肥をしながら育て、本葉6〜7枚で1株になるようにします。

畝づくり

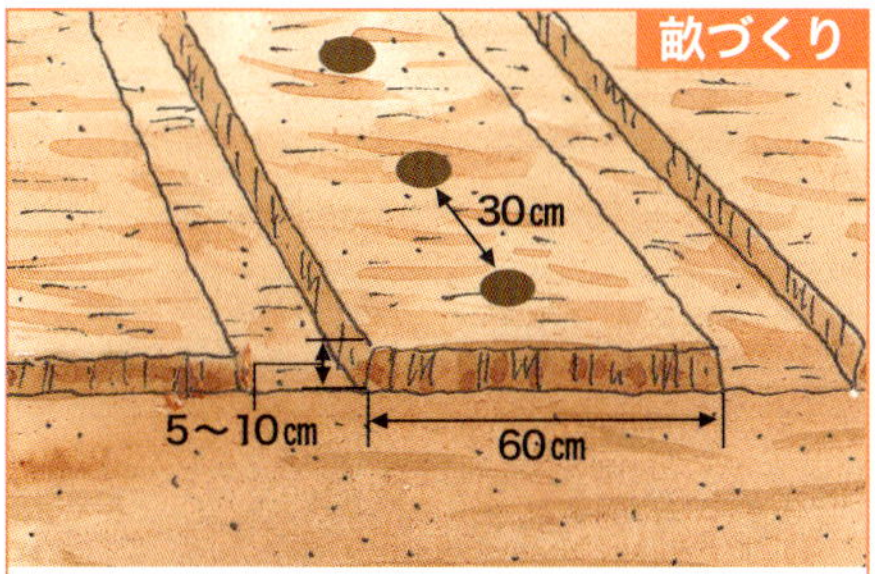

土づくり：苦土石灰150g/㎡
施肥：堆肥2kg/㎡、化成肥料100g/㎡

3 土寄せ

①生長に伴って胚軸が土から出てくることがあります。
②胚軸が出ていたら、追肥をしたときに周囲の土を株元に寄せ、胚軸が土で覆われるようにします。

4 収穫

①株が大きく育ったら収穫の適期です。
②葉を折らないように注意しながら株を倒すようにして、株元から包丁で切り取ります。あまり上のほうに包丁を入れると、葉がバラバラになってしまうので注意しましょう。
③ハサミで1枚ずつ収穫することもできます。

葉を食べるダイコン

葉ダイコン

［英］*radish*　ラディッシュ

アブラナ科
中央アジア原産

栽培可能地域：
北海道～沖縄県

おもに葉を食用とする種類のダイコンです。ふつうのダイコンほどではありませんが、根部もわずかに肥大して、食用になります。

難易度	：
必要な資材	：とくになし
日照	：日なた
株間	：10㎝（条間10～15㎝）
発芽温度	：15～30℃
連作障害	：少ない
pH	：5,.5～6.8
コンテナ栽培	：○（深さ15㎝以上）

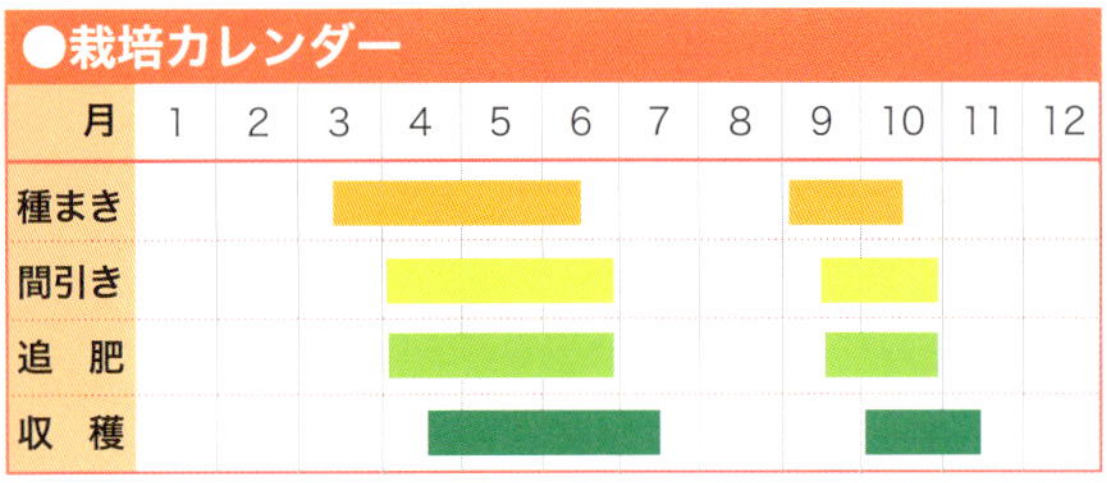

1 種まき

❶支柱などで畝にまき溝をつくり、その中に種をまきます。
❷種はかたまらないよう、できるだけ均一にまきます。

2 間引き

❶発芽後、生育の悪いもの、葉が傷ついているものなどを間引きながら育てます。残す株を傷めたり抜いたりしないように、間引く株の株元をしっかりと押さえて抜きます。隣り合う株で葉が絡んでいる場合があるので、葉を切らないように注意しましょう。
❷本葉4～5枚で株間10㎝ほどになるようにします。

畑に直まきし間引きながら育てる

畑の準備 種まきの2週間前に、1㎡あたり100gの苦土石灰《くどせっかい》をまいて、よく耕します。1週間前には1㎡あたり2kgの堆肥《たいひ》と100gの化成肥料を施して、よくすき込み、幅60cmほどの畝《うね》をつくります。

種まき 畝の幅方向に支柱などで浅いまき溝をつくります。まき溝とまき溝の間隔は10～15cmほどあけます。まき溝のなかに、できるだけ均一になるように種をまきます。溝の両端から土を寄せ、ごく薄く土を被せ、種が流れないようにハス口をつけたじょうろでやさしくたっぷりと水をやります。

間引き 発芽後、子葉が開いたら株間が1～2cmになるように、生育の悪いものや葉が傷ついたものなどを間引きます。本葉が1～2枚になったら葉が触れ合わない程度に間引き、本葉4～5枚になった頃、株間10cmほどになるように間引きます。間引いた株は間引き菜として食べられます。

追肥 各間引きのあと、条間に軽く1握りの化成肥料を施して、軽く耕すように土と混ぜ合わせます。最後の間引きのあとは、1つまみの化成肥料を葉の外周の下にドーナツ状に施します。

収穫 葉の長さが25cmほどになったら収穫の適期です。株ごと引き抜いて収穫します。

畝づくり

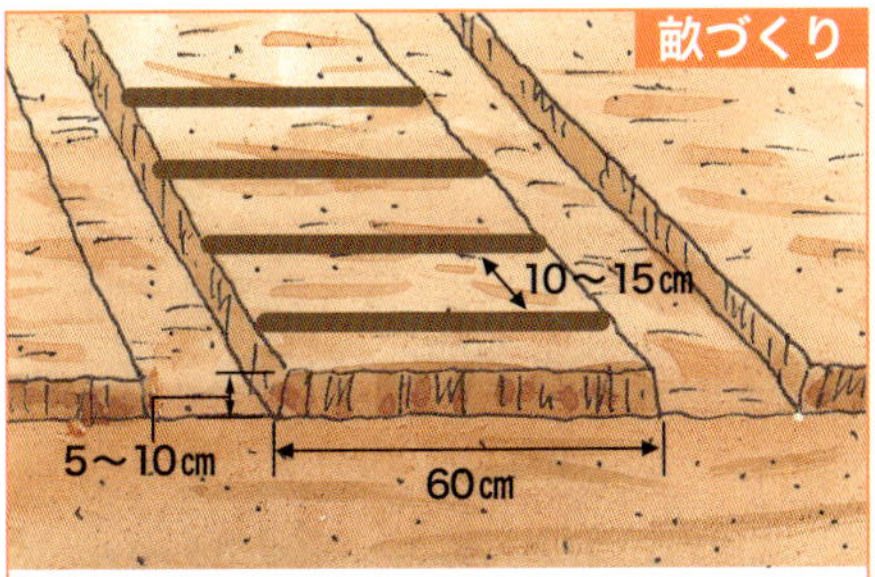

土づくり：苦土石灰100g/㎡
施肥：堆肥2kg/㎡、化成肥料100g/㎡

野菜づくり Q&A

Q 連作はできますか？

A 比較的連作には強い野菜ですが、根こぶ病が発生することもあるので、連作はできるだけ避けたほうがよいでしょう。

3 追肥

間引き後、1株につき軽く1握りの化成肥料を条間に施して土と混ぜ、胚軸が出ていたら土寄せします。

❶最後の間引きの後は、1つまみの化成肥料を、葉の外周の下にドーナツ状に施します。
❷指先で土をほぐしながら、土と肥料を混ぜ合わせます。
❸周囲の土を、胚軸が土に埋まるように土寄せします。

4 収穫

❶葉の長さが20～25cmほどになったら収穫します。
❷葉のつけ根を持ち、まっすぐ引き抜いて収穫します。
❸葉を食用としますが、小さいながら根も食べられます。

小さなキャベツが鈴なりに

メキャベツ

［英］*Brussels sprouts*
ブラスルズ・スプラウツ

アブラナ科
ヨーロッパ西部〜南部原産

栽培可能地域：
北海道〜沖縄県

茎に小さなキャベツがたくさん結球する野菜です。収穫期間が長く、初冬から春まで次々と結球し、収穫できます。

難易度：

必要な資材：支柱
日照：日なた
株間：30〜40㎝
発芽温度：15〜30℃
連作障害：あり（1〜2年）
pH：5.5〜6.5
コンテナ栽培：○（深さ30cm以上）

●栽培カレンダー

月	1	2	3	4	5	6	7	8	9	10	11	12
種まき							■					
植えつけ								■	■			
追肥										■		
収穫	■	■									■	■

1 種まき

❶メキャベツの種。
❷ポリポットに培養土を入れ、3〜4粒の種を等間隔にまきます。
❸薄く土を被せたら、ハス口を上向きにつけたじょうろで、やさしくたっぷりと水やりをします。

2 植えつけ

本葉が5〜6枚になったら植えつけます。
❶ポリポットから出した苗は根を傷めないように、できるだけ土のついたまま株分けします。
❷植え穴に苗をやや高めに置き、土をかけます。
❸株元をしっかりおさえて、苗の植えつけの高さを調節します。やや深めに植えつけると根つきがよくなります。

下葉を刈りとり わき芽の結球を促す

種まき ポリポットに培養土を入れ、3～4粒の種を等間隔にまきます。

育苗 発芽後、日なたで育苗し、日射しが強いときは遮光します。通常、間引きは必要ありません。

畑の準備 植えつけの2週間前に1㎡あたり150gの苦土石灰《くどせっかい》をまいてよく耕します。1週間前には1㎡あたり堆肥《たいひ》1kgと化成肥料100gを施して、幅60cmほどの畝《うね》をつくります。

植えつけ 本葉5～6枚になったら植えつけます。土をあまり落とさず、根を傷めないように注意して株分けし、30～40cmの間隔で植えつけます。

追肥 植えつけ後2～3週間して新しい葉が伸び出してきたら追肥をはじめます。1株につき軽く1つまみの化成肥料を、ドーナツ状に施します。その後も2～3週間に1回を目安に追肥と土寄せを行いますが、わき芽が出て結球をはじめたら追肥を終了します。

芽かき 結球してきたら、先端部分以外の本葉はすべて落とします。株元に近い芽は結球しないので取り除きます。茎が30～40cmになったら倒れないように支柱を立てましょう。

収穫 一気に結球せず、下から結球していくので、かたくなった順に収穫します。

畝づくり

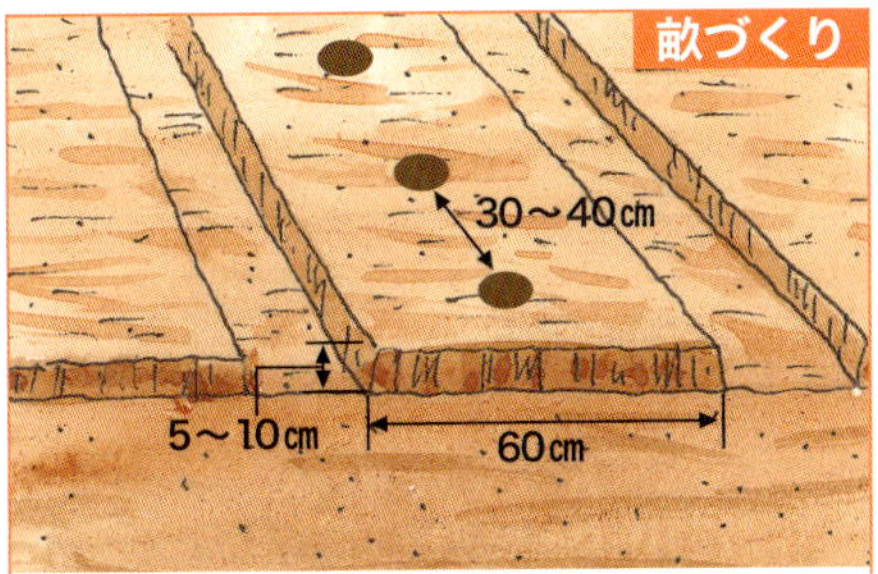

土づくり：苦土石灰150g/㎡
施肥：堆肥1kg/㎡、化成肥料100g/㎡

野菜づくり Q&A

Q 春まきもできますか？

A 春まきも可能です。しかしキャベツと同様に害虫防除がむずかしいので、夏まきで初冬から春に収穫する方が育てやすいでしょう。

3 追肥

新しい葉が出てからわき芽が結球するまでの期間、2～3週間に1回くらいで追肥をします。
①1株あたり軽く1つまみの化成肥料を、株の周囲にドーナツ状に施します。
②土と肥料を軽く混ぜ合わせます。
③胚軸が土に埋まるように土寄せをします。

4 芽かき

①結球がはじまったら先端部分の葉以外はすべて取り去ります。先端以外の葉をすべて落とすことで、わき芽の結球が促されます。
②茎が30～40cmになったら支柱を立てて、ひもで結びます。下から結球してかたくなったものから収穫します。

キッチンで野菜づくり

手軽に栽培できる「スプラウト」

スーパーなどでよく見かける「スプラウト」は野菜の新芽のことで、「もやし」や「かいわれ大根」もスプラウトになります。

栄養価は、生長した野菜よりもビタミンやミネラルが多く含まれ、最近では健康によい食材として注目されています。

スプラウトはキッチンで栽培することができ、7～10日ほどで収穫できます。最近は、種や容器などすべてセットになった栽培キットが売られています。これを使えばスプラウトは手軽に栽培できます。

スプラウトを育てる4つのポイント

1 種はスプラウト用のものを使う

種はスプラウト用のものを購入します。ふつうの野菜の種は病気が発生しないように薬剤処理が施されています。発芽してすぐに収穫するスプラウトには使用することはできません。

2 水やりは霧吹きで水をかける

栽培キットでは、毎日一定量の水をやって育てます。容器にスポンジなどを敷いて栽培する場合は、水やりは霧吹きで1日2回たっぷりと全体にかけます。

3 栽培期間中は段ボール箱やボウルで覆う

スプラウトは光の方向に伸びていきます。まっすぐ育てるために4～5㎝に生長するまで、段ボール箱やボウルなどで覆い、光があたらないように育てます。

4 収穫の前日に日光にあてて葉の色をよくする

収穫できる大きさに育ったら、収穫の前日に光にあてます。光にあたると葉が緑色になり、色がよくなるだけでなく、栄養素も増えます。

おもなスプラウトの種類

マスタード
種はからしやマスタードに使われるほど辛みが強く、スプラウトも同様に強い辛みがあります。

ブロッコリー
ガン予防に効果がある成分スルフォラファンを含みます。辛みがあり、それほどくせはありません。

レッドキャベツ
ほかのスプラウトよりもくせがありません。紫色の茎は料理の彩りに最適です。

ルッコラ
生長した葉と同様にゴマの香りと辛みのあるスプラウトになります。

用意するもの

　栽培キットには種、中敷きがセットになったものがあります。スプラウト用の種のみ買う場合は園芸店や通販などで購入できます。薬剤処理された菜園用の種は使用できません。

　容器はキッチンにあるものを使用します。グラスやボウルなど、底が平らなものなら、どんな容器でも使えます。栽培キットには専用の容器がついているものもあります。

　中敷きは栽培キットについている石、またはスポンジ、キッチンペーパーなど吸水・保水性がよいものを使用します。

容器は底が平らであればどんなものでも使用できます。

ボウル

種

栽培キットの石　または

スポンジ

スプラウトの育て方

❶ 使用する容器は鍋で煮て、煮沸消毒します。

❷ 種は茶こしなどを使って水洗いします。

❸ 容器に中敷きを敷いて水を入れます。スポンジなどは、指で軽く押して水がしみ出るくらい入れます。

❹ 種が重ならないよう、均一にまきます。このあと収穫まで光があたらないようにようにして、毎日水やりをします。

❺ 4～5㎝に生長したら光にあてて、葉を緑色にします。

❻ 発芽から7～10日で収穫できます。必要な分だけハサミで切り取ります。

野菜づくり用語事典

あ

浅植え（あさうえ）　苗を浅く植えつける方法。根が地表からぎりぎりでない程度に植えます。

育苗箱（いくびょうばこ）　種をまいて発芽させ、ある程度の大きさまで育てるための箱。

移植（いしょく）　育苗した苗を、生長に合わせて畑などほかの場所に移して、適当な株間で植えつけること。

一番花（果）（いちばんか）　1つの株で、一番最初に咲く花（実）。

畝（うね）　野菜を育てるために、畑の土を盛り上げたところ

畝間（うねま）　畝と畝の間。

液体肥料（えきたいひりょう）　速効性があり、短い期間に収穫する野菜に施します。水で薄めて使用します。

液肥（えきひ）　液体肥料のこと。

遅霜（おそじも）　春を迎えた頃下りる霜。春に育てる野菜に大きな被害をもたらすことがあります。

お礼肥（おれいごえ）　収穫後もまた手をかけることで再び収穫できる野菜で、収穫後に施す肥料。

か

化成肥料（かせいひりょう）　無機質肥料のうち、窒素、リン酸、カリのうち2つ以上の成分を含んだ複合肥料をいいます。

株間（かぶま）　株と株との間。

株元（かぶもと）　地上部の地面に接している部分から近いところ。地面から数cm上。

株分け（かぶわけ）　土のなかで生長して分かれ出た茎を、芽や根をそれぞれの茎につけて切り分けること。株を増やすときなどに行います。

花（果）柄（かへい）　花（実）をつけている茎の部分。

花蕾（からい）　蕾のこと。ブロッコリーやカリフラワーの食用部分はこの花蕾です。

ブロッコリーの花蕾

仮植え（かりうえ）　苗などを畑に植えつける前に一時的に植えつける場所。

緩効性肥料（かんこうせいひりょう）　効果がゆっくりと現れる肥料をいいます。

間作（かんさく）　ある野菜をつくっている畝と畝の間や、株の間で、別の種類の野菜をつくること。

完熟堆肥（かんじゅくたいひ）　堆肥とする材料が腐熟によって、ほぼ無機質の状態にまでなったもの。材料の元の形や臭いがなくなります。肥料としては完熟堆肥を用います。

灌水（かんすい）　水やりのこと。

寒冷紗（かんれいしゃ）　合成繊維などを編んでメッシュ状にした遮光用の資材。白色のものは防虫目的で利用されることもあります。

切り戻し（きりもどし）　伸びすぎた枝などを途中まで切り詰める剪定方法のこと。

草丈（くさたけ）　地際から先端までの地上部の長さのこと。

苦土石灰（くどせっかい）　マグネシウム（苦土）とカルシウム（石灰）を含んだ、土壌の酸度を調整するために用いられる土壌改良材。

鶏糞（けいふん）　鶏の糞を発酵させた有機肥料。窒素、リン、カリウムがバランスよく含まれている。

結球（けっきゅう）　キャベツやハクサイなどの葉が、巻くように重なり合って、かたく球状になること。

結球したキャベツ

結実（けつじつ）　受粉の後に受精して実をつけること。

嫌光性種子（けんこうせいしゅし）　光が当たると発芽しにくい性質を持つ種子のこと。ウリ科やダイコンなどがこれにあたります。種まき後に必ず覆土をします。

好光性種子（こうこうせいしゅし）　光が当たらないと発芽しにくい種子。種をまいたあとは、土をかぶせないか、ごく薄く覆土をします。

混作（こんさく）　いくつかの種類の野菜を混ぜて一緒につくること。

コンテナ　野菜などを栽培する容器のこと。

さ

作付け（さくづけ）　野菜の種をまいたり、苗を植えつけたりすること。

3番花（果）（さんばんか）　1つの株で3番目に咲く花（実）のこと。

直まき（じかまき）　畑など、その野菜を育てる場所に、直接種をまくこと。根を傷めやすく、移植を嫌う野菜の場合などに行います。

敷きわら（しきわら）　株元や株の周囲にわらを敷き詰めること。保温や、土の乾燥、降雨による泥はねを防ぐなどの目的があります。枯れ草やピートモスなどが使われることもあります。

支柱（しちゅう）　野菜の苗が風などで倒れたりしないように、あるいはつる性の野菜を絡ませて育てるときなどに立てるもの。

地這い性（じばいせい）　茎やつるが地面を這うように生育する性質。

霜よけ（しもよけ）霜の被害から野菜を守るために、株もとにわらなどを敷き詰めたりすること。

遮光（しゃこう）強い光から野菜を守るために、光を遮ること。日よけ。

受粉（じゅふん）花粉が雌しべの先端につくこと。

雌雄異花（しゆういか）花が、雌花と雄花で異なっていて、それぞれの花が一つの株に咲くこと。ウリ科の野菜などで多く見られます。

子葉（しよう）発芽してすぐに開く葉。単子葉植物では1枚ですが、双子葉植物では2枚であるため、双葉ともよばれます。

キュウリの子葉

条間（じょうかん）すじ状にまいた種やすじ状に植えつけた苗の、すじとすじとの間。

す入り（すいり）カブやダイコンなど根菜類で、根の内部に空洞ができてしまう状態。

すじまき（すじまき）土に一定間隔でひとすじの溝をつくり、そのなかに種をまくこと。おもに小粒の種をまく場合に用いられます。

支柱などですじをつける

整枝（せいし）株内の風通しをよくしたり、茂りすぎた枝葉をすく目的で、枝を切り整えること。

生長点（せいちょうてん）茎や根の先端、葉もの野菜の株もと近くの茎が分かれた部分など、細胞分裂がもっとも盛んな場所。

生理障害（せいりしょうがい）微量要素が不足したり、根の働きが悪くなったときなどに生じるさまざまな症状。

節間（せっかん）茎の、葉のつけ根とつけ根の間。

施肥（せひ）肥料を与える作業。

剪定（せんてい）株の大きさを制限したり、生育の具合を調節するなどの目的で、茎や枝を切り詰める作業。

側芽（そくが）→わき芽（わきめ）

側枝（そくし）葉のつけ根、葉と主茎との間から発生して伸びる芽。

促成（そくせい）何らかの方法をとって、自然のままで育てるよりも早い時期に育てる栽培法。

外葉（そとば）新しく発生してきた葉を包み込むようにある外側の葉。レタスやキャベツ、ハクサイなどに見られます。

た

台木（だいぎ）接ぎ木苗をつくるときに、土台となる株。病害虫に強いため、接ぎ木苗のほうが育てやすくなります。キュウリなどでは台木にカボチャが使われます。

堆肥（たいひ）稲わらや牛糞、生ゴミ、バークなどの有機物を集めて腐熟させたもの。土壌改良に使われ、また肥効もあるので多用されます。

耐病性（たいびょうせい）病気に対する強さ、抵抗力。

短日植物（たんじつしょくぶつ）日中の時間が、一定の長さよりも短くなることで花芽が形成される性質を持った植物のこと。

団粒構造（だんりゅうこうぞう）ごく細かい土が集まって、団子のようにひとつの粒になったもの。その粒が土全体を形づくっている状態をいいます。すき間が多く、肥料分や水分、空気をたくさん蓄えることができ、また水はけもよいので、植物の生長に適しています。

地際（ちぎわ）地上部の地面と接するところ。

中耕（ちゅうこう）畝間や株間、株もと近くなどの土を、定期的に浅く耕すこと。中耕することで、土の水はけや通気性がよくなります。

長日植物（ちょうじつしょくぶつ）日中の時間が、一定の長さよりも長くなることで花芽が形成される性質を持った植物のこと。

直根（ちょっこん）ダイコンやニンジンなどのように、根が株の真下にまっすぐに伸びる太い根。

追肥（ついひ）生育の途中で、肥料分を追加する目的で施す肥料。

接ぎ木（つぎき）台木に穂木を継ぐこと。

接ぎ木苗（つぎきなえ）台木に穂木を接いで苗をつくること。種をまいて育てた苗よりも病気などに強くなります。

土寄せ（つちよせ）株もとに、周囲の土を寄せること。野菜によってその目的は異なりますが、一般に株を安定させたり、根の発育を促したりする目的があります。ネギは土寄せによって茎の株を軟白化させる目的で土寄せをします。

つるぼけ（つるぼけ）肥料、とくに窒素分を多く施しすぎるなどで、つるばかりが伸びて、いつまでたっても花が咲かず、結実しない状態をいいます。

定植（ていしょく）苗床やポットなどに播種して育苗したものを、畑など最終的に収穫する場所に植えつけること。

摘心（てきしん）それ以上株が大きくならないように、あるいは脇芽を発生させるために、ある一定の高さに伸びたところ

キュウリの摘心

で芽を摘み取ること。ピンチともいいます。

天地返し（てんちがえし）表面近くにある土を、深い位置にある土と入れ替えること。

点まき（てんまき）一カ所に、数粒ずつの種を、等間隔でまいていくこと。

ビンの底でくぼみをつける

とう立ち（とうが立つ）（とうだち）アブラナ科の野菜などの花茎を「とう（薹）」といい、とうが伸び出てくることを「とう立ち」といいます。抽苔（ちゅうだい）ともいいます。一般に野菜、とくに葉菜類や根菜類では、とう立ちすると旬の時期を過ぎてしまい、おいしくなくなります。

とう立ちしはじめたキャベツ

土壌改良（どじょうかいりょう）石灰をまいて土の酸度を調整したり、堆肥などをすき込むなどして、植物の栽培に適した土の状態にすること。

徒長（とちょう）茎や葉が軟弱に、ヒョロヒョロと長く伸びてしまうこと。日照不足や肥料の窒素分の過多などで起きやすくなります。徒長した株は、その後の生育が悪くなります。

トロ箱（とろばこ）トロール漁で魚介類を入れるための発泡スチロール製の箱。野菜づくりや園芸などではトロ箱をコンテナ代わりに再利用することがあります。

トンネル　種まきや植えつけ後、苗床や畑などに、支柱などを立ててビニールフィルムなどをトンネル状にかけたもの。防寒対策で行います。

な

苗床（なえどこ）苗を、定植に適した大きさまで育てる場所。苗床で育てた苗は、適切な時期に畑などに定植します。

軟白（なんぱく）食用とする部分を白く軟らかく育てること。光を遮って育てます。長ネギは土を寄せて下部を多い遮光して育て、軟白化します。カリフラワーは花蕾ができはじめたら外葉で包んで軟白化します。軟化ともいいます。

2条植え（にじょううえ）ふつうは1つの畝に1列ずつ野菜を植えますが、キャベツなどは1つの畝に2列植えつけること。

ネーキッド種子（ねーきっどしゅし）ホウレンソウなど発芽しにくい種を発芽しやすいように皮を処理した種子のこと。

根腐れ（ねぐされ）根が腐ってしまうこと。水のやり過ぎによって酸素不足になり、根が呼吸できなくなって起きます。

根鉢（ねばち）根がしっかりと張って、土を抱えるように保持している部分のこと。野菜では、植え替えなどの際には、基本的に根鉢を崩さないようにして根の傷みを最小限にすることが大切です。

ポリポットから取り出した根鉢

は

胚軸（はいじく）植物の根より上、子葉より下の部分。

培養土（ばいようど）野菜を育てるために使う土。

ハス口（はすくち）じょうろの先端につけて、水が勢いよく出ないようにする器具。

鉢上げ（はちあげ）苗床にある苗を、鉢に植え替えること。

発芽（はつが）種や種イモが芽を出すこと。

花芽（はなめ）生長して花になる芽。それに対し、葉や茎になる芽を葉芽といいます。花芽が形成されることを花芽分化といいます。

表土（ひょうど）畑や苗床などの土の表面の部分の土をいいます。

肥料切れ（ひりょうぎれ）野菜が生長のために吸収するなどして、土に肥料分が不足した状態。

肥料焼け（ひりょうやけ）濃度の高い肥料成分が、根に直接触れるなどして、根が傷んで生じる障害。肥焼けともいいます。

覆土（ふくど）種をまいたあと、種の上にかぶせる土をいいます。また種に土をかぶせることもいいます。

不定根（ふていこん）茎など主根以外の部分から出る根。

トウモロコシの不定根

出腐葉土（ふようど）落ち葉を集めて、発酵腐熟させたもの。同情改良やマルチングとして利用します。

プライマックス種子（ぷらいまっくすしゅし）発芽しにくい種を発芽しやすいように皮を処理した種子のこと。

分球（ぶんきゅう）球根植物において、球根が生長してふえて数をふやすこと。

pH（ぺーはー）酸性度を表す単位で、7・0を中性とし、それより少なくなるほど酸性が、大きくなるほどアルカリ性が強くなることを表します。0・0が酸性の、14・0がアルカリ性のもっとも強いことを表します。土の酸性度を表すときに使います。

ベタ掛け（べたがけ） 種をまいたあとや苗を植えつけた後に、支柱などをせずに直接畝全体に寒冷紗などをかけることをいいます。防寒や風よけ、防虫効果などが目的です。

ペレットシード 小さい種などに被覆処理して、播種しやすくしたもの。コーティング種子、ペレット種子などとも呼ばれます。

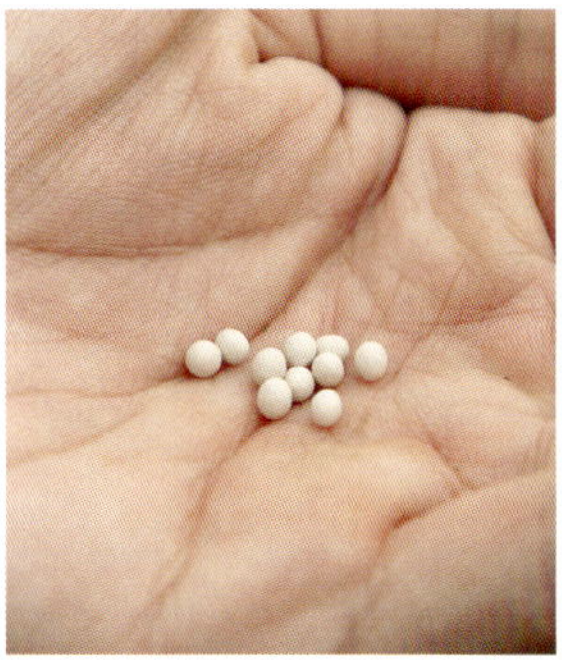
レタスのペレットシード

ポリポット 苗の栽培に使用する、ポリエチレンを用いた鉢。

ポリマルチ ポリエチレンフィルムを用いたマルチング。

本葉（ほんば） 子葉が開いたあとから発生する葉。

子葉のあとに本葉が開く

ま

増し土（ましつち） 株の生長に応じて土を補うこと。

股根（またね） ニンジンやダイコンなど根菜類が、太い一本の根にならず、途中で枝分かれしたようになること。土のなかに石などの障害物があったり、肥料に直接根が触れると生じます。

股根になったダイコン

間引き（まびき） 苗が生長して株が込み合ってきたときに、ところどころ株を抜き取って、生長に適した株間にすること。生育の悪い株、葉が傷んだ株などを抜き取ります。

マルチング 株元や株の周囲にわらを敷いたり、ポリエチレンフィルムで畝全体を覆うこと。土の乾燥を防いだり、保温、雑草防止、病害虫予防などの効果が期待されます。

水切れ（みずぎれ） 生育に必要な水分が不足していること。

芽かき（めかき） 不必要な芽が伸びて大きくならないようにかき取る作業。花の数や結実数を調整するために行います。

トマトのわき芽

元肥（もとごえ） 種まき前や植えつけ前に、あらかじめ土に施しておく肥料。一般的には緩効性の肥料が用いられます。

や

誘引（ゆういん） 支柱やネットに、茎やつるを適切な形に結びつける作業。株が倒れたり形を整えるために行います。

有機肥料（ゆうきひりょう） 油かす、魚粉、骨粉、鶏糞、牛糞、堆肥など、有機質を原料とした肥料。土壌改良材としての効果もあります。

有機野菜（ゆうきやさい） 化学肥料や化学合成された農薬を使わずに育てられた野菜。

葉柄（ようへい） 葉と茎とをつなぐ茎のこと。

ら

ランナー 親株から発生して這うように伸び、土についた部分に子株をつくって根を出す茎。イチゴはランナーで子株をふやします。

イチゴはランナーで株をふやす

輪作（りんさく） 連作を避けるために、異なる野菜を順番に取り替えて作付けして育てること。

裂果（れっか） 割れてしまった実。乾湿の差が大きなときに生じ、収穫前に実が割れてしまいます。

連作（れんさく） 一カ所に、続けて同じ野菜を連続して育てること。

連作障害（れんさくしょうがい） 連作することで発生する障害。土中の微量元素の欠乏や、土中の微生物のアンバランス、その野菜自身の根から出る物質などが原因となります。

露地栽培（ろじさいばい） ビニールトンネルやビニールハウスなどを用いず、自然のまま戸外で行う栽培。

わ

わき芽（わきめ） 葉のつけ根から発生する芽。これが伸びると側枝となります。

協力

東京都立農芸高等学校（とうきょうとりつのうげいこうとうがっこう）

1900年（明治33年）創立。東京都杉並区今川にある。本校舎のほかに、実習棟、農場などを合わせて7.4haの面積を有し、地域のなかで最も広い緑地帯として知られる。地域との交流も盛んで、園芸講座や農作物の販売、植栽などを行っている。全日制の園芸科学科・食品科学科・緑地環境科、定時制の農芸科を設置。都立高校で唯一の馬術部がある。

写真協力　田中つとむ　松原渓　岡村学
デザイン　マニエール
イラスト　海野雅代　羽多野美智子
協　　力　戸部孝綱　東京都立農芸高等学校園芸部
執筆協力　田中つとむ

●編集制作　雅麗

おいしく育てたいはじめての野菜づくり

協　力　東京都立農芸高等学校
発行者　池田士文
印刷所　大日本印刷株式会社
製本所　大日本印刷株式会社
発行所　株式会社池田書店
〒162-0851　東京都新宿区弁天町43番地
電話03-3267-6821(代)／振替00120-9-60072

落丁・乱丁はおとりかえいたします。

ISBN978-4-262-13614-1

25095007